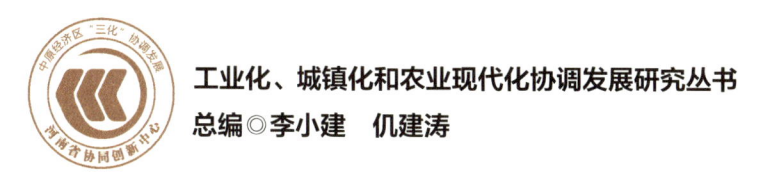

工业化、城镇化和农业现代化协调发展研究丛书
总编◎李小建　仇建涛

中原经济区农业产业结构调整优化路径研究

STUDY ON ADJUSTMENT AND OPTIMUM PATH
OF THE CENTRAL PLAINS ECONOMIC REGION'S
AGRICULTURAL INDUSTRIAL STRUCTURE

刘凌霄◎著

社会科学文献出版社
SOCIAL SCIENCES ACADEMIC PRESS (CHINA)

总 序

中原经济区"三化"协调发展河南省协同创新中心（以下简称"中心"）是河南省首批"2011"计划（高等学校创新能力提升计划）所设立的研究单位，2012年10月由河南省政府批准正式挂牌成立。中心由河南财经政法大学作为牵头单位，由河南大学、河南农业大学、河南师范大学、河南工业大学、许昌学院、信阳师范学院、河南省委政策研究室、河南省政府发展研究中心、河南省工信厅、河南省住建厅等多所省内著名高校和政府机构作为协同单位联合组建。

中心的使命是按照"河南急需、国内一流、制度先进、贡献重大"的建设目标，以河南省不以牺牲农业和粮食、生态和环境为代价的新型城镇化、新型工业化、新型农业现代化"三化"协调发展的重大战略需求为牵引，努力实现"三化"协调发展基础理论、政策研究与实践应用的紧密结合，支撑河南省新型工业化、新型城镇化和新型农业现代化建设走在全国前列，引领中原经济区和河南省成为打造中国经济升级版中的新经济增长极。

工业化、城镇化和农业现代化各自本身就是非常复杂的问题，三者相互协调更是一大难题。研究如此大系统的复杂问题，中心一方面展开大量理论研究，另一方面，展开广泛深入的调查。此外，还不断试图将理论应用于实践。如此，已取得一定的阶段性成果。

为此，中心推出"工业化、城镇化和农业现代化协调发展研究丛书"。一方面，丛书可及时向政府和公众报告中心的研究进展，使得中心的研究能得到及时的关注和应用；另一方面，中心也可从政府和公众的反馈中不断改进研究。我们深知我们所要研究的问题之艰难以及意义之重大。我们一定会持续努力，不负河南省政府及河南人民对我们的信任和寄托，做对人民有用的研究。

十分感谢社会科学文献出版社为丛书的出版所做出的重要贡献。

李小建　仉建涛

2015年5月1日

目 录

第一章 引言 …………………………………………………… 1
　第一节 选题背景及研究意义 ……………………………… 1
　第二节 国内外文献综述 …………………………………… 6
　第三节 研究思路与研究方法 ……………………………… 14
　第四节 研究内容 …………………………………………… 16
　第五节 主要创新点 ………………………………………… 17
　第六节 本章小结 …………………………………………… 19

第二章 理论基础 ……………………………………………… 20
　第一节 基本概念 …………………………………………… 20
　第二节 产业（经济）结构理论 …………………………… 24
　第三节 产业组织理论 ……………………………………… 27
　第四节 产业政策理论 ……………………………………… 29
　第五节 灰色系统理论与复杂系统理论 …………………… 31
　第六节 本章小结 …………………………………………… 32

第三章 农业产业结构调整优化的比较研究 ………………… 33
　第一节 以美国为代表的资本密集型农业产业结构
　　　　 调整优化及启示 …………………………………… 34
　第二节 以荷兰为代表的技术密集型农业产业结构
　　　　 调整优化及启示 …………………………………… 39
　第三节 以中国为代表的劳动密集型农业产业结构
　　　　 调整优化 …………………………………………… 45

1

第四节　不同类型国家农业产业结构调整优化的

　　　　　　比较及启示 ……………………………………………… 53

　　第五节　本章小结 …………………………………………………… 57

第四章　农业产业结构调整优化系统分析 …………………………… 58

　　第一节　农业产业结构的现状及调整优化原则 …………………… 58

　　第二节　农业产业结构调整优化的体系架构 ……………………… 64

　　第三节　农业产业结构调整优化的主体分析 ……………………… 70

　　第四节　农业产业结构调整优化的影响因素分析 ………………… 85

　　第五节　本章小结 …………………………………………………… 90

第五章　新视角下农业产业结构调整优化内容分析 ………………… 91

　　第一节　农业产业结构调整优化的基本内容 ……………………… 91

　　第二节　农业产品结构调整优化 …………………………………… 93

　　第三节　农业区域布局 ……………………………………………… 102

　　第四节　农业产业链 ………………………………………………… 111

　　第五节　农业产业结构调整优化内容三者之间的关系 …………… 125

　　第六节　本章小结 …………………………………………………… 127

第六章　农业产业结构调整优化绩效的综合评价 …………………… 128

　　第一节　绩效及绩效评价 …………………………………………… 128

　　第二节　农业产业结构调整优化绩效评价指标体系的设计原则 …… 129

　　第三节　农业产业结构调整优化绩效评价方法的选择 …………… 130

　　第四节　农业产业结构调整优化绩效评价指标的选择 …………… 136

　　第五节　农业产业结构调整优化绩效评价指标数据来源 ………… 140

　　第六节　农业产业结构调整优化绩效灰色综合评价 ……………… 140

　　第七节　农业产业结构调整优化绩效综合评价的简要评述 ……… 151

　　第八节　本章小结 …………………………………………………… 152

第七章　我国农业产业结构调整优化策略实证分析及建议 ………… 153

　　第一节　影响农业产业结构调整优化绩效的调整优化策略分析 …… 153

第二节　我国农业产业结构调整优化策略实证模型构建 ………… 158
　第三节　我国农业产业结构调整优化策略的有效性分析 ………… 160
　第四节　改进农业产业结构调整优化的对策建议 ………………… 167
　第五节　本章小结 ………………………………………………… 174

第八章　现代农业的产业特性和内涵 ……………………………… 175
　第一节　现代农业的基本内涵 …………………………………… 175
　第二节　现代农业理论评述 ……………………………………… 177
　第三节　现代农业评价指标体系的基本特征 …………………… 178
　第四节　现代农业发展的紧要性和长期性 ……………………… 179
　第五节　把握新常态下现代农业的发展趋势变化 ……………… 180
　第六节　本章小结 ………………………………………………… 182

第九章　我国现代农业市场体系发展的主要问题 ………………… 183
　第一节　我国农业市场体系的发展现状 ………………………… 183
　第二节　我国农业市场体系存在的主要问题 …………………… 185
　第三节　世界农业市场体系发展的借鉴意义 …………………… 187
　第四节　新常态下现代农业在发展进程中所面临的挑战 ……… 190
　第五节　建设中国现代农业市场体系的重点内容 ……………… 191
　第六节　本章小结 ………………………………………………… 192

第十章　我国现代农业发展与农业功能拓展的路径选择 ………… 194
　第一节　农业功能演变与多功能理念 …………………………… 194
　第二节　我国农业功能定位和拓展的实践 ……………………… 196
　第三节　建设现代农业过程中农业功能拓展的路径选择 ……… 197
　第四节　新常态下发展现代农业的对策建议 …………………… 202

第十一章　中原经济区现代农业发展的目标及其路径 …………… 205
　第一节　中原经济区作为现代农业基地的概况 ………………… 205
　第二节　中原经济区核心区河南省现代农业发展的
　　　　　主要目标 ………………………………………………… 208
　第三节　适合河南省现代农业发展的路径选择 ………………… 209

3

第十二章　中原经济区新型现代农业发展实践
　　　　——以许昌地区为例 ………………………………… 215
　第一节　许昌市现代农业发展的基本情况 ………………………… 215
　第二节　许昌市发展现代农业主要路径选择 ……………………… 216
　第三节　持续推进建设现代农业发展的主要保障措施 …………… 219

第十三章　研究结论及研究展望 ……………………………………… 232
　第一节　研究结论 …………………………………………………… 232
　第二节　研究展望 …………………………………………………… 234

参考文献 …………………………………………………………………… 236

第一章
引 言

第一节 选题背景及研究意义

一 选题背景

农业产业结构的调整优化、升级，就是大农业内部农（即种植业）、林、牧、渔四个行业在整个大农业中比例关系的调整优化，以及四行业内部各子行业、子行业的子行业等比例关系的调整优化；同时，在外部环境（包括与农业相关的市场因素、政治、经济、社会、技术等）的影响作用下，衍生而来的农业生产方式、规则、制度、方法、手段、组织形式、金融方式等的调整优化。影响农业发展的因素、资源等在农业内部合理的排列组合，即使得农业产业结构得到优化升级，这样就会使得农业得以健康的发展，就会生产出高质、高量、高效的农业产品，就能确保中国的粮食安全，就可以提高农民收入，妥善解决我国的"三农"问题。

经过三十多年的改革开放，我国经济总量已经居世界第二位，2014年GDP达到63万亿元，人均GDP为7485美元，已进入工业化中后期阶段。与此同时，农业已进入一个崭新的发展阶段，并呈现六个显著的特征：一是农产品供给已由过去长期供给短缺变为总量基本平衡，而且丰年有余，农业进入了买方市场阶段；二是城乡居民消费结构升级，市场对农产品的需求日益多样化、优质化，农产品供给不能适应市场需求的变化，结构问题突出；三是农业的发展已由受资源约束变为受资源和市场需求的双重约束；四是实现可持续发展和改善生态环境的目标对农业生产提出更高的要求；五是农业产业链松散、环节不健全；六是农业经济与整个国民经济，乃至世界经济关联程度更加密切[1]。这些特征显示出农村经济的根本问题是农业产业结构发生了变化，即农村经济体制、农业增长方式、生产经营方式等没有及时跟上阶段性变化的客观反映。尽管这些年政府也采取了诸如提高农产品收购价格、彻底取消农业税以及不断提高对农业的补贴等措施，但这些措施都只是权宜之计，不能根本解决农民增产不增收的困扰。从国际来看，许多国家都走上了发展现代农业的道路，农业生产率得到大幅度提高。从国内来看，大部分农村地区还处于传统农业的生产状态，农业生产效率严重低下，农业产品生产成本偏高，外加受国际农产品市场的冲击，农民收入增加比较困难。因此要改变这种状况，就必须加强农业产业结构调整优化的力度，提高农业整体效益，增加农民收入，推进农业现代化和持续发展。

其实，我国作为一个农业大国，农业、农村、农民（简称"三农"）问题始终是关系我国国民经济全局的重大问题。解决"三农"问题也一直被视为全国工作的重中之重。自2004年以来，连续12年的"中央一号文件"都对农业和农村工作做出重大决策和部署（见表1-1），要求进一步深化农村改革，完善农村经济体制，加快农业产业结构调整优化。自1998年以来，农业产业结构调整优化一直是我国农业工作的重点。"十五"规划中提出，坚持把农业放在发展国民经济的首位，保证农业在提高整体素质和效益的基础上持续、稳定发展，努力提高我国农业的整体素质和国际竞争力。"十一五"规划中提出，从优化农业产业结构和农业产品结构等方面推进农业结构调整优化。"十二五"规划纲要中，强农惠农，加快社会主义新农村建设，列在第二篇，排在各项工作之首，再次体现了"重中之重"的地位。

中央政府关注农业生产发展诸多方面的问题，在不同时期针对农业生产的发展做出不同的重大决策。在党中央的大政方针指引下，许多县市乃至全国各地都在不断地对自身情况进行深入研究、摸索和总结，制定出符合当地实际情况的农业产业结构调整优化策略，也为其他地区农业产业结构调整优化提供有益的经验借鉴。产业经济学和发展经济学理论认为，产

表1-1 2004~2015年"中央一号文件"一览

时间	文件名称
2004.1	《中共中央国务院关于促进农民增加收入若干政策的意见》
2005.1	《中共中央国务院关于进一步加强农村工作提高农业综合生产能力若干政策的意见》
2006.2	《中共中央国务院关于推进社会主义新农村建设的若干意见》
2007.1	《中共中央国务院关于积极发展现代农业扎实推进社会主义新农村建设的若干意见》
2008.1	《中共中央国务院关于切实加强农业基础建设进一步促进农业发展农民增收的若干意见》
2009.2	《中共中央国务院关于2009年促进农业稳定发展农民持续增收的若干意见》
2010.1	《中共中央国务院关于加大统筹城乡发展力度进一步夯实农业农村发展基础的若干意见》
2011.1	《中共中央国务院关于加快水利改革发展的决定》
2012.2	《关于加快推进农业科技创新持续增强农产品供给保障能力的若干意见》
2013.2	《中共中央国务院关于加快发展现代农业进一步增强农村发展活力的若干意见》
2014.1	《关于全面深化农村改革加快推进农业现代化的若干意见》
2015.2	《关于加大改革创新力度加快农业现代化建设的若干意见》

业结构的优化与否直接与国民收入水平的高低呈正相关关系[2]。因此，积极推进农业产业结构的战略性调整优化，是新时期农业和农村经济发展的迫切要求，也是实现农业增效、农民增收、农村和谐发展的重要途径。随着全球农业经济的发展，在中国，农业产业结构调整优化问题也成了理论与实践工作者关注的热门话题，也是政府的一项主要工作内容之一[3]。上至中共中央和国务院，下至各级人民政府，都对农业产业结构调整优化提出了许多重要的意见，为农业产业结构调整优化研究指明了目标和方向。

然而，农业产业结构调整优化牵涉众多农业品种的发展脉络和趋势，影响着许多政策的实施效果，关系整体农业产业的未来走向[4]。一项农业产业结构调整优化重大规划的出台，毫无疑问必须保证严谨、准确、科学，并对过去的实施情况进行总结评估，找准农业产业发展的趋势和突破点，提出具有针对性的发展思路和发展战略。由此提出以下问题。现有农业产业结构调整优化策略的绩效如何？是哪些因素影响了农业产业结构调整优化绩效的形成？应该采取哪些政策以推动农业产业结构调整优化绩效的不断提升？本书对这些问题进行了深入地研究和探讨。

二 研究意义

随着国民经济的快速发展，农业在国民经济中所占的比重会日趋减少，同时农业的产业结构会更加趋于合理。本书从农业产业结构调整优化的影响因素及其绩效视角，分析我国现行农业产业结构调整优化取得的成绩及存在的问题，无论是从理论上还是实践上都有重要的意义。

（一）理论意义

1. 完善农业产业结构调整优化相关理论。农业产业结构调整优化涉及范围很广，几乎涵盖了产业经济学、新制度经济学、微观和宏观经济学以及经济增长与发展经济学等诸多学科的理论。因此，深化对农业产业结构调整优化的研究，可以丰富农业经济学、农业管理学等学科内容，以及完善农业产业结构调整优化的理论体系。为了研究农业产业结构调整优化影响因素及其绩效，本书在总结了与之相关的理论基础上补充和完善了与农业产业结构调整优化有关的理论，为农业产业结构调整优化提供理论上的指导。

2. 为优化农业产业结构提供依据。农业作为国民经济的第一产业，在一个国家的经济发展中占有重要地位，即使在经济发展水平很高的西方国家，也无法忽视农业这一基础产业。因此在评价现行农业产业结构调整优化策略绩效的基础上，研究产生这种绩效的影响因素，能够为农业产业结构调整优化和战略制定提供依据，为优化这一产业结构提供参考，这对政府制定区域农业发展政策、合理调整优化农业产业结构、促进产业优化升级具有重要的指导意义。

3. 为农业产业政策的制定和实施提供理论支持。农业产业结构调整优化是一个长期的、持续的、动态的过程[5]，实际上就是一个不断调整和优化的过程，其各个环节都可能受到宏观经济政策、社会风俗、消费习惯、思维惯性等各种因素的影响。本书认为农业产业结构应该包括农业产品结构、农业布局结构、农业产业链结构，从三个不同的角度，使农业产业结构调整优化的分类在实践中更具可操作性。这为农业产业政策的制定和实施提供理论支持。

4. 为优化资源配置提供理论依据。从资源配置的角度看，农业产品结构调整优化是农业资源从边际生产率低的传统产品的生产，向边际生产率高的新产品生产的转移;农业布局结构调整优化,是农业资源从边际生产率低的区域的生产,向边际生产率高的区域的生产转移;农业产业链调整优化是农业资源从边际生产率低的链条环节的生产,向边际生产率高的链条环节的生产拓展,并向乡镇延伸。这些转移可以改善农业资源,进而提高全社会资源的配置效率,加速农业增长和国民经济增长。

(二) 实践意义

1. 为深化农业产业结构调整优化指明方向。科技的进步,随着人类劳动生产力水平不断提高,从而推动了国民经济的增长,但是在不同的发展阶段,由于行为、制度不协调的原因,则会导致国民经济的发展出现缓慢增长、负增长,甚至衰退的现象,例如,人们对路径依赖行为则会导致经济的衰退。衰退的原因之一,是路径依赖。无论是从农业产业结构调整优化的技术路径来说,还是从农业产业结构调整优化的制度路径来说,我国农业产业结构调整优化过程中,始终受到路径依赖问题的困扰,致使农业产业结构形成了一定的惰性(刚性、黏性)。因此,评价农业产业结构调整优化绩效,以检验现行的农业产业政策是否获得预期的经济效益,在此基础上,找出其制约因素,进而提高农业生产效率,以及资源配置效率,以将农业产业结构调整优化引入正确的发展路径,促进农业产业结构调整优化政策的制度变迁,从而为深化农业产业结构调整优化指明方向。

2. 有利于农业资源的合理利用。如果农业产业结构不合理,就会出现产业结构失衡。而农业产业结构失衡则可能使一部分农产品及其劳务处于短缺状态,而使另一部分农产品及其劳务在经济上得不到实现,这两方面都阻碍了农业增长效率向农业增长效益的转化,也影响了国民经济的发展。研究农业产业结构调整优化绩效的影响因素,探索建立农业产业结构调整优化绩效提升政策的内在机制,提升政府相机抉择的科学性,对于优化农业产业结构,促进农业发展、繁荣农村经济、提高农业综合效益和市场竞争力、增加农民收入、加快社会主义新农村建设的步伐同样具有重要的实践意义。

3. 有利于维护国家粮食安全。系统论认为,事物的结构决定事物的功能,任何具有较强生命力的事物都需要不断优化其结构,而优化的结构并非与生俱来或一成不变,而是随着周围环境的变化不断调整优化变化的。

农业产业结构也是如此,一部经济发展的历史就是一部产业结构不断调整优化升级的历史[6]。国家粮食安全问题是国家安全的重要组成部分,历来为世界各国所重视。从这个方面来说,加快农业产业结构调整优化可以提高粮食产量、粮食质量,进而维护国家粮食安全。

4. 为政府提供农业产业结构调整优化决策依据。本书对农业产业结构调整优化绩效进行实证分析,诊断农业产业结构调整优化中存在的问题,分析制约农业产业结构调整优化绩效的主要因素,对农业产业结构调整优化中积累的经验和存在的问题,有一个清醒认识,力求突出针对性,着眼于为政府提供决策服务,对健全农业产业结构宏观调控和微观指导,进而发挥农业产业结构调整优化在提高农业综合生产能力,促进农业增效和农民增收等方面中的作用,具有重要现实意义。

第二节 国内外文献综述

一 农业产业链研究现状

(一)国外农业产业链研究

从世界农业发展历程可知,20世纪50年代,农业产业链最早出现于美国,然后迅速传入加拿大、西欧、日本等发达国家和地区。国外学者对农业产业链理论进行了广泛而深入的探讨,重点集中于农业产业链管理的研究上,包括农业专业化、农工商一体化、服务社会化以及政府的推动作用等方面。为了加强农业产业链管理,成立了关于农业产业链管理的国际组织,如太平洋农业关联产业联盟(PAA)、国际食品和农业关联产业管理协会(IFAMA)和供应链理事会(SCC)等。

近年来,国外学者对农业产业链的研究聚焦在信息管理、价值链分析,以及农产品质量控制等方面。Mighell[7]在产业链的基础上,提出了农业"纵向协调"的产业发展路径,认为农业产业链是指包括原材料生产、加工、储存运输、销售等活动在内的一系列活动过程。霍夫曼(Hofman)[8]认为在农业产业链的发展过程中,信息和交流技术具有十分重要的作用,它们能够提高企业竞争力和市场占有率,所以农业信息链管理在农业产业链中具有重要地位。Hobbs J. E.,Kerr W. A.,Klein K. K.[9]研究了美国牛肉产业链中的纵向协作及价格冲击传输等不同问题；Neves M. F. [10]对水果、果汁等产业链进行过广泛和深入的研究；Man[11]对由生产、加工、贸易、消费等构成的全球棉花产业链进行实证研究。斯迟拜（W. Schiebel）[12]从市场份额与消费者需求两个方面出发，说明最适合农业产业链上合作企业使用的方法就是价值链分析，它可以显著地增加市场份额，降低企业的生产成本，加快企业的发展速度。Wen‐Chi Huang[13]和克莱文格（Dusty Clevenger）[14]提出了互联网、电子商务等现代信息技术在农业产业链管理中的具体操作方法。罗斯（Ross J. E.）[15]在农产品质量控制方面，提出了"全面质量管理"的行为方法。戴姆（F. van Dam）[16]认为在农业领域，应该加强农业信息链管理，实施信息交流技术。此外，巴西经济学家 Decio Zylberztajn[17]对农业产业链（如牛肉、水果、蔬菜等产业链）开展了广泛而深入的研究，找出了制约产业链发挥作用的关键瓶颈，并提出了提高产业链竞争力的相关对策建议。

国外学者对农业产业链的研究取得了一系列的成果，但同时还存在一些可以改进和拓展的空间，尤其是对于农业产业链的研究主要停留在技术层面，对于其组织模式和制度安排研究不够深入，或者研究重视不够，比如采用哪种类型的产业链组织模式对农业更为合适、核心企业如何发挥领导作用、利益和风险在合作各方之间如何分配和分担等，这些问题都没有得到圆满的回答[18]，尤其是还没有涉及从价值链的视角来研究农业产业结构调整优化。

（二）国内农业产业链研究

20世纪90年代，自华南热带农业大学的傅国华提出农业产业链以来，经过不断探索，理论界对农业产业链的认识逐渐深入，并引入现代的生产要素将其延伸、改造，与国民经济其他部门相衔接。随着我国市场经济的逐步建立、农业现代化建设步伐的加快，以及建设社会主义新农村的时代要求，农业产业链问题越来越受到学者的关注。我国学者主要从以下方面进行了研究。

1. 关于农业产业链内涵的研究

国内很多学者从不同的视角探讨了农业产业链的内涵。傅国华[19]提出，农业产业链是依托市场，集中资金、土地、劳动力等生产要素对资源和农产品的合理配置，种养业、运输业、加工业、销售业围绕某"拳头产品"进行"产、加、运、销"或"产、运、销"的链状转动。王凯、韩纪琴[20]认为农业产业链是一个由具体的农产品产业链构成的综合整体，它涵盖了农、林、牧、渔等多个部门。左两军、张丽娟[21]指出，农业产业链包括了从种苗培育到大田管理、农畜产品加工、保鲜等农业产前、产中、产后加工环节，甚至于后面的流通和市场销售等所有环节。王国才[22]提出农业产业链是由农业产前、产中、产后为之提供不同功能服务的企业或单元组成的，是贯通资源市场和需求市场的网络结构。

2. 农业产业链的构建及延伸的研究

国内学者结合实践，在农业产业链的构建与延伸方面展开了大量研究。王祥瑞[23]认为，传统的农业产业链因为过窄过短，而在很大程度上限制了农业自身获取利益的空间，必须打破原有经营模式，将产业链不断拓宽和延伸，使农业增效、农民增收。龚勤林[24]认为，延伸产业链是将一条已存在的产业链尽可能地向上下游拓深延展。李杰义[25]认为，农业产业链的延伸应包括农产品加工价值链的延长和可拓展价值链的拓展两个维度，并且产业链链环将顺次在地域内（尤其是农村地域）和地域间（尤其是城乡间）进行延伸。从地域空间范围的角度，把农业产业链的延伸分为区域内的农业产业链延伸和区域间的农业产业链延伸，并认为农业产业链的延伸应包括两个维度：农产品加工价值链的延长以及可拓展价值链的拓展。谷永芬、吴倩[26]认为，农业产业链的延伸即是农产品深加工的体现，向与初级农产品生产有关的前期生产部门延伸；向与农产品加工、运输、销售有关的后期生产部门延伸；增加中间环节。

3. 农业产业链整合理论与实证研究

农业产业链管理的核心是农业产业链的整合。胡少华[27]以江苏雨润食品集团公司为例进行了农业产业链的整合研究。朱毅华、王凯[28]提出了农业产业链整合绩效的模型，并以南京市的农业龙头企业为调查对象，进而验证了假设的模型。赵绪福[29]认为，在农业产业链上的物流、信息流和价值流，以及经营者、产业链形态等诸多要素上进行整合，同时产业链的时间和空间分布也要进行分区域、分阶段、跨区域的宏观整合等。张利庠[30]从产业组织理论发展的视角，分析了我国农业产业链体系的"双柠檬市场"、"低水平均衡"、"双失灵"和"市场主体的力量不对等"四个困境，提出了中国现代农业产业链的整合模式，建立了一个基于联动优化的新的现代农业产业链框架和操作模式。宋建晓[31]通过对闽、台农业产业经济的主要经济指标比较，分析二者生产水平、生产条件与技术等方面差异、互补性，并对影响闽、台农业产业链的因素进行了研究，最后得出，两地农业产业链可以进行整合的结论，同时提出构建海峡农业经济区的设想。刘慧波、黄祖辉[32]从循环经济的角度，在协同理论的基础上，提出产业链整合可以分为横向整合、纵向整合和特殊目的的整合，其中一个重要努力方向就是实现产业链关联的协同效应。

4. 农业产业链的管理及应用

韩纪琴[33]运用农业产业链管理理论对南京市蔬菜产业链进行了分析。王凯、韩纪琴[20]通过对农业产业化经营与农业产业链管理关系的分析，提出加强农业产业链管理必须要综合运用计划、组织、决策、控制、指挥等管理职能，对农业产业链的信息和技术、人、财、物等要素进行整合，提高整个产业链的运行效率。陈超[34]对猪肉产业链中的信息管理、组织关系、物流管理、食品安全、行业趋势进行了分析。王凯、颜加勇[35]以江苏农垦集团为例，分析了农业产业链管理在棉花产业的应用状况。王国才[22]在揭示供应链管理与农业产业链之间的内在联系的基础上，提出将供应链管理的基本管理思想引入农业产业链中。

5. 农业产业链组织模式方面的研究

王凯、颜加勇[35]按照"龙头"及其所带动的参与者的不同，将其划分为专业市场带动模式、龙头企业带动模式、中介组织带动模式、其他模式；根据农业产业链的参与主体和运行机制不同，将农业产业链中组织模式分为公司企业模式、合作社模式、合同生产模式。张彦、姜昭[36]通过对农业产业链的内部、外部影响因素分析认为，农业产业链组织形式直接受资源禀赋、产品特性、交易频率、资产特征等方面的影响。

总的来看，经过十几年的探讨，我国学者对农业产业链的研究取得了一系列的理论成果，且主要集中在农业产业链内涵、农业产业链的构建及延伸、农业产业链整合理论与实证、农业产业链的管理及应用、农业产业链组织模式等方面。这些成果对于本书的研究有一定的借鉴意义，但已有的研究缺少系统性、规范性。而且还没有发现有学者从农业产业链的角度对农业产业结构调整优化进行研究。

二 农业产业结构调整优化研究现状

(一) 国外农业产业结构调整优化研究

1. 关于农业产业结构内涵的研究

日本经济学家小仓武一指出,农业产业结构是指农业的"支持框架",这种框架包括关于土地占有制、农场组织和市场组织的因素和条件。美国经济学家华莱士(I. T. Wallace)认为,农业结构包括农场数量和规模,农业用地、资本与农业劳动力的占有和控制,投入物与农产品市场的管理以及影响农业政策制定和资源控制等要素[37]。田岛俊雄[38]指出,调整优化农业结构不仅要调整优化品种结构,而且还要调整优化要素结构,并且后者更为重要。

2. 关于农业产业结构调整优化阶段的研究

发达国家农业发展历史进程大体经历了解决供给问题、解决结构优化问题和解决环境保护问题三个阶段。梅勒[39]根据发展中国家农业发展的情况,把农业发展分为:传统农业阶段、低资本技术阶段、高资本技术农业阶段。速水佑次郎[40]把农业发展分成:增加生产和市场粮食供给阶段、解决农村贫困提高农民收入阶段、调整和优化结构阶段。

(二) 国内农业产业结构调整优化研究

随着我国逐年加大对农业的投入,理论界和实践界对农业产业结构调整优化进行了不同程度的研究,并形成了许多具有重要意义的研究成果。

1. 农业产业结构调整优化的内涵

我国学者对农业产业结构调整优化的界定主要有以下几点。骆惠宁[41]认为农村产业结构调整优化从内容上讲包括第一、第二、第三产业的调整优化、农业内部结构的调整优化以及种植业内部结构调整优化。这三个层次都有调整优化的任务,也都需要通过调整优化来优化资源配置。李炳坤[42]认为,农业产业结构调整优化,既包括农业内部结构调整优化,也包括农业外部结构——主要是与其他产业的结构调整优化。卢良恕[43]认为农业产业结构调整优化可分为品种结构调整优化、农业生产结构调整优化和农村产业结构调整优化三个层次。许立新[44]认为,农业产业结构调整优化包括产业结构调整优化、区域结构调整优化和社会结构调整优化。熊善丽[45]根据经济学的原理将农业结构调整优化定义为:农业生产活动中劳动、资本、土地及其他自然资源等生产要素的供给与使用的重新配置。焦崑崑[46]认为农业产业结构调整优化的内涵就是针对种植业，林业，牧业和渔业的结构产业比重的调整优化，使其结构更加合理，更加符合社会前进的方向，同时达到提升农村生活水平，提高农民收入的目的。

2. 关于农业产业结构调整优化的原因

魏学武[47]、薛亮[48]等学者认为制约农业产业结构调整优化的主要因素有：自然因素、市场因素、技术因素、决策因素、素质因素。曹树生、黄心诚[49]认为影响农业产业结构调整优化的因素主要是自然资源、农产品需求、农业技术条件、农业生产过程特点、社会经济条件和农业产业结构演变规律。田燕[50]认为，对农业产业结构进行战略性调整优化主要基于以下原因：农村经济发展新阶段提出的客观要求；新时期治理国家、发展国民经济的重要手段；实现我国农业现代化的必然选择；加入WTO对中国参与国际竞争的客观要求。

3. 关于农业产业结构调整优化的实证研究

王红玲[51]分析了农业部门结构对农业增长的贡献，他以各行业基期产出在农业中的份额为权重，来衡量该行业报告期的增长对农业增长的贡献。张建武[52]从实证的角度分析了农村产业对农民收入增长的实际贡献，并解释了广东省农村产业结构变动没有带来农民收入较快增长的原因。李国祥[53]实证分析了1999年启动的农业结构调整优化政策对农民增收的效应。刘慧娟、汪上[54]实证分析了改革开放以来安徽省凤阳县农业产业结构调整优化的历程，以及对农业经济增长与农民增收的影响，并提出在建设社会主义新农村战略下，进一步调整优化农业产业结构，促进农业经济增长的建议。李生梅、陈宗颜[55]运用灰色关联模型对青海省1991～2008年的农业产业结构转换的速度和趋势做了定量分析，测算了青海省农业产业结构变动对农业经济增长的贡献。研究表明考察期间农业经济增长的2.27%可以由产业结构变动来解释。刘楠[56]根据2002～2008年相关数据，实证分析了黑龙江省农业经济发展与农业产业结构之间的关系，并比较了4种灰色关联度计算结果。研究表明，利用线性加权灰色关联度和邓氏灰色关联度的方法，进行计算和分析更为适合；农业经济发展与种植业的关联度是最低的。詹锦华[57]根据1990～2010年福建省农村各产业产值和农民人均纯收入的统计数据，采用灰色关联分析方法、回归分析方法、协整检验和 Granger 检验，实证分析了农业产业结构中的农业、林业、牧业、渔业和农民人均纯收入之间的关系，并提出了农民增收的政策建议。苗杰[58]实证研究得出 2000～2011 年烟台地区农业产业结构调整优化与农民收入增长相关性较高，该地区水果和肉类产量所占比例逐渐增大，粮食、花生和水产品产量所占比例逐渐减小，农民收入随水果和肉类产量的增加、花生产量的减少而增加。刘松颖[59]实证结果表明，西部农村地区农业内部层次的结构优化对农民增收、节能降耗具有不同程度的积极效应。

4. 关于农业产业结构调整优化的对策建议

杨雍哲[60][61]提出在农业产业结构调整优化中，要采取"调减数量、提高质量、深化加工、开拓市场"的方法和思路。乔晶[62]提出农业结构的深度调整优化应从品质结构、组织结构、市场结构和区位结构四方面入手。郑风田[63]指出我国农业结构调整优化应该借鉴国外的经验，发展规模化、特色化与专业化的产业区，形成有特色的区域产业集聚，从而提高我国农业的整体竞争力。温铁军[64]认为，要将农业产业结构调整优化与推广应用适用农业技术和高新农业技术紧密结合起来。

三 农业产业结构调整优化绩效研究现状

（一）国外农业产业结构调整优化绩效研究

Ellram[65]认为供应链合作经历初始阶段、合作关系建立阶段与精练阶段，而在不同阶段供应链合作绩效的关键影响因素不同。Daugherty et al.[66]通过对 500 家企业的案例分析，发现企业在物流方面的"速度能够影响竞争力"影响供应链整体绩效；Ellram[67]研究表明，相互信任、相互承诺可以促进供应链上各企业成员之间的绩效，降低产业链各企业交易总成本；Das and Teng[68]、Gunnar Stefansson[69]认为市场风险对供应链管理绩效有重要影响，这种影响可以是正向的，也可以是负向的，可以是直接的，也可以是间接的。Choi T. Y. and Hartley J. L.[70]、Doyle M.[71]、Xu Kefeng[72]、Mohr J. and Spekman R. E.[73]研究表明合作能力对产业链绩效具有显著影响。Fynes et al.[74]回顾了七个最有影响力的企业——供应商关系模型，认为影响企业——供应商之间合作绩效的最重要因素有信任、信心、共享教育和培训等；Ganesan et al.[75]从短期绩效和长期绩效来评价供应链成员企业的合作绩效，短期绩效主要反映市场效率情况，长期绩效则反映合作企业间的伙伴关系。

（二）国内农业产业结构调整优化绩效研究

1. 关于农业产业链运行绩效及影响因素研究

王风彬[76]认为供应链总绩效应该至少包括"消费者剩余"和"供应链盈利"。朱毅华、王凯[28]构建的农业产业链整合绩效模型包括加工企业绩效和供应绩效；戴化勇、王凯[77]以南京蔬菜产业链为例，建立了绩效层次分析模型和绩效评价矩阵，应用层次分析法对其外部绩效和内部绩效进行了综合评价。李俊龙、王凯[78]以物流能力为核心考察了农产品供应链中合作能力、市场环境与市场风险对供应链绩效的影响，研究发现合作能力对企业的物流能力和绩效具有显著的正向影响，而市场环境的改善对产业链绩效的影响并不显著。刘征[79]从财务绩效、运作绩效以及合作绩效来构建供应链总体绩效评价指标；卜卫兵、王凯[80]对乳品产业链中三种不同类型的原料奶供应商与加工企业之间的合作效率进行了实证考察，研究发现，影响乳品加工企业与其供应商合作效率的最主要因素是双方的合作能力、条件以及合作收益。何一[81]从区域产业融合程度、区域产品创新程度与区域市场竞争秩序来评价休闲产业链整合绩效。陈伟、张旭梅[82]将供应链中企业合作绩效分为主观绩效（合作目标程度、合作满意度与企业间协同程度）和客观绩效（企业利润率、成本的降低与新产品种类）。

2. 关于农业绩效研究方法的研究

樊继红等[83]利用层次分析法、彭国富和张玲芝[84]用模糊综合评价优选法、韩国良[85]运用因子分析和聚类分析方法对农业综合开发投资绩效进行了研究，徐勇和任一萍[86]运用因子分析法、岳香[87]运用主成分分析法、王喜平[88]利用DEA方法对农业上市公司的整体运营绩效进行评价，赵佳荣[89]基于企业社会责任理论，提出农民专业合作社绩效指标体系框架，同时应用层次分析法（AHP法）评价了湖南省10家农民专业合作社的绩效。胡星辉[90]将社会绩效和环境绩效纳入农业上市公司综合绩效评价指标体系中，并运用层次分析法对农业上市公司综合绩效进行评价。

总之，国内外学术界对农业产业结构调整优化的研究已经逐步展开，在一些方面的认识也越来越趋于一致。这极大地丰富了农业产业结构调整优化理论，为研究农业产业结构调整优化绩效及影响因素提供了可借鉴的经验。本书在评价农业产业结构调整优化绩效的基础上，实证研究其影响因素，在此基础上，找出相应的对策，这对促进农村经济发展和农民收入不断增长，具有重要的理论意义和现实意义。

第三节 研究思路与研究方法

一 研究思路

农业产业结构调整优化，纵向涉及各个部门，横向遍及多个方面。本书在全面回顾国内外相关文献的基础上，提出以可持续发展理论、经济结构优化理论、公众参与理论以及路径依赖理论为理论基础，通过比较以美国、荷兰、中国为代表的国家的农业产业结构调整优化的演进，得出对我国有益的经验启示。在理论分析农业产业结构调整优化服务农业治理的内在机理的基础上，结合中国农业产业结构调整优化的具体国情，分别从农业产品结构、农业区域结构及农业产业链三个方面对农业产业结构调整优化进行详尽的阐述。采用灰色系统理论对农业产业结构调整优化的绩效进行综合评价，并对其影响因素进行分析，提出相应的对策建议，以实现增加农民收入，提高农产品质量安全水平和国际竞争力。

二 研究方法

研究方法是达到研究目的的手段与工具，本书拟采用交叉学科研究方法、规范研究与实证研究相结合的研究方法、案例研究方法、比较研究方法、移植研究方法。

（一）交叉学科研究方法

农业产业结构调整优化问题不仅是一个经济问题，而且是一个社会问题，涉及很多领域和多种学科，如人口学，资源学，环境学，历史地理学等，必须运用综合交叉学科来研究。本书结合有关新政治经济学、新制度经济学、现代农业管理学等学科的内容，通过对农业产业结构调整优化绩效及其影响因素的实证研究，引导农业产业结构调整优化政策的创新与发展。公众参与理论属于新公共行政学专业领域，而农业产业结构调整优化属于经济学专业领域。根据知识交合创新模式，通过将公众参与理论运用于农业产业结构调整优化，推动交叉边缘学科的创新与发展。

（二） 实证研究和规范研究相结合的方法

现代经济学的研究方法以实证研究和规范研究为主。实证研究不涉及价值判断和价值取向，仅仅回答"是什么"的问题；规范研究涉及价值判断，回答"应该是什么"的问题[91]。规范研究是实证研究的前提和基础，而实证研究只有建立在规范研究的基础上，才能揭示事物的本质和特征。两者相互补充、相辅相成[92]。农业产业结构调整优化作为一个有机的体系，既有量的表现又有质的规定性。因此研究农业产业结构调整优化既要分析它的量又要分析它的质，把规范研究与实证研究结合起来。目前农业产业结构调整优化的理论研究成果，主要局限于规范研究，虽然也能把握某种规律，但要精确地反映农业产业结构调整优化同诸多复杂因素间的数量关系，以及各种因素对农业产业结构调整优化作用程度的强弱与大小，仅仅依靠规范研究是不够的[93]。只有在规范研究的基础上，运用数学方法对农业产业结构调整优化进行实证研究，了解其函数关系，才能够精确地剖析农业产业结构调整优化中各种要素的数量关系，及其对农业产业结构的形成起多大作用，通过相应的制度安排，寻求在有限的资源条件下，获得最佳的农业产业经济效果。

（三） 比较分析法

比较是指根据一定的标准，把彼此有某种联系的事物加以对照，从而确定其相同与相异关系的思维过程。没有比较，就没有鉴别，更谈不上什么分析研究。通过对现象特征进行对比，在综合分析的基础上，从中抽象出一般的科学规律，即得出"同中之异，异中之同"[94]。在空间层面上比较我国、美国以及荷兰的农业产业结构调整优化，在时间层面上比较我国改革开放之后，不同发展时期的农业产业结构调整优化，得出对我国当前进行农业产业结构战略性调整优化的经验启示。

（四） 案例研究方法

为了深入研究国外农业产业结构调整优化的发展经验，本书在国外农业产业结构调整优化的部分，以当今世界农业最发达的美国和荷兰为例进行分析研究，探析现象背后的制度原因，挖掘案例背后所隐含的规律，以对相关理论进行检验。

（五） 移植研究法

移植研究方法是指借用其他学科的研究方法和理论成果，来研究解决本学科具体问题的一种方法。本书在"农业产业结构调整优化绩效的综合评价"中利用灰色系统决策理论进行综合评价，克服了现有绩效评价方法的不足，使农业产业结构调整优化的绩效评价结果更加客观。

第四节　研究内容

在回顾相关理论的基础上，以党的十八大精神为指导，贯彻2013年党的农业"中央一号文件"，尤其是2013年12月13日中央经济工作会议中提出将"粮食安全"列为各项工作之首的方针。具体内容拟从以下几个方面进行研究。

第一章为引言。介绍选题背景及问题的提出、研究意义、研究思路、研究内容、研究方法、研究创新和研究不足、技术路线。

第二章为理论基础。首先，对一些基本概念给予界定。其次，在大量查阅、研析国内外相关文献的基础上，提出以可持续发展理论、经济结构优化理论、路径依赖理论和公众参与理论为农业产业结构调整优化理论的基础，为农业产业结构调整优化提供理论支持。再次，梳理并回顾了国内外有关农业产业结构调整优化相关研究成果，多角度、全方位地分析现有的研究成果，并进行了简要的评析。最后，在对主要观点进行梳理总结，分析其研究不足的基础上，提出本书研究的机会空间。

第三章为农业产业结构调整优化的比较研究。本部分详细分析了以人少地多、成功地实现了从资源优势向竞争优势的转变为代表的国家美国；以人多地少、奇迹般地从资源小国变成了农产品出口大国为代表的国家荷兰；以人多地少、虽取得巨大农业成就、但还没有实现从传统向现代农业转变为代表的国家中国，然后进行了比较研究，得出对我国有益的经验启示。尽管我国农业产业结构的战略性调整优化，不可能完全照搬国外的做法，但作为一个后发国家，有必要借鉴和学习其他国家在结构调整优化中的成功经验，遵循其中的基本规律，发挥比较优势，形成比较合理的农业产业结构，实现资源的合理配置，使我国农业实现跨越式发展，实现从传统农业向现代农业的转变，不断提高其国际竞争力。

第四章为农业产业结构调整优化系统分析。本部分在分析农业产业结构调整优化的现状、类型、原则、效应的基础上，着重分析了政府和农民在农业产业结构调整优化中的重要作用，阐述了农业产业结构调整优化过程中，各组成要素因素之间相互联系、相互作用的内在机理。充分考虑约束条件、合理地利用资源，是实现农业产业结构调整优化必备的基础。

第五章为农业产业结构调整优化内容分析。本部分在对农业产业结构调整优化一般性认识的基础上，提出分别从农业产品结构、农业区域结构和农业价值链三个方面，来实现农业产业结构调整优化。并阐述了三者之间的关系，和三者与农业产业结构调整优化之间的联系。合理的农业产品结构、农业区域结构，完备的农业价值链体系，则能为人们创造经济、社会、生态效益。

第六章为农业产业结构调整优化绩效的综合评价。在比较现有绩效综合评价方法的基础上，提出将灰色系统理论综合评价模型作为农业产业结构调整优化绩效的评价方法，得出农业产业结构调整优化绩效的变化趋势。

第七章为我国农业产业结构调整优化策略实证分析及建议。在提出研究假设，设置研究变量，建立实证模型的基础上，进行回归分析，得出研究结论。根据实证研究结论提出如下建议：优化财政支农形式，增强财政支农效力；推动农业机械化和农业现代化协调发展；健全农业产业结构调整优化与金融支持互动机制。最终推动农业产业结构调整优化绩效的不断提升。

第八章为现代农业的产业特性和内涵。

第九章为我国现代农业市场体系发展的主要问题。

第十章为我国现代农业发展与农业功能拓展的路径选择。

第十一章为中原经济区现代农业发展的目标及其路径。

第十二章为中原经济区新型现代农业发展实践——以许昌地区为例。

第十三章为研究结论及研究展望。

第五节　主要创新点

（1）构建了包括调整优化主体、调整优化内容、调整优化目标、调整优化策略和影响因素为要素的农业产业结构调整优化体系。在分析我国农业产业结构的现状和问题的基础上，综合考虑农业产业结构调整优化涉及的组织体系、管理体系、决策体系、执行体系和影响因素，提出了农业产业结构调整优化体系的构成要素，并对体系内构成要素的作用和它们之间的关系做了详细的分析。明确了农业产业结构调整优化过程中政府是决策主体、农民是执行主体的地位，统一了农业产业结构调整优化分析主体的新理念。

（2）从农业产品结构、农业布局结构和农业产业链结构三个不同的角度，深入分析了农业产业结构调整优化的内涵。本书分析了我国农业产业生产的特点、农业产业结构的布局特点和农业产业链成长特点，确立了从农业产品结构、农业布局结构和农业产业链结构三个方面进行调整优化，把微观调整优化、宏观调整优化与市场经济规律结合起来，为分析农业产业结构调整优化及其决策提供了一种新思路，据此更好地完成我国农业产业结构的调整优化与升级。

（3）基于农业产品结构的调整优化，建立了现代农业高端生态农业模式。分析了我国农业生产条件的优越性和现代市场经济需求的刚性，根据我国地域广阔、区域自然条件、自然资源、社会经济技术等因素的差异性，在不同区域建立生态种植模式、生态渔业模式、生态畜牧业生产模式、草地生态模式、丘陵山区生态模式、设施生态农业模式、观光生态农业模式等的高端生态农业模式，这为农业产品结构调整优化提供了新方向。基于农业布局结构的调整优化，结合宏观农业布局、中观农业布局，做好微观农业布局。分析了我国不同农业区域的差异性，根据我国城乡一体化的建设要求，在做好宏观、中观农业布局的同时，要做好微观农业布局，也就是布局好村、镇的农业生产结构，这为农业布局提供了具有可操作性的新途径。基于农业产业链结构的优化，建立具有中国特色乡镇农产品加工企业，拉长、拓宽农业产业链，建立健全我国农业产业链体系。分析了我国农业产业链的一般性和特殊性，根据我国增加农民收入、增加农民非农业就业等有关政策，大力兴办乡镇农产品加工企业，进行农产品的精深加工，这为农业产业链优化提供了新思维。

（4）基于灰色系统理论，构建了农业产业结构调整优化绩效评价模型。分析了诸多绩效评价方法，根据农业产业结构调整优化的复杂性，影响因素的多样性和不确定性，移植灰色系统决策理论模型，解决信息不完全、信息不确定、数据有限等问题，构建相关指标体系，建立了农业产业结构调整优化影响因素绩效评价的灰色系统理论模型,这为农业产业结构调整优化影响因素的绩效评价提供了新方法。

第六节　本章小结

本章在分析农业产业结构调整优化的选题背景及提出问题的基础上,围绕"农业产业结构调整优化的方法及应用研究"这一主题,对相关的研究内容、研究思路、研究方法、研究创新、技术路线等进行了总括概述,为下文的深入研究指明了明确的研究方向,规划了清晰的技术路线。

第二章
理论基础

农业产业结构调整优化的理论基础是指影响农业产业结构调整优化形成与发展的相关理论。具体来说，农业产业结构调整优化理论基础旨在揭示农业产业结构调整优化的本质和发展规律，反映农业环境对农业产业结构调整优化的客观要求，注重的是理论的科学性、系统性和逻辑性，追问的是"是什么"和"为什么"。

第一节 基本概念

一 农业产业及农业布局

（一）农业产业

农业是以土地资源为生产对象的部门，它是通过培育动植物产品从而生产食品及工业原料的产业。农业的劳动对象是有生命的动植物，获得的产品是动植物本身。我们把利用动植物等生物的生长发育规律，通过人工培育来获得产品的各部门，统称为农业。农民在进行农业生产时，一方面要投入生产要素；另一方面要有生产的产出，有投入，有产出，因此农业就是农业产业。相应的农业结构也叫农业生产结构或农业产业结构。美国农业部基于其对农业的供应、生产、加工、销售和消费等功能的极大相互依存性的认识，将农业及其相关的产业统一称为"食物纤维体系"（Food and Fiber Sysetm）[96]。

农业既是经济再生产，又是自然再生产，同时受自然条件和土地制约，生产周期长，产出不稳定，收益边际和消费边际弹性很小，深度开发难度高，市场竞争处于劣势地位。

（二）农业布局

农业布局就是农业生产的地域分布，又称农业配置，包括农林牧副渔各部门、各种农作物的地域分布和地域内各部门的相互关系两个方面[97]。合理的农业布局要求农业各部门和作物尽可能分布在条件最优越的地区，每个地区内部的农业各部门保持着合理的比例，能够有机结合，相互促进，以取得较多的经济效益和生态效益。布局和分布，虽然在习惯上经常相互代替，但实际上是相互联系又有区别的两个概念。农业分布是指已经形成的生产的空间形式，是已实现的东西；农业布局是指生产的再分布，是正在计划、规划中的东西。现实的生产分布状况，是以往各个阶段生产布局计划、规划实行的结果，又是今后进行新的生产布局和调整优化生产分布的依据及出发点之一。而新的生产布局不但要回答生产是怎样分布，为什么这样分布，更重要的是回答生产怎样再分布，其依据和趋势是什么，即要动态地分析生产分布的过程。

任何生产总要落实到特定的空间，因此，生产分布是生产存在和发展的空间形式，有生产就有生产的分布和再分布。生产分布状况如何，直接影响到生产的发展速度、地区产业结构和优势的发挥、自然资源的保护和生态平衡等问题。在不同的社会发展阶段，生产分布的形式有着无穷无尽的变异，但它总是沿着某种合乎逻辑的有规则的方式在变化。农业布局就在于从错综复杂、千变万化的生产分布过程中，揭示生产分布发展变化的规律性，解决生产再分布问题。

因此，农业布局要研究安排好农业各部门、各种作物间、各农业区域间以及区域内各产业间的比例关系，建立起新的农业生产布局，并落实到各地区直至地块，以便更充分合理地利用各种农业资源，高速、协调地发展农业生产。

二　农业产业结构及结构调整优化

（一）农业产业结构

无论是在理论界还是在实践界，普遍认为农业产业结构是一个复杂的多层次综合体系,具体来说,农业产业结构是指一个国家、一个地区农业内部各个生产部门的组成及其相互间的关系[99]。有广义与狭义之分,广义的农业产业结构是指大农业内部农林牧渔各业之间的分布及其比例关系。狭义的农业产业结构是指农产品品种结构及农林牧渔业之间的比例关系。

(二) 农业产业结构调整优化

目前在理论和实践界对农业产业结构调整优化大致有如下几种表达方法:农业结构调整优化、农村产业结构调整优化、农业产业结构调整优化、农业和农村经济结构调整优化。尽管所使用术语不同,内涵大同小异,基本上都是研究"农业产业结构调整优化"或者以其为主的,21世纪的农业结构调整优化是对农业结构的全方位、战略性、全局性和根本性的调整优化[96]。而且农业产业结构调整优化呈现新的特征:调整优化的依据是市场需求而不是政府计划,调整优化的主体是农业生产者,调整优化的力量是利益驱动而不是行政推动,调整优化的手段是产业政策而不是指令计划,调整优化的过程是动态演化而不是静态到位,调整优化的行为是主动直接的而不是被动间接的[100]。

三 农业产业化与产业链

农业产业化是以国内外市场为导向,以提高经济效益为中心,对当地农业的支柱产业和主导产品,实行区域化布局、专业化生产、一体化经营、社会化服务、企业化管理,把产供销、贸工农、经教科紧密结合起来,形成"一条龙"的经营体制。农业产业链是指与农业初级产品密切相关的产业群构成的网络结构,包括为农业生产作准备的科研、农资等前期产业部门,农作物种植、畜禽养殖等中间产业部门,以农产品为原料的加工、储存、运输、销售等后期产业部门[101]。"农业产业化"与"农业产业链"之间既有联系又有区别。

(一) 二者的联系

1. 农业产业化和农业产业链都体现为,由侧重于帮扶农业向侧重于改造农业转变、由传统农业向现代农业转化、由侧重于带领农民走向市场向侧重于引导农民站稳市场转变、由侧重于农产品数量向侧重于农产品质量和特色农产品发展转变的农业发展思路[102]。

2. 农业产业化和农业产业链均以农业生产和农产品为核心,同时涉及农产品的加工和销售，因而两者之间是密切联系和相互作用的，是两种理论对同一事物发展的不同描述和理论总结。一方面农业产业链是农业产业化的前提和基础；另一方面实施农业产业化经营可以克服有些农业产业链松散和脆弱的状态，促使农业产业链稳定和规范，确保农业产业链各环节主体的价值得以实现，并能拉长和拓展农业产业链，使农业产业链质量、功能得以增强。本质上是相同的，在实际的应用当中又是交叉在一起的。

3. 农业产业化和农业产业链的组织形式要么是企业联合，要么为战略联盟，都是以一定的逻辑关系组建的；都要受到农业生产规律的作用和约束，都认为农民可以成为组织中的成员，享有相应的权利，承担相应的义务；都要涉及农产品的加工和销售，都涵盖价值的形成和分配，都受市场需求的方向和规模的影响，而且均与所处的社会经济条件密切相关[111]；都强调农业应该向农业关联产业延伸，扩大农业生产和经营领域的范围。

(二) 两者的区别

1. 从研究内容的侧重点来看。农业产业化是一种特定的发展模式，侧重于农业经营理念、发展趋势、发展目标和发展模式等内容，更多地强调农业参与分享其他行业的利润，在农业产、供、销一体化过程中的公平问题；农业产业链是一种实实在在的组织形式，是具体的不同农产品链的集合体，农、林、牧、副、渔各业的产品链，例如棉花产业链、蔬菜产业链、果品产业链等的总和，构成了总的农业产业链。它侧重于反映产业之间的关系，考察其联系效应、相互作用的方式和程度，同时也涵盖价值的形成和增值过程，更多地强调整优化整个链条的效率问题，以及农业通过向其他产业延伸实现产品价值增值。

2. 从运动状态看。农业产业化是一个动态概念，指明了农业发展的方向，强调的是农业发展的目标；农业产业链是一个静态概念，侧重如何使农业发展不偏离方向，强调的是手段。

3. 从组织范围和运行规模来看。农业产业化受资源条件约束，所形成的组织结构一般来说较为简单，但其组织类型较多，大都以一种农产品和相近的几种农产品为载体。农业产业链在一定程度上可以看成一种客观存在，产业之间的联系不受空间地域约束，因而对于不同的农产品链来说规模和范围相差很大。

四 适应性

约翰·霍兰德认为,复杂适应系统中的主体具有适应性,称之为适应性,就是指"这些主体随着经验的积累,靠不断变换其规则来适应"。复杂适应系统也正是通过这些适应性主体之间的不断交流、"学习"和"积累经验"及其调整优化自身的结构来实现进化的。复杂性理论认为,个体自身的主动性及其与环境的反复的、相互的作用,才正是系统进化和发展的基本动因。个体分化和宏观的变化都可以在个体的行为规律中找到根源。约翰·霍兰德把个体与环境之间这种反复的、主动的交互作用用"适应性"一词来概括,并给出一个最基本的思想——适应性造就复杂性。这里所讲的适应性或主动性,是一个十分抽象的、广泛的概念。它并不一定只是生物学意义上的"活"的意思。只要是个体能够在与别的个体的交互作用中,表现出随着获得的信息不同,而对自身的结构和行为方式进行不同变化,就可以认为它具有适应性或主动性。

在我国农业经济发展和农业产业结构调整优化过程中,农民是农业经济发展的主体之一,是农业产业结构调整优化的执行主体,一个农民在与其他的农民、政府、其他组织或个人发生联系的过程中,同时还要受到自然、社会经济技术、制度等环境的影响与制约,因此,一个农民个体,要在农业经济发展和农业产业结构调整优化中发挥其积极的作用,就必须具备良好的适应性或主动性。

第二节 产业(经济)结构理论

(一)配第—克拉克定理

17世纪英国经济学家威廉·配第(William Petty)最早研究产业结构演变规律和趋势。他第一次发现了世界各国的国民收入水平差异及其形成不同的经济发展阶段,关键在于产业结构的不同。他在《政治算术》中,通过对英国船员和农民的收入进行深入分析比较后,发现英国船员收入是英国农民收入的4倍,故得出工业的收入要比农业高,而商业的收入又比工业高的研究结论,说明工业比农业、服务业比工业具有更高的附加价值,这一发现被称为配第定理[103]。

20世纪40年代，英国的另一位经济学家科林·克拉克（L. G. Clark）在威廉·配第的研究基础上，将国民经济分为三种产业，即第一产业（农业）、第二产业（工业）、第三产业（服务业），分析了第一产业、第二产业、第三产业间的劳动力移动规律后发现，随着国民经济的发展和国民收入水平的不断提高，生产要素不可避免地从第一产业转移到第二产业、第三产业。其原因是由经济发展中各产业间的收入出现了差异，人们总是由低收入的产业向高收入的产业移动，通过产业结构演进理论的分析，农业经济中增加服务业的比重是未来的必然趋势。这一理论被称之为配第—克拉克定理[104]。

我国在20世纪70年代末之前，还是一个农业大国，通过三十多年来的改革开放，我国现在已处在后工业化时代。第一产业、第二产业、第三产业发展的速度和比例是不均匀的，第二产业、第三产业发展迅猛，而第一产业发展缓慢，而且出现比例越来越拉大的趋势。同时，资金、劳动力、技术等生产要素在三次产业中的投入也不一样，差别很大，在第一产业中投入过少，严重影响了第一产业的发展，因此根据农业产业结构调整优化的要求，要增加有效的生产要素投入，延伸、拉长、拓宽农业产业链，发展现代农业。

（二）库兹涅茨的人均收入影响产业结构论

美国著名经济学家西蒙·库兹涅茨（Simon Kuznets）在继承配第、克拉克研究成果的基础上，在其著作《各国的经济增长》一书中，从国民收入和劳动力在产业之间的分布方面，对世界各国的产业结构变动与经济发展进行了分析研究，并综合考察了总产值变动与就业人口变动的关系，之后得出随着经济发展水平的提高，第一产业产值在社会总产值中的比重将不断下降，第二产业产值比重将不断上升，第三产业产值的变动不十分明显[105]。库兹涅茨分析认为，第一产业国民收入和劳动力的相对比重趋于减少的原因为：农产品的需求特性引导的低收入弹性、第一产业与第二产业之间（即工业和农业之间）的技术进步的可能性存在很大差别、农业劳动生产率的不断提高。由于这种产业结构变动受人均收入变动的影响故被称为"人均收入影响产业结构理论"[112]。

我国人口近14亿，改革开放以来，我国农民工大量进城，或从事非农业生产，农业劳动力大大减少，农业缺少劳动力，势必影响第一产业的健康发展,因此,应根据发展现代农业需要,加强政策力度。国家应增加对农业资金、技术等的投入,增加农业生产者收入,确保农业产业大军的人才充足。

(三) 二元经济结构理论

1954年,美国经济学家威廉·阿瑟·刘易斯(William Arthur Lewis)在他的《劳动无限供给条件下的经济发展》一文中,指出发展中国家可充分利用本国劳动力资源比较丰富的优势,生产出成本低廉的产品投向国际市场,并通过扩大出口加速经济的发展。发展中国家的经济包括"现代的"和"传统的"两个部门,现代部门依靠自身的高额利润和资本积累,从传统部门获得廉价劳动力而不断发展,并且通过不断对传统部门的影响,促使传统部门向现代部门转化。中国是发展中国家,在二元经济结构中,两大部门发展极不协调,现代工业对农业剩余劳动力的有效吸纳严重不足,城乡收入差距持续扩大,阻碍了二元经济向一元经济发展演变的进程,严重制约了地方经济的可持续发展,严重影响了我国经济结构的发展和演进。故将把这一理论称为"二元经济结构理论"[107]。

长期以来,我国为了发展工业,支持工业,在某种程度上,农业确实做出了极大的牺牲,形成了工农产品价格的"剪刀差",农民收入太低,城乡居民收入差距拉大。2008年十七届三中全会提出工业反哺农业,城市支持农村;2006年以来,政府彻底取消了农业税,政府进一步关心农业,"二元经济"虽有改观,但长期形成的认识、观念、环境条件,收入状况的差距仍然影响、制约着农业、农村的充分的合理的发展。所以,根据刘易斯的经济学理论,要健康有效地发展农业,还需要进一步加大对农业的投入力度。

(四) 农业产业结构优化理论

农业产业结构优化是指通过产业结构调整优化来实现各产业的协调发展,满足社会不断增长的物质需求,并推动农业产业结构向合理化、高级化和低碳化方向演进的过程[113]。农业产业结构合理化是指农业各产业之间协调能力得到进一步加强和关联水平得到进一步提高,要求在一定的经济发展阶段上,根据消费需求和资源条件来理顺产业结构,使资源在产业间得到合理配置和有效利用。农业产业结构高级化是遵循农业产业结构演化规律,通过技术进步,使农业产业结构整体素质和效率向更高层次不断演进的趋势和过程，要求随着科学技术的进步，资源利用水平不断突破原有界限，从而不断推动产业结构向高级化方向演进。农业产业结构低碳化是指农业产业的高碳能源消耗不断降低，农业温室气体排放不断减少，农业碳汇水平不断提高的过程[116]，农业产业结构调整优化不仅要求第一产业、第二产业、第三产业之间的协调发展，而且要求农业内部的协调发展。农业内部如何实现协调发展，一则要求产品品种之间的协调，二则要求区域之间的协调，三则要求农业产业链之间的协调。

我国农业已经经历了原始农业、传统农业和现代农业的不同发展阶段，这都是我国农业产业结构不断调整、不断优化的结果。随着科学的进步，国家对农业的政策扶持，我国还必然会进入高端生态农业阶段。

第三节　产业组织理论

（一）罗斯托的主导产业理论

1960 年美国经济学家罗斯托（Walt Whitman Rostow）研究了西欧、北美的发展过程，根据技术标准把经济成长阶段分为 6 个阶段，即传统社会阶段（主导产业是农业）、起飞前提阶段（主导产业是工业、交通、商业和服务业）、起飞阶段（主导产业是带动国民经济增长的工业、交通、商业和服务业等）、成熟阶段（主导产业是新兴产业）、高额群众消费阶段（主导产业是耐用品消费和服务业）和追求生活质量阶段（主导产业是提高生活质量的文教、医疗等产业），经济阶段的演进就是以主导产业交替为特征的[117]。在不同发展阶段中农业所扮演的角色是不同的，从"主角"到"配角"[108]。总体上讲农业的发展进程是为了更好地发展其他产业服务的，农业起到的是基础性作用。他指出任何国家在发展经济过程中，都要立足于本国经济现状，不能超越经济成长阶段，而只能从较低级阶段向较高级阶段顺序发展。这一理论被称为"主导产业理论"[113]。这一理论为发展中国家的国民经济演进提供了方向和标准。

我国已进入起飞阶段，虽然农业在整个国民经济体系中所占的比重有所下降，但农业仍然非常重要，农业中的主导产业虽然有所变化，但仍然需要进一步加强我国传统农业的优势，不能丢弃。相反，应在高科技高装备的支持下，充分发挥我国几千年来形成的传统农业优势，全面发展当代农业，促进我国农业的产业升级换代，使农业焕发出新时代的异彩。

（二）农业区位理论（或农业布局理论）

1826年德国农业经济和农业地理学家约翰·冯·杜能（J. H. Thunne）根据资本主义农业与市场的关系，探索了因地价不同而引起的农业分带现象。在出版的《孤立国同农业及国民经济关系》中提出了，孤立国农业圈层理论的农业区位论，阐明了农业区位理论的中心思想，即农业土地利用类型和农业土地经营集约化程度，不仅取决于土地的天然特性，而且更重要的是依赖于其经济状况，其中特别取决于它到农产品消费地的距离[120]。他认为，在选择农业布局的问题上，并不是由自然条件完全决定的，适合种什么样的作物还受到诸如运输、市场等因素的制约。按照杜能的理论，农业布局应该是同心圆，由里向外依次为自由农作区（集约农业）—林业区（较集约）—谷物轮作区（比较集约）—谷草轮作区（较粗放）—三圃轮作区（粗放）—畜牧区（极粗放），该理论为农业生产专业化和农业区划提供了理论依据和借鉴意义[121]。划分农业区位的依据是：生产地距市场的远近、农产品市场价格和农产品生产成本。一般来说，农业生产基地距市场的远近，决定了运费的多少，在市场价格相同的情况下，距市场近的比距市场远的农业生产更有利。按照运费大小和收益等情况来确定某种农业类型的适宜范围，这是杜能农业区位理论的中心思想。杜能的农业区位理论尽管受到交通运输不发达、传统农业技术占主导地位的时代的限制，但对农业生产基地布局、农业高新技术项目规划具有重要的理论指导意义[122]。总而言之，影响产业布局的主要因素包括：自然环境、自然资源、市场和运输、劳动力、外部规模经济性（或称集聚效应）、资本、科学技术、政府政策。

我国地域辽阔，东西南北跨度很大，自然条件多种多样，地理条件极为复杂，自然资源丰富，因此农业的发展应充分发挥区域多样化的优势。

（三）可持续发展理论

自新中国成立尤其是改革开放以来，综合国力大幅上升，工业化取得了举世瞩目的成就，国际地位和影响力显著提高，人民生活明显改善的同时，出现了社会问题，这种"压缩型的工业化"引发了一系列国家治理危机[123]，诸如环境恶化、生态失衡、气候变暖和资源短缺。大量施用农药化肥，不但使土地日益贫瘠，而且使农作物病虫害变本加厉，严重危害人类健康；滥垦滥伐造成水土流失严重，土地沙漠化不断扩大，沙尘暴漫卷我国北方的乡村和城市[124]。1987年第42届联合国大会通过《我们共同的未来》的报告，可持续发展也逐步提上了议程。农业可持续发展的首要任务是必须满足人们的生存需求，即形成能满足当代和后代人需求的粮食生产能力[114]。

由于农业生产的过程和结果对自然条件，尤其是生态条件有着显著的影响。在可持续发展已经成为人类共识的今天，不注重可持续发展的农业产业结构，绝不会是合理的农业产业结构。"吃祖宗饭，断子孙路"的掠夺式发展道路已经被世人所抛弃，评判农业产业结构是否合理，同样应该把可持续发展作为一项重要的评判标准[125]。因此，农业产业结构调整优化不仅注重保护环境，而且将资源、产品、环境、效益、结构视为一体，保持农业生产率稳定增长，增加农民收入，实现现代农业由传统农业向生态农业转变，以及"生产要发展，生活要提高，生态要改善"的良性循环。

第四节 产业政策理论

（一）公众参与理论

公众参与理论的先驱安斯坦（Arnstein）[127]认为，公众参与是公民权利运用的一种方式，是对权力的再分配，在政治、经济等活动中无法掌握权力的公民，通过公民参与能使他们的意见被有计划地列入考虑，作为政府行动的参考。张维迎指出，"公众参与进来是提高效率的有效途径，因为效率损失随着参与交易人数的增加而减少"。由于农业产业结构调整优化牵涉广大农民的切身利益，因而就不能脱离农民这一最基本的社会利益相关者而独自制定农业产业结构调整优化政策。因此，农业产业结构调整优化政策的制定和实施必须要公众参与。农民的话语权应得到尊重，农民具体需要什么，什么需要调整优化，农民的需求应得到充分表达。建立自主决策机制和合理的表达机制，应该让农民参与各项农业政策的制定、实施和监督，确保各项农业产业结构调整优化政策得以落实，激发农民的创造性和积极性，使农业发展充满生机活力[128]。因此，要从公众参与的理论视角来研究农业产业结构调整优化。

(二) 路径依赖理论

路径依赖最先是生物学家用以描述生物演进路径的。而后阿瑟在此基础上进一步发展，形成了技术演进中的路径依赖[115]，即用来描述技术变迁过程中的自我积累、自我强化性质。20世纪90年代以来，西方学者逐渐把路径依赖研究的重心，由技术变迁转向了制度变迁，出现了关于制度变迁的路径依赖学说，比较著名的是诺斯的观点。诺斯[129]指出：阿瑟提出的技术变迁的机制也同样适用于制度变迁，从而建立了制度变迁中的路径依赖理论。诺斯指出"历史确实是起作用的，我们今天的各种决定、各种选择实际上受到历史因素的影响"。诺斯认为，像技术演进一样，制度变迁也存在自我强化机制、报酬递增机制。受这种机制的影响，如果制度变迁走上某一路径，以后会得到自我强化。因此，"人们过去做出的选择，决定了他们现在可能的选择"[118]。沿着原来的路径，政治与经济制度的变迁或许能够进入良性循环的轨道，并且迅速优化；也有可能顺着以前的错误路径一直下滑，并会产生一些与现有制度共存共荣的利益集团与其他组织，那么，这些利益集团与其他组织就不会推动现有制度的变迁，而只会加强现有制度，由此，产生维持现有制度的政治组织，从而使这种无效的制度变迁的路径持续下去[130]。弄得不好，它还会被锁定在某种无效率的状态之下。诺思指出：一旦进入了锁定状态，要脱身而出就会变得十分困难，引入外生变量或依靠政权的变化，才能实现对原有方向的扭转[131]。路径依赖理论（Path Dependence）指出：人们一旦做出某种选择，惯性的力量会促使这一选择不断自我强化，并让人不能轻易改变路径[132]。农业产业结构调整优化的过程也是制度变迁的过程，农业产业结构调整优化政策的建立与发展过程中存在着路径依赖。一旦其走上良性循环的发展道路，农业产业结构调整优化的利益机制将诱致更高水平的农业产业结构出现，而一旦陷入低水平、恶性竞争的境地，其产业发展将难以从这种被动状态中予以解脱[133]。从技术变迁来看，几千年的传统农业耕作方式和组织方式、农民的文化素质状况、新中国成立初期的工业优先发展道路，使我国农业产业结构调整优化中有技术变迁的路径依赖；从制度变迁来看，我国乡村治理模式的影响和低效率的乡村治理模式，使一些利益集团出于自身利益的考虑，极力维护这样一种低效率的制度，以便他们从农村获得更大的既得利益，这使我国农业产业结构调整优化中存在制度变迁路径依赖[134]。我国农业产业结构调整优化过程中，始终受到路径依赖问题的困扰，致使农业产业结构形成了一定的惰性（刚性、黏性），始终无法突破传统农业产业结构的束缚[135]。因而必须评价农业产业结构调整优化的绩效，以将农业产业结构调整优化引入正确的发展路径，促进农业产业结构调整优化政策的制度变迁。作为农业产业结构调整优化的主体——农民来讲，由于受自身文化素质的限制，一旦掌握一种农产品生产技术，就不愿意轻易地去改变，必然会影响农业产业结构调整优化政策的实施及预期目标的完成。要实现农业产业结构调整优化的预期目标，必须对农业产业结构调整优化的影响因素进行研究，采取相应的对策，以提高农业产业结构调整优化的绩效。

第五节　灰色系统理论与复杂系统理论

（一）灰色系统理论（Grey Theory）

灰色系统理论是以"部分信息已知，部分信息未知"的"小样本"、"贫信息"不确定系统为研究对象，主要通过对"部分"已知信息的生成、开发，提取有价值的信息，实现对系统运行行为、演化规律的正确描述和有效监控[119]。少量数据不确定性亦称灰性。具有灰性的系统统称为灰色系统。

灰色综合评价法可以处理定量指标和定性指标。灰色局势决策是灰色系统决策理论中的一个重要方法，是指在事件、对策、效果三者统一的前提下进行的决策。当事件、对策量化后，且事件拓扑与对策拓扑构成一个偶对，即可进行决策。通常，决策是"事件"、"对策"、"效果"三者的整体。在不同对策对付同一事件的各种对策方案中，挑选一个效果最佳的方案则是决策的基本任务。灰色局势决策目标极性包括极大值极性、极小值极性和适中值极性。极大值极性是指样本值越大越接近目标，比如"效益"目标；极小值极性是指样本值越小越接近目标，比如"成本"目标；适中值极性是指只有样本值适中才接近目标，比如"人体的参数"。

农业产业结构调整优化绩效评价体系属于灰色系统，适合采用此评价方法。灰色综合评价方法具有一定的科学性和合理性，同时又都有自己的局限性与适用条件范围。

(二) 复杂适应系统理论

复杂适应系统理论描述主体适应性的基本出发点是刺激—反应模型，主体在接收到环境和其他主体的刺激信号后，选择合适的准则作为反应。经济主体是准则的集合，准则是不断变化的。所有的准则并不一致，每一个准则的反应也不确定。当所有的准则都不能与刺激匹配时，主体会产生新的准则，从而适应环境变化，这也是一个系统复杂性的原因。在系统演化过程中，主体通过"学习"和"积累经验"，好的准则由于多次被利用将会加强其生命力，坏的准则由于不用而被淘汰。

从复杂适应系统方法论的角度出发，我们认为，适应性就是主体与主体之间的相互作用，这种相互作用不是单个主体之间的行为，而是复杂适应系统内所有主体之间和主体与环境之间存在的反复的、复杂的相互作用。之所以说主体具有适应性，也就是说该主体具有相互作用的能力。

第六节 本章小结

实践离不开科学的理论的指导，离开理论的实践是盲目的，得不到科学理论的实践往往会事倍功半，甚至半途而废。农业产业结构调整优化就是一个伟大的实践，其涉及很多部门行业，也涉及多个学科等有关方面的内容，这样就需要有关的科学理论来指导。本章所提及的理论内容，是农业产业结构调整优化的影响因素及其绩效研究的理论基础。

第三章
农业产业结构调整优化的比较研究

农业产业结构调整优化是世界经济发展的趋势，也是世界各国农业发展的普遍规律。目前，西方发达国家已经完成了从传统农业向现代农业的转变，从促进总量增长向农业产业结构优化的转变，成功走上现代农业产业化、集约化、商品化的道路，通过结构转换获得效益，农业成为能够创造高额利润和具有较强竞争力的现代基础产业部门[136]。从世界农业整体发展趋势来看，农业产业结构调整及其优化已经成为农业发展的一种必然。国外农业产业结构调整优化与我国相比有较大不同。高度完善的市场经济体系，发达的社会生产力，飞速发展的科学技术保证了农业产业结构调整优化的顺利进行。

从世界各国农业产业结构调整优化发展史来看，农业产业结构调整优化不可能形成一个统一的模式，它因不同国家、地区所面临的自然、经济、社会、技术条件和市场供需状况的不同而不同。它也不是恒定地随着自然条件、经济条件和社会条件的变动而发生相应的变化。因此要因时因地、因条件的变化而不断对农业产业结构进行调整优化和协调[137]，改变原有区域农业结构之间的比例关系，使之适应新的要求，保持农业的可持续发展。本章根据农业发展不同类型（资本密集型、技术密集型、劳动密集型等），分别以美国、荷兰以及中国的农业产业结构调整优化的历史演进为例，在此基础上进行对比研究，得出对我国有益的经验启示。

第一节　以美国为代表的资本密集型农业产业结构调整优化及启示

一　美国农业基本概况

美国位于北美大陆南部，北临加拿大，南接墨西哥和墨西哥湾，西临太平洋，东濒大西洋。国土面积963万平方公里，2013年底人口约3.1525亿人，人口密度约为每平方公里33人。因此，美国幅员辽阔、人少地多、资源丰富。美国是世界上城市化程度最高的国家之一，城市人口多，农村人口少，农村务农人口约占总人口的1%，占全国总人口1%的农民不仅生产出足够美国人消费的农产品，而且成为世界农产品出口强国。农业总资产达1.1万亿美元，是工业总资产的70%左右，农业年生产总值约占工农业生产总值的16%[138]。美国的农业已成为同其先进工业并驾齐驱的强大的现代基础产业。美国农业发展历史悠久，除人少地多、自然资源丰富、发展农业具有得天独厚的条件外，美国政府也对本国农业一直采取支持和保护政策，使其成为世界上最具有竞争力的产业之一。目前，美国农业产业结构已经形成符合市场需求的区域优势分布。为了更好地调整优化农业产业结构，美国的种植业生产开始有了波动，而畜牧业则稳定增长。畜牧农场规模越来越大，并且越来越工业化，生产成本大大降低。

二　美国农业产业结构调整优化的演进

第一阶段：完成了由农业大国向工业大国的过渡

1862~1900年，美国农业内部结构中种植业与畜牧业各占50%。整个产业中，第一产业占据第一位，比重大于第二产业。由于在国民经济中农业的比重大于工业，20世纪初，美国开始制定政策，鼓励相关农产品的加工工业的发展，这一政策促进了美国农业产业的迅速发展，同时增加了工业的比重，完成了农业国向工业国的过渡和转变。

第二阶段：农产品商品率不断提高

1900年至第二次世界大战，随着专业化的发展，美国农产品商品率不断得到提高，从1910年的70%提高到1930年的85%和1950年的

91%[139]。早在1914年美国农业已经在很大程度上实现了农业生产专业化,并形成了一些著名的生产带,例如小麦带、棉花带、玉米带等,这种格局保持至今。这种区域分工使美国各个地区能充分发挥各自的比较优势,降低生产成本提高生产率。

第三阶段:限耕、限售和休耕阶段

从第二次世界大战后到20世纪90年代,随着美国农业经历农业机械化、农业化学化和农业良种化,农业劳动生产率进一步提高,自20世纪50年代开始,美国农村逐步实现了农林牧渔综合发展,农工商运营一体化的现代农村产业结构[140],并形成了一个产前、产中、产后各个环节紧密联系的有机体系。以畜牧业为例,畜牧业内部的结构发生了巨大变化,主要表现在牛、乳产品以及家禽比重有很大提高,羊的比重则不断降低。养牛业是美国畜牧业的第一产业,牛肉在肉类生产中所占比重也最大。从总趋势来看,肉牛数量不断增加,奶牛数量则不断减少。但由于奶牛单产不断提高,所以牛奶产量不但没有下降,反而不断增加。由于生物技术和计算机技术的广泛推广应用,美国农业相继出现了"精准农业"、"绿色农业"、"基因农业"等多种农业发展模式。此后,美国采取高补贴、高投入的基本手段,并制定积极的农业政策,为发展现代农业奠定了良好的发展基础[141]。美国政府的价格支持政策只是使剩余农产品转入了政府的仓库,并不能从根本上解决生产过剩的困难。因此,又产生了限制生产的三项政策:限耕、限售和休耕。限耕:分配和限制农场主生产某些农产品的最大面积。限售:限"配额销售制",往往与限耕同时实行。实际上就形成了一种受政府监督的生产模式[142]。休耕:1956年成立的"土地银行"是一项实行自愿休耕的计划,到20世纪60年代末,参加该计划的耕地超过6000万英亩(1英亩约为4047平方米)[143]。政府向参加者支付休耕补偿。这实际上把限制生产和水土保持结合起来。另外,70年代开始实行的"目标价格"计划也包括休耕的内容。进入80年代后,里根政府在保留限耕计划的同时,在1982年宣布停耕20%土地外,要求种植小麦、玉米、高粱、稻和棉花的农场主再停耕基本面积的10%~30%,其损失由政府按单位面积产量的80%支付农产品信贷公司拥有的农产品。这个计划对农场主十分有利。1983年农场主同意停耕8300万英亩土地,这占实际耕种面积的36%[144]。这些政策的实施,在一定程度上缓解了粮食过剩的危机,保证了粮食市场的稳定持续发展。

这里需要说明的是，该阶段的美国农业产业政策的调整优化，主要是为了保持粮食国内的高价，以保证农民的收入。

第四阶段：扩大出口阶段

20世纪90年代以来，随着生物技术的发展，美国农业的生产率大幅度提高，但由于国内市场需求饱和，农产品过剩问题越来越突出。为此美国政府大力开拓国际市场千方百计为农产品出口创造条件，推动农产品出口。美国农业出口政策的战略性调整优化主要着眼于：调整优化农产品出口方向，把重点转向发展中国家和中等收入国家；大力增加高附加值农产品的出口比例；努力打破出口障碍，迫使别国降低农产品进口关税并减少农业补贴。这一系列政策的实施，在一定程度上解决了国内市场供大于求和农产品过剩的问题，同时为国内创造了大量的外汇收入和就业机会。

三 美国农业产业结构调整优化的启示

（一）通过农业立法保障农业的发展

美国建国200多年来，农业发展到如此发达的程度，除了拥有得天独厚的自然资源和先进的科学技术之外，政府和政府的政策发挥着至关重要的作用。美国国会通过了大量有关农业的法律和政策，形成了比较完整的指导农业和农村发展的政策体系与法律体系。就农业法律来说，主要包括《宅地法》、《农业法》、《农业调整优化法》、《新农业法》等几百部有关农业的法律，各项农业法律不仅规定了政府对农业政策的基本取向，而且还规定了政府干预经济发展的基本权限，政府行为只能限定在法律规定的范围之内，农业法律确保农业在产前、产中、产后各个环节都得到法律保护，形成了完善的产业化政策体系，为农产品市场化的发展提供了强有力的保障；就农业政策来说，主要包括农业信贷政策和税收政策、资源保护政策、农业价格政策和收入支持政策、农产品贸易政策等，这一系列的政策为美国提高农业生产率、增加和稳定农场收入、提高社会福利和促进农村发展起到了保障作用。与此同时，美国政府对农业发展从科研、生产、贸易等领域进行多方面、多层次的干预，例如政府为农场主提供各种补贴，设立"农产品信贷公司"和"农场主家庭管理局"为农场主提供贷款等，而这些政策中尤其以科研最为明显和制度化。为扩大出口，美国政府制订了"扩大出口计划"。促使贸易伙伴国降低关税和非关税壁垒，疏通扩大农产品出口的渠道。在保护本国农产品市场方面的主要措施有关税和进口配额、非关税措施。为避免高关税的摩擦，美国目前更多地运用卫生检疫、技术标准、商品包装和标签等措施限制进口[145]。尤其值得关注的是，美国实行严格与全面的执法监督，联邦政府、州政府、私人企业共同按比例出资，每年花费数十亿美元来进行农业的执法和监督[146]。

（二）实施农业宏观调控

自20世纪30年代美国经济大萧条时期推行《农业法》以来，美国政府就一直使美国的农业处于政府的宏观调控下。美国农业的宏观调控有四个特点。一是有专司政府调控职能的机构（商品信贷公司），并建立了巨大而灵活的联邦储备体系，来保护农民的权益不受侵犯。二是有充足的财政支持，美国的农业预算是仅次于国防的第二大政府预算。在实施《新农业法》之后到2002年，美国又用7年的时间和470亿美元的预算，继续扶持和补贴农业[147]。三是政府实行农场主"自愿"的农业计划，并用价格干预、国家税收、信贷管理、补贴以及产量定额分配等手段对农产品市场与农业内部的资源配置保持有效的调节。农业生产布局区域化、专业化、特色化；农业经营规模化、集约化、企业化；农业生产机械化、自动化、精准化；农业产品商品化、成品化、优质化；农业管理信息化、智囊化、科学化。四是宏观调控由市场机制实现、美国政府对农业的宏观调控真正做到采用市场机制。政府所要解决的问题是市场做不了的全社会共同发展的公共领域，如农业生态、农业科研、环境保护等。

（三）形成了教育、科研和推广"三位一体"的农业科技推广体系

美国政府一直把农业的教育、科研和技术推广作为自己重要的职责，形成了极有特色的"三位一体"的农业科技推广体系，这成为许多国家效仿的目标。农业科技贡献率已近70%，而我国只有40%左右。这种"三位一体"的农业科技推广体系真正做到了教育、科研、推广和生产的结合，相互促进增强了工作的有效性。

（四）贸工农一体化的组织格局

农业生产内部、农业生产部门与其他经济部门，在产前、产中、产后实现了农产品的生产、加工、销售的有机联系，即农业领域实行贸工农一体化[148]。美国农业生产不仅在地理上形成专业化的生产布局，而且单项品种也日趋专业性。农民按照批发市场内批发商的订购合同组织农产品生产；加工商根据批发商对农产品的质量和规格要求，对生产者提供的产品进行加工，然后交由批发市场组织销售从而实现了农产品的生产、加工、销售的有机联系[149]。通过一定的产业化经营组织形式和利益调节机制，农业生产的供产加运销等部门间形成利益均沾、风险共担的利益共同体。

(五) 农业的区域化布局和专业化生产

农业区域化布局是根据全国各地的自然条件、农业传统和经济特点，确定其生产的主要类型和方向，专门生产一种或几种农牧产品，形成主导产业和拳头产品，以形成地区农业比较优势。充分挖掘与利用好自然资源的禀赋特点，明确实行农产品的区域分工布局，这是农业产业集群发展的基础。美国农业普遍采取集中生产、分散供应的模式[150]。在全国形成了几个专业生产区，主要有：东北部和"新英格兰"的牧草和乳牛带、中北部玉米带、大平原小麦带、南部棉花带、太平洋沿岸综合农业区。加利福尼亚州以生产水果、蔬菜为主，得克萨斯州以畜牧业为主，粮食生产则主要集中于中部地区。玉米产业区集中在美国中西部，大豆生产主要集中在自然条件适宜的密西西比河流域的平原地区及东部大西洋沿岸各州，美国棉花带聚集分布在得克萨斯、新墨西哥、亚利桑那和加利福尼亚四个州。美国的农场一般只生产一种或几种产品，甚至只从事某种产品的某一生产环节的工作，而其他生产环节则由其他企业去做[151]。这样不但可以扩大生产规模、提高生产效率，而且可以保证产品质量、降低经营成本。从美国农业发展来看，农业生产向少数大规模农场集中，有利于土地集中，推进了城市化进程，扩大了农业经营规模和农产品市场需求，为农业区域集群发展提供了条件。

(六) 以农村合作社为核心的供应链

美国农业产量巨大，销路顺畅，鲜有农民丰收之后找不到买家而造成农产品滞销的现象，这主要是因为美国有一套以农村合作社为核心的供应链，大幅提升了农产品流通效率。美国农业合作社类似于中国的农业供销合作社，产生并主要发展于流通领域，迄今已有100多年历史，由家庭农场主自愿组合，是一个集生产、营销、融资和仓储等多种功能于一体的组织。2011年美国农业合作社注册会员有230万，全职农民约300万人[152]。

农业合作社在维护农业劳动者利益，推动农业现代化等方面起着重要作用。

（七）完善的农业社会化服务

美国的农业社会化服务体系比较健全，从教育、科研、推广到物资购买、产品销售、合作保险、金融信贷、法律咨询、电力、信息服务等无所不包，体现了多形式、多层次、多类别、系列化、专业化、多元化的特点，它在农业生产与市场之间建起了成功配套的信息传递机制、生产组织机制、生产要素合理流动机制和自动化机制，推动着农业生产与经营不断向更高的层次迈进。

（八）农业深加工，优化产业链

《国际经贸消息报》刊登了《美国农业增收的三种招法》，文章说，美国农业增收有三种招法：其中之一是搞农产品深加工，提高附加值[153]。农业深加工还体现在农产品的开发和利用上，以马铃薯为例：马铃薯鲜销的价格是1元/公斤；加工成速冻薯条最高可达到15元/公斤，增值15倍；如果再进一步加工成法式炸薯条，每公斤可卖到40元[154]。通过延长、拓展农业产业链，增加了农业附加值。

第二节 以荷兰为代表的技术密集型农业产业结构调整优化及启示

一 荷兰农业基本概况

荷兰王国（The Kingdom of the Netherlands）是欧洲西部的一个小国，位于欧洲大陆西北部，西北两面临海，海岸线长1075公里，东与德国接壤，南与比利时为邻，是一个农业发达、农业技术非常先进的国家，也是欧盟内最活跃的经贸中心之一。南北长约250公里，东西宽约180公里，国土面积4.15万平方公里，仅相当于我国的江苏省面积2/5，其中陆地面积近3.4万平方公里，差不多与我国海南岛的面积相等；地势低洼，是世界上著名的"低地之国"，有60%土地海拔不到1米。荷兰人口1600万人，其中农业人口约80万人。人均耕地面积仅0.7亩，比中国还少，是典型的"人多地少型"国家，人口密度达每平方公里435人，堪称世界之最。光热条件不理想，降水量少，12月全月日照仅40小时，但这没有阻碍荷兰农业现代化的发展[146]。就是这样一个人多地少、农业资源贫乏，20世纪50年代还未解决温饱问题的小国，经过几代人的不懈努力已经一跃成为全球第三大农产品出口国，蔬菜、花卉等的出口量更是雄居世界第一。由于土地稀缺，又要不断地与洪水搏斗以保卫家园的安全，荷兰农民特别珍惜土地。常常可以听到荷兰人以"平方米"为单位来谈论土地的产出和收益，就反映出土地的紧缺性。与周边国家相比，荷兰的自然资源并不特别优越。但是荷兰发挥了自身的比较优势，根据国内外市场的变化不断地优化生产结构，增强了农业的国际竞争力。

二 荷兰农业产业结构调整优化的演进

第一阶段：食品短缺阶段（20世纪30年代~第二次世界大战）

在20世纪30年代初期，由于土地以及其他农业资源的稀缺，荷兰的农业基础相当差，劳动生产率低下。在这个时期荷兰的农业发展十分缓慢，甚至荷兰农业出现了严重的危机。为了渡过难关，政府进一步加强了对农业生产的指导工作，建立示范户和综合示范区，成立农业机械合作社，帮助农民进行投入、产出分析，提高经营水平，协助做好各种补贴和信贷工作，增加农业推广人员。而"二战"的爆发更使荷兰农业遭受毁灭性的打击，粮食及主要农产品严重匮乏，到了50年代，国内农产品仍不能自给自足，被迫实行凭票供应。

第二阶段：迅速崛起阶段（"二战"以后~20世纪70年代）

第二次世界大战以后，荷兰政府为了解决食品短缺的问题，首先，投入大量资金进行基础设施建设，兴修水利、消除水患、修筑防洪堤坝，实施三角洲防洪工程、围海造田工程等，极大地促进了荷兰农业生产的发展。其次，荷兰选择了将有限的土地资源用于发展高附加值的畜牧业和园艺业，走优化结构、发展高效农业的道路。最后，在美国的帮助下引进大量先进的农业技术、农业机械、化肥、农药等，还派了大批人员赴美国学习农业推广。在国内开始建立各种农业技术学校。在20世纪50年代初，生产专业化发展，导致了农场经营方向由农牧并重转向农牧专营，农业推广机构由原来的农牧结合改为农牧分开。这个时期的农业推广服务主要集中在奶牛、蔬菜、花卉等领域的农业技术服务和指导。20世纪60年代中期，科研推广联络办公室开始建立，负责全国农业推广的管理、协调和组织工作[155]。1961年以来，荷兰农产品出口总额保持了较快的增长，基本解决了食品短缺的问题，并有一定的剩余。1961年荷兰农业净出口额排世界第九。

第三阶段："温室农业"阶段（20世纪70年代～90年代）

20世纪70年代，荷兰实行"以资金代土地，发展高效农业"，对农业的发展提出了规模化、专业化和高科技化的要求，着力发展温室种植和无土栽培等高技术，追求高附加值的农业种植和农产品加工，同时不断扩大农场经营规模，减少农业就业人口，大大提高了农业生产率。为克服人多地少、光照不足等不利的自然条件，荷兰在7%的耕地上建起了1万公顷的自动化温室，人工控制农作物的生长和收获，使荷兰有限的土地产生了巨大的经济效益，比陆地露天生产效益高5～6倍。荷兰温室农业如蔬菜和花卉，多为专业化生产，如维斯特兰德朗市番茄种植公司与其他五家专营企业垄断了全国90%的番茄市场[156]。荷兰曾经是农产品净进口国，如今却是世界上最大的蔬菜出口国、最大的马铃薯出口国、最大的乳品出口国，这是荷兰注重集约型技术创新，高度的农业集约化创造的奇迹[157]。与此同时，荷兰建立了以农业科研、教育和推广三结合为核心的系统，以适应实际情况和农民的需要。随着蔬菜、花卉的温室生产的发展，荷兰把种植业综合推广站进行调整优化，形成了以大田作物为主和以蔬菜、花卉为辅的区域推广站。

第四阶段："创意农业"阶段（20世纪90年代以来）

20世纪90年代以后，荷兰政府开始逐渐缩减对科研院所和推广部门的经费投入，一部分科研机构从政府的支持中逐渐脱离出来，最终实现自收自支。国家农业（技术）推广体制将国家办的推广体制改为国家和农民合办，农民组织开始增加对国家推广体系的投入，到2000年，政府和农协各支付50%，让农民参与推广的决策、管理和监督，使推广工作能更好地为农民服务[158]。在这些体制的推动下，荷兰创意农业发展势头迅猛，现已形成完整、发达的创意农业产业链条。通过创建良性互动的产业价值体系、融入技术与大量文化、制度、组织等非技术因素，创意农业产业链条各环节附加值大增，创新效率倍增，规模经济效益显著。由于世界农业经济领域的竞争已上升到产业链经营层次，荷兰政府高度重视创意农业产业链的整合与分工协作。在完善的整合机制下，花农专注生产高品质鲜花，花商则专注提供高效率的冷藏供应链,在包装和运输上不断创新[159]。荷兰花卉出口量目前占国际市场70%以上,是世界上最大花卉出口国。专门研究国家竞争力的哈佛商学院教授波特赞誉荷兰的花卉产业是"全世界最创新的产业集群"[160]。

三 以荷兰为代表的技术密集型农业产业结构调整优化的启示

荷兰农业外贸依存度一直比较高,以"大进大出"为特色,成功地克服了这个国家人多地少、资源贫乏的困难,不但有效地保障了国家的粮食安全,还为发展本国畜牧业提供了充足的饲料。作为典型的人多地少的国家,荷兰成功的农业发展战略可以给我们很多有益的启示。

(一) 充分发挥本国的比较优势

荷兰人多地狭,耕地资源稀缺,荷兰农业充分发挥了本国的优势。首先,大幅度削弱产值低的农产品面积,从周围土地较多的国家获得谷物和大田作物产品,降低谷物自给率。大量进口本国生产成本高、质量低的粮油作物。其次,利用本国有限土地,大力发展高产值作物和畜牧业,追求精耕细作,着力发展高附加值的温室作物和园艺作物,大大提高了本国土地的生产率。这样农业产业结构使农民的生产集中在国际市场广阔、生产成本低、附加值高的领域,以实现丰厚的收益。即对于优势领域就多发展、多出口,对于非优势领域就少发展,甚至不发展,用进口来弥补国内消费。60年前还为温饱问题发愁的荷兰,已一跃成为全球第三大农产品出口国。再次,最大限度地发挥了资本密集的比较优势,使农业成为非常活跃、具有强大生命力的产业部门,资源小国发展成为世界农业强国。最后,充分发挥了交通优势。荷兰拥有欧洲最大的货物吞吐港——鹿特丹港,陆上运输网四通八达,使荷兰优势高价值大的农产品及其加工品能利用便利的交通条件在国外畅销不衰。

(二) 高效的农业产业结构

荷兰农业通过推行"大进大出"战略,充分发挥了比较优势,改善了农业结构,用知识和资本替代了土地资源,从资源的交换中获取了巨额的比较利益,农业生产结构呈现的是"少而精"的状态。荷兰的农产品大进大出,并不是单纯互通有无。一部分进口是为了补充本国生产不足和满足消费者多样化的需求,另一部分则是进口价格较低的产品,经本国高超加工技术处理后，其产品附加值大幅度增加，再高价格出口，为荷兰带来了大量财富。进口土地密集型产品，确保畜牧业和加工业发展的需要。荷兰本国的粮食作物的种植仅限于小麦等有限的几种谷物，发展畜牧业所需要的大量饲料和加工业发展的原料等基本都是依靠国外进口。"大出"战略：荷兰农业部门的产出中，近2/3用于出口。荷兰之所以能够"大出"就是因为有了"大进"。一进一出之间，可以赚取可观的利润。

（三）加大品质农业科技投入，提高农业生产科技含量

荷兰有着相当发达的农业教育、科研和推广系统，农业教育、科研和推广被誉为荷兰农业发展和一体化经营的三个支柱。荷兰政府对农业教育、科研和推广非常重视，把发展农业教育、科研和推广事业作为政府的重要职责，注重加大品质农业科技投入，不断开发新技术、新产品，为农业发展提供了巨大的支持，并为农民提供技术推广服务职业培训，促进了优质高效农产品的生产和出口。科技进步对荷兰农业增长的贡献率已超过80%，这是荷兰农业具有持续竞争力的根本原因所在。政府对农业教育和科研给予了充足的经费支持。荷兰非常重视花卉资源的收集和保存，重视新品种的培育和保护。几乎每种花都有专门的育种公司，育种公司进行杂交育种、对比试验，将选育出的新品种提交国家审定，经测试鉴定后推广，所以荷兰花卉新品种层出不穷。

（四）构建现代农业产业链组织，增强农业企业竞争力

荷兰农业居世界领先地位，其关键因素离不开农业产业链组织的作用。荷兰将成功的农业产业链组织概括为：研究、信息服务和教育、高质量常年供应稳定的农产品、具有强烈国际视野的市场组织[161]。在对从农产品生产到最终消费者的产业链进行管理过程中，政府为其发展创造良好的外部环境，例如制定和颁布了一系列有利于产业链运作的法律法规、对农业产业链加大管理力度、加大农业产业信息链建设等。

（五）发展农民合作组织

在荷兰农业发展历史上，农业合作社和各种协会发挥了极其重要的作用，对于降低农民参与市场交易的交易费用意义重大。无论是投入物还是产出物的交易，合作组织在搜集信息、讨价还价、签订契约以及维持契约方面都比单个农户具有更大的优势。同时，龙头企业也通过与合作组织建立稳定的连接，保障了稳定的原料供应，促进了企业的发展壮大，使农户

与企业在农业产业链的发展过程中实现双赢。在荷兰全国范围内，各地区都有各种农民组织，主要分为两大类。①各种各样为农场服务的合作社。其目的是克服农民与供应商之间存在着的信息不对称，从而加强生产者的市场力量。合作社能够以大型供货商的姿态出现在市场上，有利于增强农民在市场（出口商、零售商、加工厂等）面前的谈判能力，打破买主或卖主对市场的垄断[162]。农业合作社不仅存在于农业生产领域，而且广泛存在并发挥作用于农产品加工、销售、贸易和农业信贷、农业生产资料供应等领域。农业合作社的主要工作就是为农民服务，协调农民和其他农业产业链成员之间的关系。②各种协会，这又分为"行业协会"和"商品协会"。这些协会把农民联合起来，目的是加强农场主的政治地位和社会地位，有利于从根本上保护自己的利益。行业协会是横向组织，包括某一部门所有的农场（或公司）；商品协会是纵向组织，包括在一个生产链中的所有农场和公司，即从原材料供应商到最终产品的零售商。各种农业合作社的领导由社员民主选举产生，代表农民的利益，内部民主决议，对外用一个声音说话。这些集体组织扮演着与政府"对话伙伴"的角色。在荷兰农民收入中，至少60%是通过农业合作社取得的。

（六）发达的"拍卖市场"

"拍卖市场"在荷兰农业一体化经营中发挥着非常重要的作用。其具体运作程序是：农户将所生产的产品按照质量标准规定进行分类、分级和包装并经检验合格后，送入拍卖大厅，购买者（一般是大批发商）按照规则进行竞价，出价高者获得产品，成交后市场内部系统自动结算货款和配发产品[163]。"拍卖市场"一方面实现了生产者与购买者的直接见面，有效地解决了农产品的销售问题，尤其是保鲜周期很短的农产品的销售问题，把农户与市场直接连接起来，交易效率很高，一般在几个小时之内就可完成全部的交易[164]；另一方面又用严格的质量标准，引导农户实现标准化生产，提高了农产品的质量和农业的标准化水平。拍卖过程公开、公平充分自由竞争，可以形成合理的价格，有助于保护农民的利益，合理、真实的价格信号，还有助于调节市场供求，实现资源的优化配置。

（七）支持家庭农场发展

荷兰家庭农场历史悠久。其主要特点是：家庭劳动力在农业生产活动中占了很大的比例，经济上是所有权和管理权相结合，家庭和经济目标相重叠。其中，多数家庭农场还要考虑是否将农场作为遗产传给下一代。这些因素促使农场主家庭成员在农场中有高度的参与性，因为农场的大量投入关系每个成员的利益。长期以来，家庭农场在荷兰被视为社会的稳定器。从全国范围看，在欧盟的共同农业政策框架内，荷兰有着维护家庭农场的深厚基础。

第三节 以中国为代表的劳动密集型农业产业结构调整优化

一 中国农业基本概况

中国国土面积约960万平方公里，其中丘陵、山地约占2/3。中国农业资源丰富，具有丰富的光、热资源和种类繁多的生物资源，拥有丰富的劳动力资源，加上几千年来形成的农业文明和精耕细作的农作传统，中国发展农业的环境和条件得天独厚。联合国粮食及农业组织资料表明，中国用占世界9%的耕地资源和占世界5.8%的水资源生产了约占世界23%的粮食、27%的肉类、43%的禽蛋和6%的奶类，养活了占世界20%的人口，而且中国除奶类外其他农产品人均占有量均超过世界平均值，基本解决持续数千年的粮食短缺问题，对全球食物安全做出了积极贡献。

中国是一个农业大国，农业问题不仅是一个经济问题，而且是一个关系社会长治久安的政治问题。农业的稳定发展，是经济、政治和社会稳定的基础。农业产业结构调整优化是一项关系农业增产、农民增收、财政增长、农村稳定的战略任务。中国农业的发展过程便是农业产业结构调整优化的过程，也是农业结构不断优化的过程。自1978年改革开放以来，中国农业结构调整优化的重点、目标在不断变化，内涵日益丰富，要求越来越高，其战略意义也越来越明显。农业产业结构调整优化取得了较好的增产、增收效果。到目前为止，中国的农业产业结构进行了四次大规模的调整优化。

二 中国农业产业结构调整优化的演进

从1978年开始实施家庭联产承包责任制到实行农业市场化经营，从实行粮食保护价制度到逐步取消农业税并实行农业补贴制度，中国农业政策调整优化经历了从"多取少予"到"少取多予"再到"多予少取放活"的历程，一系列农业政策的调整优化促进了中国粮食生产能力的提升和农业生产的快速发展。

第一次农业产业结构调整优化（1978~1985年）：以增量为主

改革开放以后，针对我国农业和农村经济中存在的主要问题，党和政府采取了一系列正确的方针政策和措施，拉开了农业产业结构调整优化的序幕。由于长期以来，农产品短缺一直困扰我国经济发展，因此在当时的农业产业结构调整优化中，增加农产品的产量成为最重要的追求目标。1981年，我国改变了"以粮为纲"的农业发展政策，提出"决不放松粮食生产、积极发展多种经营"的方针，实现农林牧副渔全面发展。农业生产在1980~1984年获得超常规增长，粮食产量年均增幅达6.2%，棉花、油料、糖料的年均增幅也分别高达23.3%、11.6%和13.2%。1984年，我国粮食总产量为4073亿吨，6年间年平均递增4.9%，是新中国成立以来粮食增长速度最快的时期。一些长期存在的诸如比例关系不协调，供求不平衡等问题得到基本解决。我国政府在农村实行了一系列改革政策，尤其是实行了家庭联产承包责任制、统分结合的经营体制，改变了农村经济的微观运行基础，调动了农民生产的积极性，使过去在农业技术、资金投入等诸多方面积累的能量、优势得以充分发挥。扭转了我国粮食长期严重短缺的局面，基本解决了我国人民的吃饭问题，农村产业结构进入了变革阶段，突破了单一种植业的格局，促进了农村专业化、商品化和社会化程度的提高，推动了农业产业结构的变化。同时林牧副渔业也得到较快增长，农村非农产业开始有一定的发展。但是偏重农业的结构并没有发生质的变化，农村产业结构调整优化的进程是缓慢的。

这一阶段处于改革开放初期，废除"以粮为纲"，实行"决不放松粮食生产，积极发展多种经营"的战略。1985年国家大幅度调减粮食和棉花面积，以求抑制粮食和棉花的生产，解决"卖难"问题，提出发展高产优质高效农业，旨在数量目标的基础上实现品质目标，为农产品找销路，实现高效益，增加农民收入。

第二次农业产业结构调整优化（1985~1991年）：非农产业较快发展的时期

1985年，由于自然原因以及政策不完善，中国农业在达到发展的顶峰之后，又陷入停滞和徘徊，在总结第一次农业产业结构调整优化经验的基础上，中央在稳定家庭联产承包责任制和以公有制为主体的多种成分并存的基本政策的同时，中央提出"决不放松粮食生产，积极发展多种经营"的方针，改变了农产品统购统销体制，鼓励农民自主经营，多种经营，来适应农村经济社会进一步发展以及全国深入改革的需要。市场对农产品的需求出现多样化，则农业生产的产品也要多样化，国家在确保粮油棉等稳定增长的前提下，将更多的农产品用来发展畜牧业产品和各类加工业产品，改变原来只提供低附加值、初级产品为主的状况，优化产品结构，提高农产品的经济效益。此次调整优化属于简单的数量型的、农业内部的调整优化，调整优化取得一定成效。通过此次调整优化，我国种植业结构发生了重大变化，高效品种、优质品种和适销对路的品种出现了强势的发展势头，同时，"粮食作物—经济作物"二元结构向"粮食作物—经济作物—饲料作物"三元结构转变的趋势极其明显[165]。20世纪90年代初，中央提出发展"两高一优"农业，增加总量、提高质量成为农业结构调整优化的双重目标，引导农业向广度、深度进军。同时，农产品供给由全国短缺走向结构性相对过剩，消费者期望绿色、美味、保健、多样化和优质的农产品，供给结构与需求结构出现矛盾[166]。当时，由于国民经济处于高速发展状态，粮食、棉花的库存很快得以消耗，其他农副产品在需求拉动下出现价格大幅度上涨，农产品重新出现短缺的局面，很快使结构调整优化带来的压力消失。

  这段时期是我国非农产业较快发展的时期，在坚持家庭承包责任制的基础上，继续推进农产品购销体制的改革。为解决粮食、棉花及其他农产品库存积压等问题，还直接或间接地采取了抑制粮食和棉花生产、削减对农业支持的政策。在抑制粮食等生产过剩的大宗农产品的同时，制定了鼓励发展多种经营的政策。由于以上政策的实施，突破了"以粮为纲"的农业增长路线，积极发展多种经营，促进食物多样化，实现农林牧副渔全面发展。这不仅改变了长期以来困扰着我们的农产品严重短缺的局面，而且为农业向多元化、市场化发展奠定了基础，为国民经济的发展提供了越来越丰富多样的农产品。大量的农村劳动力从土地的束缚下解放出来，转向非农产业寻找就业出路，乡镇企业迅速崛起，1986~1990年吸纳劳动力2286万[167]，农村非农产业进入了一个全面高速发展的高峰期，推动了第三产业的发展。

第三次农业产业结构调整优化（1992～1997年）：发展"高产、优质、高效农业"的阶段

20世纪90年代初期，国民经济出现高速增长的势头，人们对优质农产品的消费需求大大增加。1992年，国务院决定：农业发展要数量、质量并重，根据市场需求的变化，鼓励农民发展高附加值产品，要求农业在重视产品的基础上，转向高产优，提高经济效益，鼓励农民发展高附加值农产品。农业发展由单纯追求产品数量转向高产优质并重、注重提高效益。这种变化表明，我国农业结构开始进入以提高质量和效益为主要特征的调整优化阶段，高效农业开始兴起。农业产业结构进入由数量型农业向质量效益型农业转变的战略调整优化新阶段，这是一次质量型的深度调整优化。1992年，中央提出实行社会主义市场经济体制，市场成为农业产业结构调整优化的导向之一。同时，国家也出台了加快乡镇企业和农村非农业的发展，积极培育农村市场，发展农村社会化服务体系等政策措施。在土地承包期15年到期后，继续延长30年保持不变，为了让市场发挥在粮食供需方面的调节作用，稳定市场确保粮食安全，政府又出台了省长的"米袋子"、市长的"菜篮子"制度，实行农产品收购价格保护政策，恢复定购、建立风险基金和专项储备制度，加强对粮食市场的宏观调控。邓小平南方讲话充分肯定了乡镇企业的作用，为乡镇企业发展创造了良好的外部环境。乡镇企业的迅速崛起，农村非农产业进入第二个发展的高峰期，非农产业占据农村经济半壁江山的格局已经建立。这种适应性的结构调整优化，促进了我国农产品从长期短缺向总量基本平衡、丰年有余的转变，为农业产业结构战略性调整优化奠定了坚实的物质基础，也为国民经济和社会的快速发展与稳定大局做出了巨大贡献。

通过农业产业结构调整优化，我国农业产业结构过于单一的状况开始得到矫正，农村多种经营出现起色。种植业结构发生了积极的变化。首先，粮食作物内部品种和品质结构调整优化力度加大，市场适销的优质品种增加。其次，部分高效益的作物发展迅猛、产值和效益同步增长。这一时期，农业产业结构调整优化的目标取向是：不再走数量、比例变动的老路子，而注重调整优化质量、着手农产品品种优化和质量的提高，突出优质高效。即优化农业结构，发展"两高一优"农业，增加农民的收入，旨在数量目标的基础上实现品质目标,为农产品找销路,实现高效益,增加农民收入。但这次结构调整优化并没有完全达到预期的目的。

第四次农业产业结构调整优化(1997年~至今):以提高经济效益为中心

虽然我国进行的三次农业产业结构调整优化取得了积极的效果,但随着国民经济的发展和人们收入水平的提高,我国国民经济运行环境发生了较大变化。尤其是2001年我国加入了WTO,面对着激烈的竞争,复杂多变的市场,农业生产中长期积累的一系列问题逐渐显现出来,许多农产品出现相对过剩,价格持续下跌,以及增产不增收现象,农民收入增幅不断下降,农业结构性矛盾突出,农产品品种、质量已不能满足市场需求;整个农产品市场由买方市场转向卖方市场,农民的生产积极性受到严重的挫伤,严重制约了农村经济和整个国民经济的发展。同时,由于亚洲金融危机的发生及影响的加深,外贸出口增速下降,资本流入减少,这种市场和农产品结构性变化给农业产业结构带来巨大压力。仅仅依靠农民内部的数量型结构调整优化已经不能解决问题,必须进行具有全局意义的战略性调整优化。

中央政府审时度势,总揽全局,认为我国农业发展进入新阶段,对农业产业结构进行战略性调整优化做出了重大决策:在保障供给的基础上,全面优化农产品品质;发挥比较优势,全面推进优势农产品的区域布局;调整优化农业生产结构的同时,使整个农村经济结构得到优化;提高农村城镇化水平,促进城乡经济及社会的协调发展。1998~2001年,国家推行"粮食保护价"制度,国家按保护价收购粮食,对国有粮食购销企业给予大量利息和费用补贴。2001年,中央政府又明确提出:积极推进农业和农村经济结构战略性调整优化,努力增加农民收入,是新阶段农业和农村工作的中心任务和基本目标。2002年颁布了《农村土地承包法》,对于稳定完善以家庭承包经营为基础、统分结合的双层经营体制,稳定农村土地承包关系,保持农村社会稳定具有重要意义。2003年以后,国家出台了减免农业税和实施各种农业补贴的政策措施,粮食总产和单产出现了恢复性增长。2004年出台的"两减免三补贴"政策要求5年内取消农业税,在全国范围内,对种粮大户、重要粮食作物、大豆良种以及大型农机具购买进行补贴。国家采取了保护耕地,对农业加大投入,控制农资价格,规定粮最低收购价等多项保护措施。到 2005 年底，中国已完全停止农业税的征收，从此终结了国有粮食企业的垄断地位。2007 年中央提出社会主义新农村建设的首要任务是发展现代农业。2008 年中央要求统筹城乡发展，加大"三农"投入，巩固、完善、强化强农惠农政策，形成农业增效、农民增收良性互动格局。2008 年党的十七届三中全会审议通过了《中共中央关于推进农村改革发展若干重大问题的决定》，其核心内容是稳定土地承包关系，在此基础上鼓励合法流转使用土地[168]。2013 年中央鼓励和支持承包土地向专业大户、家庭农场、农民合作社流转，释放出我国在农户家庭经营基础上发展家庭农场的政策信号。在促进粮食增产的各种要素中，国家农业扶持政策的制定和实施起到了关键作用，极大地提高了农民生产的积极性，促进了粮食播种面积的扩大、农业生产条件的改善、农业及其农业科研投入的增加，进而促进了粮食播种面积和单产的双重增长。

此阶段农业产业结构调整优化的内容包括：既要保持农产品总量的平衡，又要全面提高农产品的质量；加快发展农产品加工业，延伸农产品产业链，提高农产品附加值；加快畜牧业的发展，促进种植业、带动加工业，促进农业内部结构合理化和产业间的良性循环；因地制宜，发挥区域比较优势，优化农业区域布局，有效配置农业生产资源；大力发展乡镇企业和小城镇，推动农村劳动力向第二产业、第三产业转移，调整优化农村劳动力就业结构，扩大农民就业和增收空间。从调整优化的过程看，这次战略性调整优化将是一个不断向农业的广度尤其深度进军的过程，是农业从粗放经营向集约经营转变的过程和农村经济新体制建立和完善的过程。

就第四次农业产业结构战略性调整优化而言，与前三次农业产业结构的调整优化相比发生了根本性变化。①农产品供需形势不同。新一轮农业产业结构调整优化是在大部分农产品供大于求的形势下进行的，农产品供求关系发生根本变化，整个农产品市场已经基本转变为买方市场（只有极少部分农产品，比如橡胶等，需要进口）。②城乡居民对农产品需求发生了较大的变化。人们对农产品的消费以往主要是为了解决温饱而主要追求产量增长，而现在人们因追求生活质量对农产品消费提出了优质化、多样化和绿色化要求，必须在保持总量平衡的基础上突出质量和效益，向多样化、高品质的方向发展，促进人民生活质量的提高。③调整优化的主体不同。过去农业产业结构调整优化的主体是政府，而现在农业产业结构调整优化的主体是农民，必须发挥广大农民的市场主体作用。④调整优化的内容不同。过去主要是通过增减种植面积、规划粮食作物和经济作物的种植比例；而现在是从农业、农村经济的长远发展考虑。利用科技，优化农产品品质结构，开展多种经营，向农业生产的广度、深度进军，主要解决向农业生产深度延伸的问题，以提高农业的综合经济效益，这是一种立体式的调整优化。⑤过去城镇化进程缓慢，现在必须加快乡镇企业、小城镇建设，降低农业人口比重，提高城镇化水平，更好地为农业生产和国民经济的持续发展，提供有利的资源、劳动力和市场空间。⑥过去对土地进行破坏性开垦，而现在必须从恢复生态、保护生态使生态良性循环的角度出发，分步骤、有计划地退耕还林、还草、还湖、还湿地，创造符合人民生存与发展的自然环境，实现可持续发展。⑦过去由于短缺而提供初级产品为主的农业，现在必须把更多的农产品用于畜牧业、养殖业和各类加工业的发展，加大农产品的增值力度，使农业成为充满活力的现代农业。与此同时，整个国民经济也面临全面的战略性调整优化，这既为农业产业结构调整优化带来了难得的机遇，也使新一轮农业产业结构调整优化面临前所未有的困难。因此不仅要考虑农业和农村自身的发展，而且要考虑国民经济的全局，要进行一次具有全局意义的战略性调整优化，可以说，这次农业产业结构调整优化的目标是复合型目标，工作要求比过去更高了，调整优化难度更大，性质更独特，是一次领域更广、层次更深、内涵更丰富的农业产业结构调整优化。要向农业产品结构、农业区域布局结构、农村产业结构和农村就业结构的深层次发展和延伸。

三 中国农业产业结构调整优化的总结

（一）农业产业结构调整优化的阶段性

农业经济的增长与农业产业结构有着密不可分的关系，农业产业结构合理，农业便可得以发展，农民收入便可得以提高；农业产业结构不合理，农业发展便会受阻，农民收入也难以提高[169]。人们生活水平的提高，对农产品的供给不断提出新的要求，而且具有明显的阶段性变化，这样就要求农业生产必须掌握契机，把握方向，从宏观调控方面引入新思路、注入新活力，寻找新的机遇。对农产品在总量上和结构上不断进行新的调整优化，以满足和适应市场新的要求、新的变化，使农业产业结构阶段性调整优化产生新突破,农业经济的发展向前跨越新台阶,产生新的更大的经济效益。

(二) 农业产业结构调整优化的具体路径

农业产业结构调整优化既有农业内部的原因,也有外部环境变化的原因。我国改革开放以来所进行的四次农业产业结构调整优化的直接诱因是一些农产品过剩[170],尤其是主要粮食产品过剩,造成"价跌卖难"。而解决这一问题的途径具体包括:保持国民经济持续高速增长,扩大社会对农产品的需求;调整优化农业产品结构,改善农产品的供给;调整优化农业区域结构,发挥比较优势,改善农产品的区域供给;调整优化农业产业链结构,对农产品实行深加工,实现多次增值,为社会和人民群众提供更多的优质产品。

(三) 农业产业结构调整优化,对技术的依赖越来越高

由于农业生产周期相对较长,农产品保存要求技术高,农业产业结构调整优化的不确定性和市场风险加大。迫切要求对相关农产品进行技术创新,拓展、延伸农业产业链,提高农产品附加值。长期以来,我国农业生产,尤其是粮食生产越来越多地使用化肥、农药、除草剂,这样对土地造成不同程度的板结和污染,对以后的农业发展埋下一定的隐患,同时,对食品安全也有一定的影响,这样就急需种粮创新,实行高端生态农业的发展。

(四) 农业生产方式有待改进

家庭联产承包责任制的实施使中国农民家庭一家一户拥有的土地规模小,难以实行大规模的机械化生产、农业区域化经营,阻碍了农业现代化的进程。农业产业结构调整优化需要农业产业化经营,有些农产品还需要农业的适度规模经营,作为目前的农户制条件下的一家一户的耕作方式无法完成农业产品的生产的规格化、标准化,无法提高农产品的技术含量。因而,要不断改变农业生产方式,实行土地流转和不同形式的农业合作,以适应农业产业的区域化、标准化、科技化发展的需要。

(五) 农业产业结构调整优化约束的演进

随着农业科技的进步和农村经济的发展,我国农业产业结构调整优化中受资源约束的程度越来越轻,受技术和市场的约束程度越来越深,农业产业结构调整优化的难度加大[113]。对农业科学技术而言,要不断创建有

利于农业科学研究的环境，加大农业科研投入，调动农业科研人员的积极性，发挥其能动性，实现农业科学技术的跨越式发展；对于农业产品市场而言，政府要发挥宏观调控的作用，减少行政干预，变主导为引导，变管理为治理，实现能由市场来解决的问题由市场来解决、市场不能解决而行业协会能解决的由行业协会来解决、市场和行业协会都不能解决的最后才由政府来解决，发挥政府"守夜人"角色的作用。

第四节 不同类型国家农业产业结构调整优化的比较及启示

美国、荷兰以及中国的农业产业结构调整优化发展史表明，农业产业结构调整优化是必需的，是十分重要的，无论经济发展到什么程度，都需要农业产业结构与之相适应，调整优化的策略不是一成不变的，必须要根据实际的情况逐步做出调整优化，根据不同时期经济发展的要求，制定相符合的调整优化方针，从而阶段性地调整优化农业产业结构。三个国家农业产业结构调整优化的演进呈现了以下规律：畜牧业在农业产业结构中的地位逐渐上升；农业劳动力所占份额不断减少，农业劳动生产率不断提高；农工商综合体是农业产业结构高级化的形式；农业产业结构的调整优化必须有利于农业的可持续发展。作为人少地多国家代表的美国，成功地实现了从资源优势向竞争优势的转变，是世界上农业最具竞争力的大国。作为人多地少国家代表的荷兰则奇迹般地从资源小国变成了农产品出口大国。美国、荷兰农业产业结构调整优化的基本经验是：农业资源和生产要素配置市场化，促进农业结构的合理化演进，比较优势得到充分发挥；采取非均衡竞争战略，保护国内重点产业，扶持优势产业不断提升竞争力。

（一）农业产业政策的比较

美国、荷兰有100多年的市场经济演进历史和多种模式的市场经济和相对完备的市场体系，形成了完善的农业市场体系和运行机制。政府和私人机构在农业科研、教育、技术推广服务方面，每年都投入大量经费，尤其重视农业科技推广，农业科技得到了综合应用。家庭农场和农业产前、产中、产后部门的企业，在农业产业结构调整优化中担当了主体的角色[171]。农业企业的竞争力就是专业化，其效率通过大生产的优越性表现出来。农业合作社地位法律化、运作企业化、经营现代化，遍布城乡，覆盖产供销，联系农民和市民。第二次世界大战以后，美国、荷兰政府的财政支持是农业转型和结构升级的必要条件，包括政府提供公共产品、公共服务和政府直接提供支农补贴；高效协调的管理体制是农业产业结构合理化演进的重要保证；社会中介组织在农业产业结构调整优化中发挥重要作用。农业的发展超出了初级生产的范围，形成了发达的"农工商综合体"和具有竞争力的产业体系，实现了农业的区域化布局、专业化规模化生产和农业产业化经营，农业内部的行业分工越来越细。"家庭农场"的实行，提高了机械化程度和农业生产率。

表3-1 美国、荷兰、中国农业产业结构调整优化相关因素比较

国家	美国	荷兰	中国
人均土地	多	少	少
农业发达程度	发达	发达	总体落后
农业立法	完善	完善	不完善
农产品净出口	大	大	小
农业区域结构	明显	明显	不明显
农业产业链	发达	发达	相对不发达
教育、科研和推广	紧密	紧密	松散
农业合作社	发达	发达	不发达
农业社会化服务体系	比较健全	比较健全	不健全
农业"拍卖市场"	发达	发达	不发达
家庭农场	发达	发达	不发达、刚刚起步
市场体系	相对完备	相对完备	相对不完备
农业科研经费投入	高	高	低
农民的生产积极性	高	高	低
农产品深加工程度	高	高	低
农户和农业企业之间的衔接和沟通	强	强	弱
农业生产组织方式	专业分工社会化生产	专业分工社会化生产	小农生产方式
农业管理体制	高效协调的一体化管理体制	高效协调的一体化管理体制	农产品生产、加工、流通和对外贸易管理相互脱节，行业分割

十一届三中全会之后,我国农村实行家庭联产承包责任制和统分结合的双层经营体制,逐步放开农产品价格,调动了农民的生产积极性,但由于分散的小规模农户经营效率不高,农业产业化经营应运而生,为"龙头"企业提供初级农产品的专业化生产迅速发展,规模越来越大。国家对农业的支持首先从价格政策入手,相继提高了各种农产品收购价,超购部分予以加价,国家推行"粮食保护价"制度,长期稳定农村土地承包关系,取消农业税,推行粮食生产补贴、重要粮食作物及大豆良种补贴、大型农机具购置补贴,2013年"中央一号文件"提出,鼓励和支持承包土地向专业大户、家庭农场、农民合作社流转等。中国农业产业政策调整优化经历了从"多取少予"到"少取多予"再到"多予少取放活"的历程,农业产业政策调整优化涉及农产品价格调整优化、农业税收政策和农业补贴政策等的调整优化,这一系列农业产业政策的调整优化促进了中国粮食生产能力的提升和农业生产的快速发展。

(二)农产品深加工的比较

美国、荷兰的加工食品约占饮食消费的90%,农产品加工业成为国民经济发展的支柱产业,农产品的产后加工能力70%以上,而我国仅为25%左右;荷兰农产品加工产值与农业产值之比为3∶1至4∶1,美国达到5∶1,而我国仅为0.85∶1;美国、荷兰的水果商品化处理率几乎达到100%,而我国商品化处理率仅1%;我国农产品加工工艺、技术水平较低,农产品增值额低,如价值1元的农产品经过加工处理后,在美国可增值3.72元,而我国仅为0.38元,相差约10倍[172]。

(三)农户和农业企业之间衔接和沟通比较

美国、荷兰的农户和农业企业之间建立了良好的衔接和沟通机制,实现了利益博弈均衡,有力地推动了农业产业链的健康、可持续发展。很多企业生产与营销通过合同加强了"专业厂商—流通—销售"每一个环节的联系,增强了整个产业链的综合功能,从而达到链条运作最优化和保护农民利益的目的[173]。而我国的农户和农业企业这两大主体之间缺乏一种真正合理、有效地衔接和沟通,这无疑加大了企业的生产经营风险和农户的种养风险[174]。尽管农业产业链的兴起与发展一定程度上带动了我国农业经济的发展,但是与美国、荷兰的农业产业链的发展相比,无论是从产业链组织模式的合理性,还是从产业链的整体组织效率来看,都存在着巨大的差距。我国大部分地区的农业产业链组织模式仍处于传统模式阶段，或者是传统模式向现代化农业产业链组织模式过渡阶段[175]，农业产业链组织模式结构普遍比较简单，很多还是传统的市场交易型组织模式。

(四) 农业生产方式存在巨大的差异

以种小麦为例，美国种麦子的方法与我们一样，也是播种、施肥、收割，甚至所使用的种子和机械设备也与我们的大农场没什么不同。唯一的区别仅仅在生产的组织形式。美国是"农民管理，工人种地"，是典型的"专业分工社会化生产"的工业化模式。就是，无论播种施肥还是打药锄草，都是别的公司和专业的工人在干。这与我们什么都是自己干的生产方式是完全不一样的。虽然我们许多农场的规模比美国大得多，但是由于什么设备都是自己买，什么事都是自己干，甚至拖拉机、收割机都是自己买、自己开。所以规模虽然不小，设备也不差，但是"生产方式"与个体的农民的"小农生产方式"没什么不同，充其量是"放大的小农经济"。这种生产方式产生的问题就是生产成本高，生产效率低。即使是用相同的工具做同一件事，结果都会不同。

(五) 政府农业管理体制的差异

美国、荷兰的农业之所以具有较高的效益和较强的竞争力，其中一个重要的原因就是农业具有高效协调的一体化管理体制。在我国，由于历史原因，过去适应计划经济体制和市场化程度较低的格局而形成的管理体制，普遍存在农产品生产、加工、流通和对外贸易管理相互脱节，行业分割，服务体系不完善，法律法规不健全等弊端。因此，推进农业产业结构战略性调整优化，必然要求加快政府管理体制的改革。其基本原则应当是"减少干预，强化调控，增加服务"。政府部门要根据市场化和贸易自由化的要求为农民提供更多的诸如市场信息、技术指导、信贷等方面的服务，帮助农民化解市场风险和国际农产品的冲击。

(六) 社会中介组织的作用存在差异

美国、荷兰的农业合作组织非常发达，对维护社会公正，弥补市场缺陷和政府调控的不足，都起到了重要的作用；而我国农业合作组织发展程度较低，难以满足农业经济结构调整优化和适应农产品市场国际化的需要，有必要借鉴美国、荷兰的经验，鼓励和支持农民组织起来，促进社区性合作经济组织和各种专业协会的发展，并在农民组织发育的基础上，成立各种全国性的协会。在不改变农户家庭经营基础的前提下，最大限度地解决小规模农户经营和社会化大市场之间的矛盾，在体制转型和结构调整优化过程中，为广大农民提供较低的成本和快捷与市场对接的途径。

启示：在我国农业产业结构调整优化中，我们应该借鉴发达国家成功的经验，深化农业管理体制改革，加强农业产业政策的指导、扶持作用，大力发展农产品加工企业，发展农产品精深加工，建立健全农业产业链体系，创新农业组织结构，走发展高端生态农业的道路。

第五节　本章小结

在比较以美国、荷兰为代表的资本密集型和技术密集型农业产业结构调整优化的基础上，得出对我国有益的经验启示。无论是农业生产的技术上，还是农业机械化程度上，我国与美国、荷兰农业先进国家相差较大，并且我国农业总体水平还比较落后，特别应该关注的是农业产业结构调整优化和治理问题，先进国家的农业发展经验为我国农业产业结构调整优化提供借鉴和方向。

第四章
农业产业结构调整优化系统分析

系统是由相互联系、相互作用的两个或两个以上的要素组成的有机整体，强调了要素与要素之间的相互作用，同时也表明了系统对要素的整合作用。农业产业结构调整优化系统是由相互联系、相互作用的诸多要素组成的有机整体，按照一定的原则，推动着农业产业结构由低级到高级、由不合理到相对合理的发展，把农业产业结构调整优化作为一个系统的、持续发展的整体，就应以变化发展的眼光、态度对待，即根据不同的地域，不同的地点，不同的时节制定出不同的发展农业产业策略。

第一节 农业产业结构的现状及调整优化原则

我国是人类历史上的四大文明古国之一，我国华夏民族几千年来的传统文明就是农业文明，在农业发展方面一直处在其他各国的前列，加上我国幅员辽阔，自然条件优越，农业生产技术比较先进，种类丰富，品种比较齐全，这奠定了整个华夏民族的繁衍生息的基础。19世纪人类进入工业文明时代，由于历史、时代的变革，尤其是1840年西方列强用枪炮打开了中国闭关锁国的国门，我国的农业文明遭到了西方工业"文明"的极大冲击，相对于工业文明，我国的农业文明显得落后了。1949年中华人民共和国成立后，党领导各族人民，恢复生产，重建家园，发展各行各业，建立健全国民经济体系。1978年以后，我国实行家庭联产责任制，首先解决了十几亿人民的温饱问题，这是一个举世瞩目的壮举。改革开放三十多年来，我国农业产业结构，也进行了多次调整优化，但整个农业产业结构仍然存在着这样那样的不足。

一　当前农业产业结构存在的问题

（一）农业产业结构的现状

我国农业产业结构经过四次调整优化后尽管取得了一系列积极成果，但是，由于目前农业产业结构调整优化所面临的内部和外部环境与过去相比有很大不同，与国外发达国家质量效益型农业相比，我国当前农业产业结构依然存在着许多问题，具体表现如下。

1. 农产品结构不合理

农产品结构不合理主要表现在：农业中的种植业比例偏高，林、牧、渔业产品比例较低；农业产品大路货多，新产品、名优产品少，优质率非常低；农产品生产信息与消费不对称，农产品难以适应市场变化；部分农产品污染严重，已经影响到粮食和人们的口粮安全等方面。

2. 农业区域布局不合理

农业产业结构雷同，农产品加工水平低，农业产业化经营发展缓慢；农产品地方特色不明显，农业资源迅速减少，私吞滥占严重，政府监管力度不够；农业资源被其他产业占用，其他产业污染农业产品；市场需求的变化，引起农业各部门及其内部的矛盾；农业区域之间发展不平衡；等等。

3. 农业产业链结构不合理

我国目前农业产业化经营水平低；区域间产业链结构雷同，短而狭窄；农业产业链之间协调效率低；农业产业链缺少有效地监管与控制；等等。

（二）农业产业结构的类型需要创新

从世界各国来看，农业产业结构主要有两种类型：一种以种植业为主，多数又是以生产粮食为主，经济不发达国家多属此类；另一种则以畜牧业为主，或者是农牧兼营，经济发达国家多属此类。我国农业产业结构经过长时期的演化主要表现为两种类型，一种是种植业为主、兼营林业或牧业，这是我国农业产业结构的主要类型，在全国范围内具有普遍性；另一种是以畜牧业为主，兼营农业或林业，这种类型主要分布于牧区。

在过去，这些类型较为准确地反映了当时不同地区的农业产业结构的普遍性，然而，世易时移，在我国全国建设小康社会的今天，必须要主动适应经济发展新常态，按照稳粮增收、提质增效、创新驱动的要求，探讨新的农业产业结构模式，走高端生态农业发展道路，加快我国特色农业现代化进程。

与以往适应性的农业产业结构调整优化不同，我国现阶段战略性农业产业结构调整优化不但要解决农业增效、农民增收的问题，而且要适应农村经济发展的战略，通过农业产业结构调整优化，推动农业向广度和深度发展，从传统农业向现代农业转变。在我国新型城镇化建设的背景下，加快新农村建设，实现城乡共同繁荣的目标。从内容上来看，农业产业结构调整优化不仅从微观上调节农业产品结构，从中观上调整优化产业链结构，而且要从宏观上调整优化区域布局结构。

二 农业产业结构调整优化的原则和效应

（一）农业产业结构调整优化的原则

农业产业结构调整优化是一项动态的渐变过程，根据其具体的自然条件、社会经济条件、技术条件和市场的供需情况的变化进行不断调整优化、不断寻找最优结构方案，旨在使农业生产结构和消费结构相适应，使物质再生产和价值再生产相统一，从而达到不断提高农民的收入水平，繁荣农村经济的目标。农业产业结构调整优化必须按自然规律和经济规律办事，遵循以下原则。

1. 以粮食安全为前提

农业是国民经济的基础，粮食是这个基础的基础。因为粮食是基本消费品，国民的吃饭问题是一个国家需要最优先解决的问题，特别是对于像我们这样拥有13亿人口的大国，"吃饭"问题直接关系到这个国家政治稳定、安定团结，它不仅是保持国民经济持续、稳定发展的物质基础，而且是进行产业结构调整优化的前提条件。因为13亿人口对粮食有着巨大的需求，如果这些需求得不到满足，就难以保证社会经济生活的安定，难以保持国民经济的持续稳定发展。所以，在农业产业结构调整优化中，我们必须保证粮食生产安全，使粮食的综合生产能力能够基本保证国内的必需。农业产业结构调整优化和增加粮食生产存在着一定矛盾。发展粮食生产事关国民经济持续稳定发展的大局，不能把农业产业结构调整优化简单地理解为"压粮扩经"，也不能把农民增收和粮食生产对立起来[176]。因此，农业产业结构调整优化应根据我国农业发展的实际情况，在基本稳定粮食种植面积，人均粮食占有量达400公斤的前提下，逐步调整和优化农业产业结构[177]。尤其值得注意的是，解决粮食问题不能靠进口，也不能靠老天爷恩赐，只能靠发展生产，使粮食稳定增长。否则的话，我们必将受制于人，要承受较大的国际市场的风险，难以对我国社会经济生活提供安全可靠的保障。如果在农业产业结构调整优化过程中不注意保护和提高粮食生产能力，不仅农业产业结构调整优化过程要中断，而且还会造成更为严重的后果。

2. 市场导向原则

我国农业产业格局已从对农业资源的单纯约束转变为对资源和市场的双重约束，农业生产再也不是以产定销，而是以销定产，市场需求什么才能生产什么，需要多少才能生产多少，是消费者选择农产品[178]。由此可见，我们必须以市场为导向，紧紧把握国际国内两个市场的需要，既要考虑现实供求，也要考虑潜在供求；既要考虑本地供求，也要考虑外地供求；合理安排各产业的生产规模，既要强调发挥资源优势，又要强调将资源优势转化为商品优势和市场优势，充分发挥市场在农业结构调整优化和农业资源配置中的主导性作用，依据自身的独特优势资源和当地经济发展状况，积极主动地调整和优化农村的产业、产品和区域结构。同时，还要根据市场需求的变化，优化农产品品种和品质结构，使农产品的数量、质量、比例，符合市场的变动，满足社会对农业产品多样化、多层次和多方向的需求。一则更好地满足社会的需求，二则使产品能够顺利销售并获得有利的价格。

3. 比较优势原则

我国农村地域辽阔，各地在自然条件、资源禀赋、发展基础等方面存在很大差别[179]，既有各自的特长和优势，也有各自的缺陷和劣势，只有扬长避短，充分发挥自己的优势，形成各具特色的区域农业产业结构，才能在市场竞争中确立较为有利的地位，这样不仅可以从根本上遏制产业结构雷同的弊端，而且还可以提高我国农业和农村经济的整体素质，进而形成一个具有活力的农业产业结构，促进和保持农业的长期持续稳定发展。

这在客观上决定了不能按照一个标准、一个模式推进农业产业结构调整优化。因此，应该根据不同区域的资源特点和生产经营、地理位置、环境条件等方面的比较优势，确定结构调整优化的方向和重点，促进农业产业结构的"升级"，将资源优势转化为产业优势和产品优势，形成自己特有的生产格局，最大限度地满足人们多样化的需求。

4. 当前利益和长远利益相结合原则

农业产业结构调整优化以市场为导向，并不意味着农民就应该跟在市场后面追赶市场。农产品生产周期比较长，在市场俏销时一窝蜂组织生产，很可能是"起大早，赶晚集，抱个空心汤圆"[180]。因此，引导农民调整优化农业结构时既要注意农民的眼前利益和个人利益，又要考虑农民的长期利益和整体利益，引导和提高农民调整优化结构的积极性。

5. 尊重农民意愿原则

农民是农业生产的主体，是生产力中最主要的因素，没有农民的参与，农业发展、农业产业结构调整、优化升级只是一纸空文，没有农民积极主动的参与，或者说农民参与农业生产、农业产业结构调整优化的积极性没有调动起来，农业产业结构调整优化也只是事倍功半，甚而无功而返，因此，政府在制定农业产业结构调整优化政策时，要多考虑农民的利益，同时对农民进行市场经济知识、经营管理知识等方面的有效培训，制定出农民认同的农业政策，这样农业产业结构调整优化政策才能取得预期的经济效果。

(二) 农业产业结构调整优化的效应

农业产业结构具有相关性、多层次性、动态性、对自然资源的依赖性以及相对稳定性的特征。农业产业结构调整优化具有立体性、多功能性、要素性、开放性的特征。

1. 区域布局效应

农业区域产业结构既是地区农业经济结构的主要内容，又是国家总体产业结构的子系统，既是全社会生产分工的产物，也是地域分工的产物。各地区的自然条件、要素禀赋、适宜技术不同，形成了各具特色的地区比较优势，使得各种产业在不同地区的分布情况不同[181]。从不同区域各个时期农业产业结构发展变化的历史来看，有着明显的区域效应，区域特点十分突出。之所以如此，是因为不同区域、各种资源条件各异，没有区域特点和区位效应的产业是站不稳的,脱离本地区自然资源条件、地理位置等生搬硬套的项目,注定要失败的[182]。通过对区域农业产业结构调整优化,能够让区域农业的产业结构更加具有合理性、实用性,进而为农业经济的增长打下基础。农业区域经济结构的主要内容包含农业区域产业结构,调整优化区域产业结构必然会影响农业经济结构,只有对农业区域结构实现合理的调整优化,才能使其农业区域经济结构真正得到优化。

2. 收益效应

通过农业产业结构调整优化使农民收益增加,是我国自改革开放以来的基本经验之一。经验告诉我们,农业生产不能单一,农、林、牧、副、渔、工、商、建、运、服等各业都要发展,都要繁荣,只有形成相当规模的产业,走产业化发展的道路,农民才能"八仙过海,各显其能",走上富裕之路。

3. 要素转移效应

农业产业结构调整优化必然会使生产要素在某些产业或者是部门之中出现一定的收缩,但是在另一些产业或者部门之中出现扩张,即产生此消彼长的现象[183]。这种现象的产生就会促使生产要素和生产资源发生流动,并且通常都会向那些生产效率较高和生产收益较大的产业,或者是部门流动,最终推动经济总量的上升。农业产业结构调整优化对经济增长产生影响的主要原因,就是农业产业结构变动所带来的要素转移效应。长期以来,种植业在我国的农业结构中有着十分重要的作用,其所占的比例十分大,并且在农业结构中具有非常重要的推动作用,相比而言林业、畜牧业以及渔业所占的比例就要小很多。基于生产率这个角度分析,我国农业部门中种植业的生产率比较低,所以我国农业产业结构的变动存在一个明显的特征就是种植业的比重逐渐下滑,与此同时畜牧业和渔业的比重则逐步上升,在这一过程中,农业劳动力、资本等生产要素则会由种植业向林牧渔业不断转移,在农业产出总量不断增长的同时,农产品的质量也有不断的上升。

4. 生产优化效应

农业产业结构调整优化是对农业生产的一种优化,通过对不协调的农业产业结构的调整优化,从而让农业各个部门之间能够协调发展。农业产业结构调整优化是一个动态的发展过程,在这个过程中农业产业结构逐渐从低水平向高水平发展,促使农业产业的生产优化。农业产业结构优化的内容包括农业产业结构的合理化和高度化。农业产业结构高度化是一个动态的专业发展过程,主要是指产业结构从低水平向高水平状态的发展。它沿着种植业,林业,畜牧业,渔业顺向递进演进;顺着劳动密集型农业,资本密集型农业,技术密集型农业的阶段发展。

第二节 农业产业结构调整优化的体系架构

在农业产业结构调整优化过程中,农业产业结构调整优化的主体、参与者、被调整优化的内容以及影响因素之间,相互作用,相互依赖,相互对立,相互协调,彼此之间存在着非常复杂的内在机理,并在一定的规则下,在对立统一中推动农业产业结构的优化和升级。

一 农业产业结构调整优化的一般体系架构

系统是由互相关联、互相制约、互相作用的若干组成部分构成的具有某种功能的有机整体。农业产业结构调整优化的体系架构包括调整优化主体、调整优化目标与策略、调整优化内容、影响因素等许多子系统。子系统与子系统之间、子系统内部诸多要素之间互相关联、互相制约、互相作用。如图4-1所示。

二 农业产业结构调整优化的构成要素分析

(一) 主体

首先,农业产业结构调整优化是人们为了解决农业生产发展问题的活动,农业生产的发展关系到人类的生存和发展。所以,农业产业结构调整优化的主体是人,是劳动者。其次,虽然农业生产的农产品与每个人都息息相关,谁也离不开农产品,但并不是每个人都必须从事农业生产活动,当今社会,由于劳动分工的不同,各个劳动者在不同的行业部门所从事的劳动不同,不同的劳动者有不同的称谓,所以农业产业生产的劳动者是农民,不从事农业生产的就不是农民。因此,农民是农业产业结构调整优化的具体实施者,一切农业具体劳动都是由农民来实施和完成的。最后,农业产业结构调整优化是一项庞大、繁杂、联系部门众多、涉及面极广的活

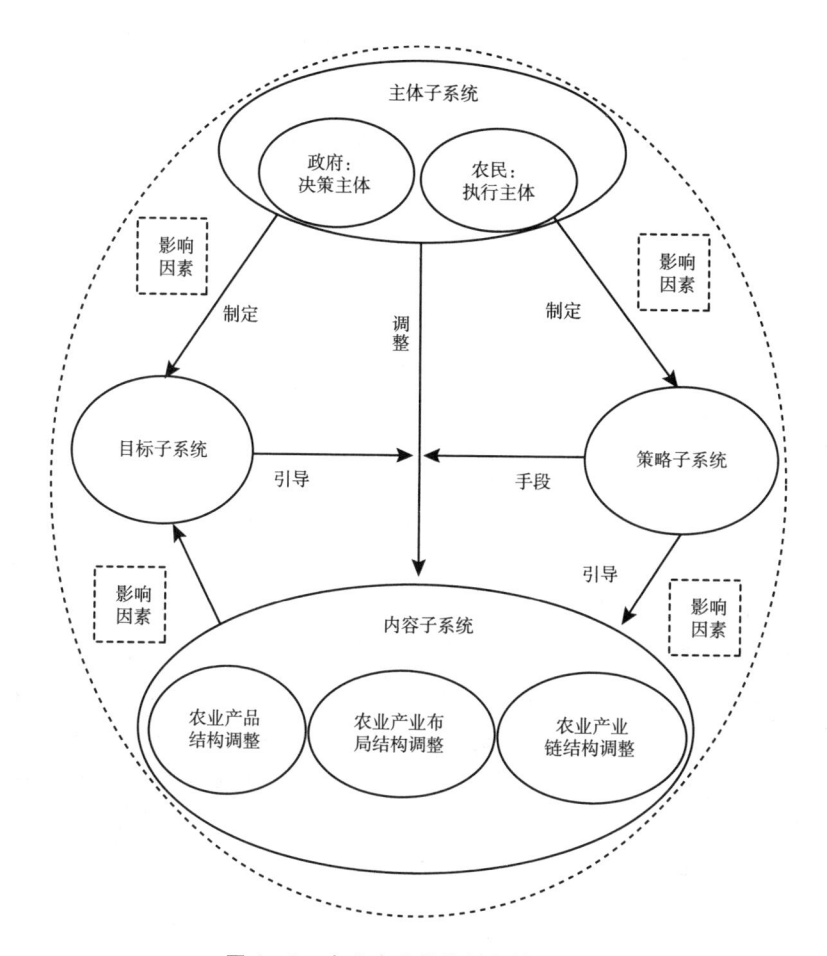

图 4-1 农业产业结构调整体系架构

动,并非是由少数农民就可以完成的简单活动,这项活动是需要有强有力的组织者、命令发布者、政策制定者、决策者,这就只有政府能做到,其他团体或组织只能是农业产业结构调整优化的参与者,参与者也只能是在有关农业政策的指导下,以一定的形式,帮助农民去完成具体活动的实施,这些组织既不能决定决策性的农业政策,也不能参加农业劳动,因此不能成为农业产业结构调整优化的主体。所以,农业产业结构调整优化的主体是政府和农民。而在农业产业结构调整优化的过程中,政府和农民又有分工,中央政府制定有关政策,并组织地方各级政府贯彻、落实有关各项政策,组织农民进行农业产业结构调整优化活动的具体实施、完成,因此，中央政府是农业产业结构调整优化的决策主体。农民是农业生产的劳动者，只有通过农业生产和相关的农业劳动来实现农业产业结构的调整优化，政府的有关农业产业结构调整优化政策才得以执行落实，因此农民是农业产业结构调整优化的执行主体。

在农业产业结构调整优化过程中，中央政府和农民是同步的，利益、目标是一致的，而农民和地方政府基本上是同步的，目标是一致的，但在利益方面存在着一定的博弈行为，因为地方各级政府也是该区域内的利益主体。农民与其他参与者之间也存在着不同的利益博弈，农民与农民之间的关系更为复杂。

(二) 内容

农业产业结构调整优化的内容，也是被调整优化的对象，是客体。农业产业结构的调整优化就是要调整优化构成农业产业的部门所占的比例，及各部门内部组成的比例关系和影响、阻碍农业生产发展的生产关系中存在的不合理的关系。例如，种植业生产的粮食产量少、质量差，林业生产的产品供大于求，而只有橡胶产量少、供不应求，这时就需要调整优化其生产结构，扩大粮食生产，使其增加产量，提高质量，扩大橡胶的种植面积，提高橡胶生产量，减少其他林业产品的生产，这就是农产品结构的调整优化。还有，根据国家宏观政策，确保粮食自给自足，确保粮食安全，在农业生产过程中，要进行合理的布局，根据不同区域的自然条件、社会经济技术条件，规划不同的农业区，这就是农业布局结构。再有，农业经济是我国国民经济的组成部分，"三农"（农村、农业、农民）问题是全党工作的重中之重，增加农民收入，改善农民生活水平，就要解决工业、农业产品价格的"剪刀差"问题。解决农产品增值问题。解决"剪刀差"是国家政策问题，国家会从大局出发。而解决农产品增值问题，则需要以市场需求为依据，大力兴办农产品加工企业，建立健全农产品产业链体系。因此，农业产业结构调整优化的内容就是：农业产品结构、农业布局结构、农业产业链结构的调整优化。

(三) 目标

当前的农业生产已经不能满足人们生活的需要和工业生产的需要，要通过农业产业结构调整优化，满足国内外农产品市场的需求。

近年来，随着我国经济的发展，人们越来越认识到农业这个基础产业的重要性，尤其是政府一直在抓粮食生产，以防国际局势出现不测，担心天灾人祸，影响人们生活，影响国民经济的发展。通过农业产业结构调整优化，实现我国粮食安全。

我国"三农"工作是全党各项工作的重中之重，解决农民问题，就是要增加农产品产量，合理地增加农民收入。而增加农民收入，并不是依靠国家补贴支持，而是要想方设法提高农民进行农业生产的经济效益，比如依靠高科技发展农业，提高农产品产量质量，发展农产品加工，增加其附加值，让农民从事其他非农业工作等，通过农业产业结构调整优化，达到提高农业经济效益的目的。

我国在经济发展过程中，工业化进程加速，尤其是制造业迅速发展，导致大量耕地、良田被占用，房地产业的崛起，更是促使土地资源快速减少。由于我国乡镇农产品加工企业发展有限，加上农民文化程度低，掌握的科技知识不够，农村大量劳动力在农业之外，无业可就。因此，需要通过农业产业结构调整优化达到合理配置资源的目标。

（四）策略

农业"双重风险"的弱质性，农业科技的"公益性"、"外部性"，工农业产品价格"剪刀差"的不合理性，这都需要国家财政支农策略并加以实施。

现代农业的发展，需要以工业化手段和先进科技为支撑，要提高农业生产的机械化程度和技术化程度，必须推进农业现代化。如今的农业产业结构调整优化非同一般，现代高科技农业的发展，等同于农业产业发展的一场革命，是前所未有的农业再创业，需要金融机构的金融支持。

我国党和政府提倡全面建设小康社会，必须解决"三农"问题，党和政府又把"三农"问题作为各项工作的重中之重，每年都下发的"中央一号文件"均是倾斜农业的惠农政策。

（五）因素

农业生产受自然条件（包括光、热、水、土等）、节季时令、社会经济技术条件、农民文化素质程度、民俗、宗教、法律等因素的影响和制约，在这些影响因素的作用下，形成了不同的农业产业结构。但是随着经济的发展，原来的农业产业结构显得跟不上市场需求的变化，有时会严重影响到一个地区农业经济，或者整个区域整体经济，甚至是整个国民经济的发展,必须对其进行合理的调整优化,因此农业产业结构调整优化的影响因素,除上述影响农业生产外,还有国际关系、国内外市场、国际贸易、地方法规制度、经济发展水平、人口及其素质等影响因素。

(六) 要素关系分析

1. 主体与目标、策略之间的关系分析

政府根据国际国内局势、国内外市场的需求、国民经济发展水平、关系到国计民生的需要和农业发展水平等情况,颁布农业产业结构调整优化的政策,制定农业产业结构调整优化的目标,并采取不同的策略、措施和手段,调动其他相关部门、行业、中介、农民等积极参与到农业产业结构调整优化的过程中来,对农业产业结构进行合理的调整优化。农民执行农业产业结构的具体调整优化,农民在执行过程中要根据具体情况、影响因素、政策的不同要求等,采取不同的策略、方法和手段来完成调整优化,实现调整优化的目标。目标是经由政府制定,然后由农民对农业产业结构进行实际的调整优化而实现的。

2. 农业产业结构调整优化主体、内容关系分析

农业产业结构调整优化是涉及我国农业、农村、农民的一个全局性战略。在"三农"问题当中,农民是最活跃、最富有创造力的执行主体,在今天提出农业产业结构调整优化也是农民在长期生产经营活动中努力奋斗的结果。农业产业结构调整优化只有让农民得到实实在在的利益,农民是从事农业生产的人,是农业生产的组织者,是农业生产力的主体,是发展农村的主人,是农业经济的"经济人",所以农业产业结构调整优化的主体应该是农民。农民是农业结构调整优化的具体实践者,是农业结构调整优化的主体。把农业产业结构调整优化的主体定位为农民,这是符合农业经济发展规律的,对农业产业结构调整优化的成败具有深远的意义。

农民在进行农业生产时,生产什么,生产多少等,这样就关乎农业结构。农业结构是指在一定时期内、一定地域(地区或农业企业)范围内,农业各生产部门(农、林、牧、渔)及各生产部门内部各项目在整个农业生产过程中所占的比例。简单地说,农业结构就是农业各部门和各部门内部的组成及其相互之间的比例关系。农业结构是农业结构与布局农业生产力合理组织(生产力要素合理配置)和开发利用方面的一个基本问题(亦即现在所说的农业生产资源合理配置问题)。农民在进行农业生产过程中,

根据市场需求的变化，结合当地的自然条件及其他资源投入（例如，人力、物力、财力等），经过一定的生长时期就可以获得一定的农业产出。有投入，有产出，所以农业结构也称之为农业生产结构或农业产业结构。

3. 农业产业结构调整优化内容、影响因素关系分析

农业产业结构具有整体性、多层次性和动态性。

农业产业结构的整体性，农业产业结构是各种自然再生产过程和经济再生产过程的交织，尽管农业产业结构也可以适应各种需要而分解为许多侧面和层次，但仍然是一个有机整体。孤立研究某个侧面只会获得局部的片面结果，农业产业结构的整体性，要求从整体观念出发，加强对农业产业结构进行系统性的研究。

农业产业结构的多层次性，农业产业结构是多层次的主体结构，它的多层次性表现在结构总体上划分为狭义的农业内部结构和广义的农业内部结构。狭义的农业产业结构，主要指种植业内部各种作物的比例关系以及各物种的比例关系；广义的农业产业结构，主要指种植业、林业、畜牧业、渔业在内的大农业结构。开展这两个层次的结构研究，对于促进农业经济发展具有十分重要的实际意义。农业产业结构的多层性研究，对于充分利用多种多样的自然资源和经济资源，发挥地区优势，合理利用各产业的中间产品和副产品，提高劳动生产率和土地生产率以及提高经济效益都有重要意义。

农业产业结构具有一定的动态性，包括时间动态和空间动态，同时也具有一定相对稳定性、合理性。

农业产业结构的形成和发展，受到自然、市场、社会需求、政府行为、技术水平、生产力发展水平等条件的制约。所以，农民选择什么样农业产业结构首先考虑的是自身利益，在一定时期、一定条件下，农民会选择对自己有利的农业产业结构，采取相应的生产经营模式进行生产，并向社会提供相应的农业产品。一旦农业生产的约束条件发生变化，农民还会从自身利益出发，重新考虑，采取有利的农业产业结构进行农业产业结构的局部调整优化。

农业产业结构调整优化是指根据市场对农产品需求结构的变化改变农产品的生产结构，从而使农业生产和市场需求相协调的过程。调整优化农业产业结构是新阶段农业发展、扩大农业对外开放、增加农民收入、合理

开发利用农业资源的必然要求。不同时期，不同约束条件下，农民调整优化农业产业结构的内容、程度等不同，例如，农业产品结构调整优化、种植业结构调整优化、粮食结构调整优化等。

4. 农业产业结构调整优化主体、影响因素关系分析

在农业产业结构调整优化过程中，政府是农业产业结构调整优化的决策主体，在制定相关政策时必须考虑到各种影响因素的制约，以便于农业产业结构调整优化政策的贯彻落实。而农民的个体行为是很弱小的。由于中国农民长期处于小生产的地位，受封建宗法观念的影响颇深。一方面，中国农民有勤劳、朴实、勇敢的优良传统；另一方面，狭隘、保守、闭锁、愚昧的心理也十分明显。中国农民由于文化水平不高、市场经济意识淡薄，对于调整优化农业产业结构，往往表现出自发性、盲目性和片面性的特点。

因此，在提高、增强农民调整优化农业产业结构能力的同时，还需要政府的指导、引领和支持，金融机构的支持，农业技术、装备部门的支持，农业市场信息部门的支持，教育部门的支持，中介机构等诸多部门支持。诸多部门齐心协力、通力合作，冲破制约条件的束缚。

改善农业产业结构调整优化的环境，充分利用自然资源、社会经济资源，努力实现农业产业结构调整优化这一战略。实现资源利用最优化、部门配合协调化、需求满足最大化、三大效益（经济效益、生态效益、社会效益）统一化，使我国农业产业结构更合理、更科学。

在农业产业结构调整优化过程中，农业主体是农民，但还需要其他部门的介入，至于哪些部门、机构支持、参与的作用更大、更有利于农业产业结构优化升级，这还需要建立健全农业产业结构调整优化绩效的综合评价体系。

第三节 农业产业结构调整优化的主体分析

一 农业产业结构调整优化的经济主体特征

（一）区域农业产业结构调整优化中的主体

区域农业产业结构调整优化中涉及多个经济主体，如果把区域农业

产业结构调整优化看作是一个复杂适应系统,这些主体都是适应性主体,而且在区域农业产业结构调整优化中,他们在相互作用中实现自己的利益和选择自己的行为。下面通过建立一个博弈模型来描述区域农业产业结构调整优化过程中适应性主体的行为(以农民、农业企业、农业经营者为例)。

地方政府被认为是一个具有相对独立利益的主体,其行为受到中央政府和地方生产者的制约,地方政府的行为具有内生性。这就意味着,既不能外生地假定地方政府为仁慈的社会福利的最大化者,或潜在的万能社会工程师,也不能外生地认为政府天然的本性就是侵犯个人的权利。地方政府是尊重并保护私人产权,还是对生产者进行掠夺,抑或与特定利益集团勾结来损害另一集团的利益,都是内生的,是地方政府在面临双向约束条件下适应选择的结果。

在区域农业产业结构调整优化过程中,地方政府扮演着重要的角色。不同类型的地方政府行为将会影响到农业企业、农业经营者的战略选择,进而在区域农业产业结构调整优化过程中,会影响到一个地区产业结构的变动。下面通过一个博弈模型来探讨地方政府与企业之间的关系。

假定1:在既定的财政分权形式和政治激励机制下,地方政府有内在的额外攫取辖区内农业生产者利益的冲动,在数额之内不会受到来自中央政府的惩罚。

假定2:地方政府的行为只受到辖区内的农业生产者的制约,但单个农业生产者无法凭借自身的力量去制约地方政府的侵权行为,他必须寻求与其他农业生产者的合作,联合制约才是有效的。

(在现实中,农业生产者主体有很多个个体,个体的具体情况也各不相同,但在与地方政府的关系方面,一般可以分为两个阵营,一个阵营与地方政府的关系显得比较暧昧,对地方政府的侵权行为有默认的倾向;另一个阵营与地方政府的关系显得不太和谐,对待地方政府的侵权行为有抵制的倾向。但有时两个阵营也存在着微妙的博弈)。

假定3:有A和B两个农业生产者,抵制侵权行为的成本分别为C_A和C_B,政府的侵权行为造成双方的效率损失分别为Δ_A和Δ_B。

在上述假定和博弈框架下,当地方政府实行侵权行为时农业生产者支付矩阵如图4-2:

	农业生产者B	
	抵制	默认
农业生产者A 抵制	$-C_A, -C_B$	$-\alpha-\Delta_A-C_B, \Delta_B$
农业生产者A 默认	$-\alpha-\Delta_A, -C_B-\Delta_B$	$-\alpha-\Delta_A, -\Delta_B$

图 4-2 农业生产者支付矩阵

上述博弈框架中,假说地方政府对生产者 A 侵权,且被侵权后受到的总损失是大于抵制成本的,即 $\alpha + \Delta_A > C_A$,因此被侵害者是倾向于抵制,但必须是与另一农业生产者合作共同抵制才是有效的。所以,被侵犯者的行为选择取决于对另一农业生产者的行为选择的预期,以此我们分别来讨论地方政府与农业企业、农业经营者之间的关系。

1. 掠夺型地方政府

如果 $\alpha + \Delta_A > C_A$ 且 $C_B > \Delta_B$,即在 A 受到侵害后,B 选择与 A 合作来共同抵制地方政府掠夺行为的成本大于掠夺本身所带来的效率损失。对 B 而言,选择不合作是其最优策略。由于单独抵制无效,A 最终也会选择默认。这样(侵犯,默认,默认)就成为地方政府、农业生产者 A 和农业生产者 B 的最优战略组合。显然,在辖区内,当农业生产者越分散,抵制成本越高,或单个农业生产者因地方政府侵权行为所带来的效率损失越小,掠夺型地方政府的形成的可能性就越大。

2. 勾结型地方政府

如果 $\alpha + \Delta_A > C_A$ 且 $C_B \leq \Delta_B$,即地方政府的侵犯行为导致农业生产者 B 的效率损失大于其抵制的成本。这时农业生产者 A、B 都倾向于采取抵制战略。但是,如果 $\Delta_B - C_B \leq \alpha$,地方政府在对农业生产者 A 进行侵权的同时,对农业生产者 B 进行转移支付 β,使得 $0 \leq \Delta_B - C_B \leq \beta \leq \alpha$,以弥补其侵权行为给农业生产者 B 带来的效率损失。在这种情况下,尽管农业生产者 B 有与农业生产者 A 联合抵制的内在激励,但由于转移支付的存在,最终会放弃抵制。结果(侵权并转移支付,默认,接受转移支付并默认)就成为地方政府、农业生产者 A 和农业生产者 B 的最优战略组合。勾结型地方政府形成。在转型期,很多地方政府就扮演着这种角色。一方面,对某些农业企业、农业经营者实行不公平的歧视性政策,并且从中抽取重要资源,从而在该地区形成对其极为不利的市场环境、政治环境和社会环境;另一方面,地方政府又与其他企业和产业相互勾结,对它们实行优惠政策,实行产业保护,并将它们作为该地区的实力增长点来进行培育。同时,由于地方政府行为具有不透明的很大自由裁量权和变通空间,中国的一些企业会主动向政府寻租、寻求政府保护下的垄断以及人为制造市场分割和地区封锁。

3. 理想型地方政府

上面的讨论中,掠夺型地方政府与勾结型地方政府得以形成的一个关键原因是,或者由于抵制成本过高,或者由于某一类型的生产者与政府勾结,使得农业生产者不能联合起来共同抵制地方政府的攫取行为。那么在什么条件下才会促使农业企业、农业经营者联合起来共同抵制地方政府的侵权行为呢?对上面的博弈框架略作改变。

假定1:农业生产者A和农业生产者B在社会影响力和产出方面相对一致,不存在明显区别,即$C_A = C_B$,$\Delta_A = \Delta_B$。

假定2:农业生产者无差别,地方政府在选取攫取对象时只能以一定的概率随机选取。

假定3:在动态博弈中,参与者都选取"冷酷战略",即当政府侵权时,A和B同时选择抵制战略,若有一方选择了默认,另一方从下一期开始将永远默认;当生产者共同抵制战略可信时,地方政府才会选取市场化改革,尊重和保护生产者的产权。

在这种博弈结构下,(保护和尊重产权,抵制,抵制)是地方政府、农业生产者A和农业生产者B的最优战略组合。

在区域农业产业结构调整优化中,地方政府、农业企业、农业经营者的行为选择不完全取决于自我的意愿,也不是按照某一个固定的准则行事,而是取决于中央政府、地方政府、农业企业、农业经营者及宏观环境的共同作用,呈现适应性特征。

(二)区域农业产业结构调整优化中的经济主体特征

市场经济条件下,中央政府与地方政府、地方政府与农业企业、农业经营者之间不再是单纯的政策制定者与被动的政策执行者的关系,三者之间相互影响、相互制约。区域农业产业结构的形成和发展受制于市场机制、政府调控、农业企业、农业经营者行为三者之间的相互影响、相互作用。从复杂适应系统视角看，参与农业产业结构调整优化的主体表现独有的特征。

1. 主体的适应性

主体的适应性可以是系统中的经济主体，为了实现自身的利益目标，不断调整优化和修改其行为，呈现一种对环境变化的适应能力。在区域农业产业结构调整优化这一复杂适应系统中有许多主体（如农民、农业企业、农业经营者等），能够根据过去的经验以及所处系统中的内外环境而发展出来一组策略，这组策略包含着主体的行动准则和行动预期，这些行动预期和行动准则支配着主体的行为。当主体采取行动后，若其行动结果是与预期一致，对主体有利，那么通过正反馈就会强化既有的心智模式；若其行动结果与主体预期不一致，对主体不利，则通过负反馈会迫使主体改变其心智模式。主体正是通过这样的正负反馈来调整优化自身的行为模式，以适应其他主体或环境的变化。

2. 自主性

复杂适应系统中不同主体之间、主体与环境之间的相互作用会表现出不同程度的秩序，但是，这种秩序不是事先计划好的，而是由于主体的自主性，使系统涌现出秩序。自主是一种自发的过程，在没有外界干预的情况下自动操作，并能够控制内部状态和自身行为，根据得到的经验改变行为方式和自身的结构，从而产生新的行为模型。这是一个自下而上改变的过程。这种自主性在某种程度上表现为一定的规律性，主体分化和宏观的变化都可以从主体的行为规律中找到根源。

农业产业结构演化过程是在没有任何主客体控制或者没有任何外部控制作用于系统的情况下，是农业产业内主体与主体之间自发相互作用的结果。出现的总体结果是有序的，这不是任何人专门设计或者计划的结果，而是系统中的主体在生产、消费和交易的过程中彼此相互作用、相互影响的活动的结果。

3. 利益约束性

产业结构调整优化的实质是经济利益关系的变动，它不仅会对不同主体的增量利益产生影响，而且会影响到不同主体的存量利益。区域农业产业结构的变动过程就是经济主体基于利益之上的博弈过程。不同主体的利益模型所包含的变量是不一样的，这就决定了这些主体之间行为的差异。

因为在系统之中主体之间是相互影响、相互作用的,所以单个主体对于自身的利益追求是有边界的,受到其他主体的制约。

4. 动态性

农业产业结构这一复杂适应系统中的主体与其所处环境之间以及主体相互之间存在着物质、能量、信息的交流。农业主体的适应性和环境的不可预测性、不确定性、时变性,都会在一定程度上对农业产业结构的均衡产生干扰,系统中的所有变化,比如要素跨行业流动、宏观政策的变动也会对农业产业结构系统造成影响。农业系统内外环境的变化也会刺激农业体系中的经济主体根据自身适时的心智模式,重新构建系统中的合作伙伴和运作方式,引导系统向适应的环境方向发展变化。在农业产业结构体系中,主体通过竞争获取新知识连同对新知识的利用,导致整个农业产业体系的不断变化。通过引进和利用新的技术方式,运用新的方法,采用新的组织形式等,简单的行动组合所产生的复杂行为,造就和推动了农业产业结构系统复杂动态的过程。农业产业结构的演进和优化的过程就是主体与其环境相互影响、相互作用的动态过程。

5. 共同演化性

复杂适应系统是由许多心智模式不同的主体组成,并形成一个网状结构,而且不同的主体占据着网上不同的节点,纵横交错的网络则是主体间进行物质、能量、信息、交换的媒介。这些主体会在动态的网络关系中彼此交互作用,单一的主体行为会影响其他主体的行为,最终会改变彼此的行为。与此同时主体对环境做出的适应性行为,也会造成环境的变化。主体与主体之间、主体与环境之间呈现"共同演化"的现象。

上述五个特征是从不同的角度来阐释复杂系统的本质,它们彼此是相互依赖、相互影响的一个整体。适应性是复杂适应系统的最本质特征,它通过经济主体的自主性表现出来,主体的自组织过程实际上就是主体对变动环境的不断适应过程,而这种自组织的动力根源于主体的利益追求,对自身利益的追求是系统中主体自组织的动力根源,也是主体不断适应环境的目的所在。对环境的适应性表现为一个动态的过程,而系统中的主体之间的相互影响、相互作用的关系决定了它们在各自的适应过程中的共同演化的特性。

二 农业产业结构调整优化中经济主体的适应性

(一) 经济主体适应性的影响因素

就适应性主体所具有的适应性能力来说，它取决于适应性主体自身行为准则的变化性、多样性和对这种变化能够保存的能力。适应性主体的准则是一种"IF - THEN"准则，即如果主体受到某种刺激，那么根据这条准则它就应该做出相应的反应。生存在系统中的适应性主体处于经常变化的环境和其他主体行为选择之中，能够根据环境和其他主体行为选择的不同刺激而做出不同的反应，适应性主体自身有许多相应的准则。这些规则越具有多样性和变化性，适应性主体对其他主体行为选择和环境的适应能力就越强，就越能快速对自身的行为做出调整优化，被环境选择的可能性即生存力就越大。而且适应性主体在适应性中每一次做出的规则改变，都可以保留下来，作为进一步适应的基础。

由于主体适应性体现在主体自身和环境的互动关系上，那么影响主体变动和环境变化的因素都可能成为影响主体适应性的因素。就区域农业产业结构调整优化中的农业企业、农业经营者而言，他们的适应性的影响因素主要体现在两个方面。

一是农业企业内部的规则。在农业企业内部的规则中，适应性主体的生存和发展战略安排是农业企业、农业经营者在农业产业活动中最为重要的影响因素。因为任何一个适应性主体都会基于利益最大化的目标，根据农业企业内部资源和外部动态变化的环境，制定出在较长时期里生存和发展所需要的在哪里投资、如何运作和发展的明确思路或步骤安排。即农业企业的生存和发展战略安排在环境和其他主体行为的作用下，是一种能够及时通过学习，灵活地改变自身结构，调整优化行为规则，体现农业企业进化的适应性因素。另外农业企业的组织结构、管理制度、学习能力、运行机制和行为方式等方面也是影响农业企业、农业经营者适应性的重要因素。

二是农业企业外部的适应规则。在影响适应性主体的适应性因素中，外部的影响最重要的是环境的选择。在区域农业产业结构调整优化中包括农业产业主体生存和发展所依赖的市场、制度、体制、技术进步以及各种经济政策等。适应就是主体的生存和发展，在主体的适应过程中面对的环境只是展现了它既有的面目，众多的适应性主体无不寻求适合环境选择的生存方式和可能性，环境并不明确告诉主体们应该如何做，只是在主体们适应性的相互作用中，显示适者生存的法则。这个过程实际上是适应性主体面临的最大考验，因为所有的适应性主体生存和发展能力，都在很大程度上取决于能否做到在不断变化的环境中及时改变自己的生存和发展的规则，保留那些适应的，放弃那些不适应的。因为适应性主体能够借以生存的环境资源是有限的，对于这些主体而言，在有限的环境资源面前，要达到适者生存的目的，不仅相互之间为了能够充分利用资源继续生存下去而竞争、合作，而且只有那些能够并且主动改变自己的适应能力的主体才有可能生存下来。环境的选择作用通过界定主体的适应性行为范围，并且促使主体变化规则以适应环境，发展和壮大自己，甚至做出新的选择来体现。

（二）区域农业产业结构调整优化中经济主体适应机制

在适应性主体的适应过程中，适应不只是一种能力，而且也是主体的一种生存和发展的基本行为模式。在农业产业结构调整优化中，农业产业主体要保存和发展，必须做到以下几点。第一，具备应变力和竞争力，在相应的环境中，把不断变化、调整优化的准则和有效的行为规范作为自己的行为模式。当相应环境和其他主体发生变化时，自身主体也要根据得到的刺激来改变自己原来的规则。第二，在复杂系统中，在刺激—反应这一机制作用下，主体要积极地调整优化规则，并按相应的规则行事。我们参考刺激—反应模型，考虑影响主体的因素，通过图示的形式把主体的适应机制过程表达出来。在这个图示中，我们要借助对每个主体的适应机制的描述，来解释主体的适应性如何最终导致他们在农业产业结构演化中的推进作用，以及对作为整体的区域农业产业结构变化产生影响的，或者说作为微观的农业企业、农业经营者部分的适应行为，是如何产生区域农业产业结构的宏观涌现行为的。为了比较完整地描述在刺激—反应模型下的主体适应机制，我们先把图框中的几个概念加以解释。

主体——包括农民、农业企业、农业经营者等。这些主体的内部都具有适应性因素，比如组织结构、战略安排、运行机制与方式等。

环境信息流——主体选择中的环境，如制度、体制、农业产业政策、技术等。环境信息流对每个主体均是公平的、一致的，主体能够通过正常的渠道感知到。需要指出的是，一个主体对另一个主体表现出行为或适应状态，这个主体也如同对待其他环境信息一样，会因为适应的需要而去学习、模仿，以至于调整优化自己的规则等。

过滤器——主体接受外界刺激并做出信息选择的器官，主要通过主体的信息处理机构和主体中的人员交流来表现的。过滤器不仅要对环境信息进行接受和加工、整理，而且还包括对其他主体的行为信息的接受和加工、整理，选取那些主体必须做出反应的信息。

要素一、要素二……这里的要素主要是指在主体适应过程中的影响因素，也可以说是那些决定主体具体行为的因素组合形成的各种规则，在一定意义上可以说，适应性主体本身就是行为规则的集合。这些规则如同"积木块"一样，会因为主体的适应需要而发生摆放的变化，主体需要及时地根据过滤器所留下的信息做出改变和调整优化。

规则——主体对什么样的刺激做出什么的反应的条件集合。也可看作是主体在进行规则选择的基础上的行为模式。比如地方政府的积极产业政策颁布实施，企业则会积极投资；如果地方政府制定了抑制产业发展的政策，则产业企业就会选择转移投资等。在复杂适应系统中，所有的规则不一定相互一致，每一个刺激不只有一个确定的反应，每一个刺激也不必非要有一个反应与之对应。

临界适应判别器——对主体的判断，主要是通过主体的组织、设计，针对主体在复杂系统中的适应行为效果进行判断评价。如果评价结果通过，则可能进入高一级层次的结构，实现农业产业结构的升级，临界适应判别器会把适应信息反馈给主体，并进入下一轮过程，否则，需要继续调整优化准则，采取又一次的适应行动。

主体适应性机制是由影响主体诸多因素之间的相互制约、相互作用的关系决定的。我们可以把这种影响主体适应性因素之间的关系用图4-3表示。

图4-3中描述表明，农业主体适应机制中的诸多主体都是理解农业产业结构演进的基础。只有有了主体、有了主体间的相互作用、有了主体的适应性反应和积极主动的行为，才能有产业结构的演进。诸多主体在生存和发展中，不断和有关联的主体相互作用，受到刺激，形成环境信息流，不同的主体对接收的信息进行过滤，对自己的规则进行调整优化选择后，

第四章 农业产业结构调整优化系统分析

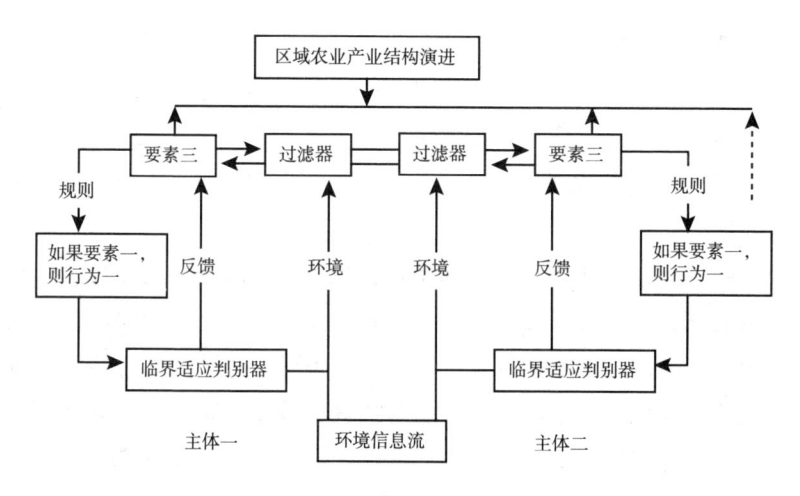

图 4-3 影响经济主体适应性因素之间的关系

开始行动，诸多主体都有不同的行为，力争进入高级层次（标志是临界适应判断），如达不到适应临界状态，则表示没有进入更高级的层次，主体则会重复进行对准则的调整优化。

（三）区域农业产业结构演化中的主体适应性的实证分析

从复杂适应系统对于主体适应性的观点出发，可以对区域农业产业结构调整优化中的主体适应性进行个案式的描述，更好地理解在主体适应过程中怎样通过对环境和其他主体的变化，改变自身的行为，实现主体生存和发展目标的。下面通过一个实证分析，进一步去了解在区域农业产业结构调整优化过程中的主体适应性的运行机理。

以河南省新郑市为例。改革开放以来，新郑市发扬"自主改革、自担风险、自强不息、自求发展"的精神，在全省率先进行市场取向改革，经过几十年的发展，取得了突出的成就，同时也出现了不少问题，农业经济结构上仍然存在着低、小、散的问题。这种经济结构上的低、小、散现象既是农业产业主体行为的结果，又是一种信号，刺激着新郑市政府。对于政府来说，这种局面使得政府整体利益受到威胁，不利于新郑获取经济利益。政府也知道，系统内的其他主体都是适应性主体，其行为会影响着其他主体，所以政府可以通过制定农业产业政策来改变这种现状。于是新郑市政府自 2003 年以来，积极实施产业升级计划，把特色农业生产基地建设作为"十五"发展的一个重点来抓，拓展新的发展优势，把加快企业组织结构的调整优化，推进农业产业的优化升级，当作新郑"十五"经济发展中必须解决的一个关键问题。新郑市政府通过制定产业政策来调整优化了枣农的行为，目标很明确，即是力争"十五"期间特色农业产业总产值比重大幅度提升，特色农业产业有较大发展，争取解决经济结构中的低、小、散问题，实现整体经济利益。

政府的具体适应性行为：新郑市按照特色农业的构造模式，对全市大枣生产基地进行规划建设和调整优化提高，通过政府这个内部模型来重新规划行为规则。以新郑市为依托，适当布置规模较大、档次较高的农产品加工业，重点发展高技术与新兴产业和用高新技术改造传统的强势产业。

新郑市枣农对政府的行为规则做了上述调整优化，作为一种信号输出，对于区域经济中的农业产业主体来说，又是一种信号的输入，这种政策环境的变化带来的刺激，使得主体必须改变原来的规则模式，以适应环境的变化。在这种政策环境下，新郑市的枣农、农业企业、农业经营者利用结构上的离散性和易变性，采取了集群化发展模式，形成了美誉全球的"好想你"新郑大枣产业长链。产业主体之所以有如此的行为反应，从复杂适应系统的角度来看，这是一种主体的聚集行为，即是简单的主体在相互作用下，形成较为复杂的主体。当新郑市政府出台了新的产业政策以后，产业主体意识到，以往的单干和零散作业已经不适合环境的要求，所以他们选择了集群发展。这些集群中的产业主体相互合作，共同发展，从而很好地解决了新郑产业结构"低、小、散"的问题，促进了新郑经济的发展。

通过上面的分析，我们可以看出，在区域农业产业结构调整优化过程中，无论是政府还是农业产业主体，其行为都是基于对利益的追求，并遵循适应性机制而做出适应性选择。为此，在制定和执行区域农业产业结构调整优化政策的过程中，为了能够获得调整优化政策的有效性，区域政府应该充分考虑到主体的适应性。

三 农业产业结构调整优化的决策主体——政府

在农业产业结构调整优化过程中，政府部门有着重要的作用。中央政府是宏观政策的决策主体，其主要职能是宏观规划、宏观调控、宏观管理、宏观协调，从整个国民经济着眼，不拘小节，实行宏观调控。

而地方政府的职能却不一样,公共选择理论认为,地方政府在农业产业结构调整优化过程中会追求自身利益,而不是追求当地农民利益的最大化。为了在政治上赢得上级的肯定,地方政府必须为农民办一些实事,各级政府都把实施农业产业化经营,培植主导产业作为农业和农村经济的主要工作,政府运用行政力量,通过统一规划和加强领导来推动农业产业化,于是"千亩工程、万亩工程"的形象工程便出现了,而这些工程可能与当地的情况不相符合,只是政府以强制性措施命令农民"种什么,养什么",结果造成了"种什么,多什么,养什么,赔什么"的局面[184],而政府对此类损失不承担任何责任,此类损失完全由农户自己承担,最终导致农户损失巨大。另外,各级政府及管理部门都有自身的本位利益,利益的不一致和信息的不对称,使得各自在行使权力时缺乏相应的责任约束,可以享受行使权利得到的利益,而不必承担相应的决策风险。产生这一问题的关键,并不在于中国的农业发展是否需要进行及时的产业结构调整优化,而在于政府在该问题上究竟应扮演什么样的角色。因此,就要求对政府在农业产业结构调整优化中的角色进行科学定位。

(一) 转变政府职能,主导转为引导

在以往的农业产业结构调整优化中我们往往更多的是强调政府在调整优化中的主导作用,忽略了如何给作为农业产业结构调整优化主体的农民创造条件,以充分发挥他们的积极性和主动性。政府主导农业产业结构调整优化,一方面不但违背了市场经济运行的基本法则,而且挫伤了农民调整优化结构、增加收入的积极性,甚至使农民与政府处于对立状态,调整优化主体的错位、缺位给农业产业结构调整优化带来相当大的压力;另一方面排斥和压制市场的作用,导致"政企不分",这将长期阻碍市场经济的发育。虽然政府主导的结构调整优化的短期效果可能较好,但是长期来看,还要付出"政企不分"的改革成本。

政府在农业产业结构调整优化中必须发挥好引导作用,但这种引导不是去取代农业生产者的主体地位,而是结合实际需求制定农业产业结构调整优化规划,并具体实施制定、落实有关政策、法规,为农业产业结构调整优化提供政策指导和法律依据,教育、帮助农民使之成为农业产业结构调整优化的主体。政府应该通过市场调节来引导农业产业结构调整优化,这种引导作用不同于传统经济体制下的大包大揽,而是为农业产业结构调整优化创造一个良好的市场经济制度和政策环境。政府应积极扮演其"帮手"的角色，改变过去那种"该种什么不该种什么"的行政命令方式[185]，不能搞家长制作风，强迫农民以政府意愿为转移。充分尊重农民的生产经营自主权，用政策和市场信息引导农民自主调整优化农业结构，把调整优化农业结构的决策权交给农民，不能强迫。在政府引导过程中，首先，要加强发展方针的制定，做到积极稳妥，切忌一哄而起和一刀切，要加强产业引导，坚持以市场需求为导向，根据资源优势，确立主导产业，开创特色产品，创名牌产品，引导人才、资金、技术等生产要素更多地流向农业领域。其次，要消除不必要的行政干预，积极发展农业产业化的农民合作组织，通过发展合作组织，不仅提高农民与政府、龙头企业的集体谈判能力，提高农民的经济地位，而且也提高农民的组织化程度，使其积极性得以规范、理性的发挥。最后，制定和完善有关政策法规、及时提供准确市场信息、技术等各种技术服务来引导、帮助农民进行农业生产，通过各方协作，共同做好农业产业结构调整优化。

（二）转变政府职能，发挥支持作用

由于目前农民的组织化程度低、龙头企业和中介组织少，政府在农业结构调整优化初期还可以发挥重要的作用，为农业产业结构调整优化和农民增收提供强有力的资金、人才和科技保障。首先，资金支持。包括信贷资金支持、财政转移支持和社会支持。其次，人才支持。再次，科技支持。最后，政策支持。通过建立农业风险补偿、农业保险机制优化农业运行的环境，为农业发展提供更多的社会性保障。

（三）转变政府职能，发挥协调作用

"协调"是指政府要制定产业化的总体发展规划，避免产业雷同和重复建设。我国长期以来形成了部门分割的管理体制：部门林立，政企不分，各自均有各自的部门利益，他们对待农业产业结构调整优化的态度，往往本能地从本部门的利益出发，必然会产生不协调的现象。针对农业各产业之间存在的不协调状况，中央和地方最好要有权威领导机构牵头，吸收主要部门的主要领导参加，组成农业产业结构调整优化协调小组，负责统筹协调工作，应当特别强调合理确定农村各产业部门之间、各行业之间的比例关系，相互支持，共同发展，以实现各部门、各行业的协调发展，形成良性的互补关系。同时发布农业产业结构调整优化的相关

信息,协调农业内部种植、林、牧、渔各业间,农业、工业、第三产业间,各地区、国与国、国与地区间的有机渗透,从而促进彼此交流和广泛合作。通过协调农业产业在地区之间的产业布局,合理调节地区之间的利益关系;通过协调农业产业单位内部各方之间存在的矛盾,合理调节相互之间的利益关系。

(四) 转变政府职能,强化服务意识

"服务"即解决农业产业结构调整优化过程中遇到的难题和难点,提供系列化服务[186]。政府要从计划经济体制下用指挥命令代替生产者、经营者决策的"岗位"上退下来。加快由行政指挥型向市场引导型转变;从一般号召型向指导服务型转变。从实际出发提供基础设施,健全市场体系,规范市场秩序,提供公益性科技服务,健全技术咨询和推广机构,提供技术服务,通过金融体制改革提供政策性的贷款服务、市场信息服务及其他公共产品和公共服务,为农业产业结构调整优化创造良好的外部条件。让农民在农业产业结构调整优化过程中遇到的任何问题,都能及时得到解决,真正达到增产又增收的目的。另外,政府还要促进为农业产前、产中、产后服务的第三产业的发展。例如种植信息、良种化肥的供给,土壤成分的测定等,中耕除草、施肥、虫害防治等,收割、运输和销售都要实行专业化服务,这能够有力促进农业内部的分工,提高农业劳动生产率。

(五) 转变政府职能,从独断到参与

从本质上说,所有公共政策的背后都有利益集团的竞争,都是各方利益妥协的产物。如果公共政策制定过程没有相关利益代表的参与,那么所制定的公共政策既缺乏充分的决策支持信息,又容易产生利益歧视,而且也难以达成公共政策共识,从而增加公共政策执行的难度。因此,为了保障农民的利益,政府在制定农业产业结构的政策时,必须有农民自己的利益代表参与到农业产业结构调整优化政策的制定过程中。有农民参与的农业产业结构调整优化政策往往考虑了农民的意见和建议,这些政策会变得更加具有可操作性,农民将会更加理解并支持农业产业结构调整优化。而当农业产业结构调整优化政策有了来自广大农民的理解和支持时,农业产业结构调整优化也将会更少地遇到农民的抵触,干群关系将会更加和谐。

四 农业产业结构调整优化的执行主体——农民

农民逐利的本性是农业产业结构调整优化的基本动力，所以农民应该成为农业产业结构调整优化的执行主体。正如陈耀邦所说：农业结构调整优化的主体是农民。这个定位无论是从历史上还是从现实来看是很准确的。原因如下。

（1）农业产业结构调整优化是涉及我国农业、农村、农民的一个全局性战略。在"三农"问题当中，农民是最活跃、最富有创造力的活动主体，农业产业结构调整优化在今天提出也是农民在长期生产经营活动中努力奋斗的结果。调整优化能否顺利进行达到预期的目标也离不开农民这个主体的创造性活动。从长远看，农业产业结构调整优化只有让农户得到实实在在的利益，农业产业结构调整优化政策才能得以顺利推行并取得成功。泰国著名的正大集团，美国的麦当劳之所以成功最根本的一点就在于此。

（2）农民是农业生产力的主体和组织者，是农业生产经营活动的直接负责者和受益者，是发展农业经济的主人，所以农业产业结构调整优化的主体是农民而不是政府，更不是旁人。政府的职能是为广大群众提供各种服务，通过政策引导和市场咨询等方式，让农民了解消费者，了解未来市场需求的发展趋势，再更进一步获得有关农业发展动态信息，从而让农民做出和自己切身利益直接相关的产业结构调整优化决策，最大限度地体现农民群众在农业产业结构调整优化中的主体地位。

（3）从理论上讲，农民的主体地位是由农民的商品经济地位和农民在结构调整优化中的具体作用等因素决定的。市场经济条件下农民是一个独立的商品经济主体，是自负盈亏的商业生产经营者，有权对生产什么，生产多少以及如何生产等问题进行自主决策，并独立承担决策的风险，负责生产经营活动的盈亏结果。农业结构调整优化的方案及过程需要靠农民落实、完成，离开了农民的积极参与，结构调整优化无法进行，更无法成功。可见，农民是农业结构调整优化的具体实践者，是农业结构调整优化的主体。

（4）把农业产业结构调整优化的主体定位为农民，这是符合农业经济发展规律的，对农业产业结构调整优化的成败具有深远的意义。我们要充分尊重农民的生产经营自主权,如何进行农业产业结构调整优化应由农民自主决策,绝不能由别人包办代替。越俎代庖,替农民决策,甚至采取行政命令的方式,强迫农民进行农业产业结构调整优化的做法,不仅违背了市场经济运行的基本法则,而且必将大大挫伤农民调整优化农业产业结构的积极性和创造性,甚至使政府和农民处于对立的状态。

第四节 农业产业结构调整优化的影响因素分析

农业产业结构调整优化,涉及多个行业,多个部门,多个领域,影响因素也是五花八门,不胜枚举,主要有自然条件、技术经济条件、农业再生产过程的特点、社会需求状况、社会经济条件,也包括劳动力、资金、基础设施、对外经济贸易结构、文化传统、宗教、军事、历史、政治、法律、社会因素等。这些影响因素、影响条件,对于农业产业结构调整优化而言是至关重要的,其本身就是农业结构的有机组成部分,在不同时期,不同条件下,各因素所占的比重也有所变化,只有诸多因素所占的比重达到一定的、合理的程度,对农业产业的发展才能达到最优。这些要素包括:影响农业产业结构调整优化的诸多因素,农业产业结构调整优化的执行主体——农民,监督、决策主体——政府,财政、金融、中介等参与者,农业产业结构调整优化的内容等。各要素之间相互影响、相互作用、相互联系、相互依赖。

一 自然条件

自然资源是指当地的农业自然资源,主要包括农业气候资源、土地资源、水资源及生物资源四大方面。

(一)农业气候资源

我国地域辽阔,东西南北气候、土地等自然条件差别很大,在农业产业内部结构调整优化中必须遵循自然规律,要因地制宜和因气候制宜,不能千篇一律,照抄照搬其他地方的做法;否则,必然导致恶果。农业气候资源是农作物、林果、牧草等植物生长的重要能量和原料来源,主要包括光、气、水(降水)及热量等。一般情况下,气候因素直接影响农作物的产出和分布,从而影响当地农业的类型、农业生产力等。养殖业、种植业、加工业等是农业产业结构调整优化的主要对象，它们只有在适宜的气候条件下才能获得可观的经济效益，而适宜的气候环境，需要借助农业气候区划才能实现。2003年11月24日，中国气象局局长秦大河说，我国科学家使用国际先进的全球气候模式和我国区域气候模式预估了未来气候变化，结果表明我国气候将继续变暖。这样就要求农业产业结构的调整优化采取相对应的措施，审时度势，因地制宜。

（二）土地资源

由于土地的光、温、水土、地形等组成要素在质和量的构成或配置、协调上的差异，因而形成适应不同类型的动植物繁衍与生长的土地，表现出适宜性的差异。根据土地对农、林、牧业生产的适宜程度和限制程度等划分为三等，即质量好、中、差。由于土地资源的固定性、有限性、可培育性、可改良性、生产力差异性等方面特征，合理利用农地、保护土地就成了农业规划中的重要问题。

（三）水资源

水是生命之源。广义上的水资源是指凡能为人类生活、生产直接利用，并且在水循环过程中产生的地表、地下径流和由它们存留在陆地上的可及时更新的水体。本书所指水资源是农用水，包括加工用水、灌溉用水、林牧渔用水等，当地的地表水、地下水、降水的数量或储量，成为园区生产规划中必须考察的问题。因此，当地的水资源量直接影响农业生产加工、科技示范、旅游观光、生态保护。我国水资源总量十分丰富，河流山川径流总量很大，但水土、季节配合不协调；水资源的地域分布很不均匀，因此，在发展农业和农业产业结构调整优化的过程中，应合理用水，节约用水。

（四）生物资源

广义的生物资源包括作物资源、森林资源、饲料资源、野生生物资源和家养动物资源、主要牧场、水产资源以及遗传种质资源，还有可供捕、捞、采、挖的兽、鸟、鱼、药用植物、食用菌、珍稀动植物、农业的益虫、益鸟、蛙和有益的微生物等，它们具有很高的经济价值，也是农业生产经营的对象。人类生存离不开周围的生物资源。我国不同地区自然条件复杂，生物资源多样性，生物种属繁多，群落类型丰富，因此在农业产业结构调整优化中，要对生物资源进行合理的利用和严加保护。

当地生物资源越丰富，园区生产可开发产品品种潜力越大。地区可以建立种质资源库，来提高本地名特优产品的生命力，利用得好与其他地区相比则更具资源比较优势；反之当地的生物资源贫乏。园区生产则需要更多的引进、吸收地区外优良品种，增大科技投入。因此园区的旅游观光、生态保护功能都会受到当地生物资源丰富程度的影响。

二 科学技术水平

科学技术是第一生产力，这已形成全社会的共识。根据中国农业科学院资料，截至2004年下半年我国农业科技贡献率已达45%，而美国的农业科技贡献率已近70%，其中政府对农民自身文化素质教育和农业推广的投入也起了很大作用。可见，我们以前农业产业效益的低下，除了经济体制和生产模式的原因之外，农业科技含量低也是一个重要的原因。因此，农业产业结构调整优化需要用高新技术来改造传统农业，需要农业科技人员来转化科技成果，需要高素质的农民来掌握现代农业。21世纪是农业可持续发展的世纪。目前，尽管世界各国农业产业结构的发展水平参差不齐，但其发展都有一个共性，那就是依靠科技创新，科学、合理地利用本国的优势资源，发挥区域经济的自然优势和经济优势，最终实现农业的高产、高效、优质。

19世纪中叶以来，第一次全球性农业科技革命使化肥、农药、育种及其使用技术有了很大突破，使农业尤其是粮食生产大幅度增长。在这场技术革命中发达国家凭借其强大的工业基础和先进的科学技术率先实现了农业现代化。20世纪末，世界农业科技革命突飞猛进，计算机技术、生物技术、基因工程技术、信息技术及遥感技术等的广泛应用，使传统农业出现了无限生机和活力。中国农业也必须依赖于农业科技进步，充分发挥后发优势，走发展高端生态农业的新路。

在现代化条件下，科学技术正成为产业结构形成和发展的源泉和动力。科学技术为提高各产业生产要素的功能和协作程度提供了依据和保证，科技进步加快了旧产业部门的改造和新产业部门的建立，促使产业新格局的实现。科技是第一生产力，它在农业和农村的推广应用，必然带来农业生产方式的变革和农村经济结构的变化。农业产业结构要经常保持最优化的程度，就必须随科学技术的发展而发展。

比如，泰国气候终年炎热，本来不出产葡萄，但农业技术人员引进100多个品种试验栽培，经过20~30年的努力，终于在泰国的土地上种出了葡萄。现在泰国普遍种植的有"白玛拉加"和"卡迪那"两个品种，产量高，果粒硕大，汁甜味美，不仅畅销国内，而且还向马来西亚、新加坡、菲律宾等国出口。可见，科学技术成为农业产业结构变化的最强大的推动力之一。

三　农业再生产过程的特点

由于农业生产的地域性、季节性和周期性，因而会出现农业劳动力和季节性剩余、生产资料闲置、资金周转慢、季节性病虫害和自然灾害等问题，因此，在农业产业结构调整优化过程中应充分考虑农业生产的地域性、季节性和周转性的特点，统筹兼顾，合理利用资源，降低农业生产的风险。

四　社会需求状况

人类对农产品有着多种需求。比如，人们除了吃粮食之外，还要消费肉、奶、蛋、菜、油、糖、瓜果等，所有这些物品都由不同的农业部门提供。因此，为了满足人类生活的多样化需求，各种农业生产部门必须得到综合发展。人类的需求变化会引起农业产业结构的调整优化。随着社会生产力的发展，收入水平上升，生活水平必然会提高。人们的衣、食、住、用等需求也会由低级向高级，由追求数量向追求质量发展。农业产业结构将随着社会需求的变化而变化，社会需求对农业产业结构变动有着拉动和引导作用。

五　社会经济条件

从动态上看，产业结构既是经济发展的结果又是经济发展的动因。社会经济因素是指一个国家的经济制度、经济规律和经济政策。表现为：农业生产资料的所有制形式，农业的经营方式与经营水平，人们的消费结构和消费水平，国家发展农业的经济政策和措施等。所有这些因素都影响到对农业各生产部门的投入，影响从事不同生产的各部门劳动者的经济利益。在一定的社会经济条件下，得到扶持和经营有利的生产部门会发展得更好，与之相反的部门的发展将受到限制。从长远的观点来看，农业产业结构归根到底是由社会生产力水平决定的。它是一定的社会生产力发展水平的结果。一定的农业产业结构一经形成，就会给农业生产力的发展带来重大的有利的或不利的影响。

六 其他条件

经济条件也就是经济环境中的主要要素，主要包括劳动力、资金、基础设施等经济基础条件。经济条件中区域农村劳动力及其分布情况，对农业产业结构的变化有着重要的影响。劳动力状况主要包括数量和质量两个方面，两者在农业内部各部门的不同组合会直接引起农业产业结构发生变化。资金则是农业产业结构调整优化的一个重要条件，在市场经济条件下，资金在一定程度上可以补充在其他方面，诸如劳动力等生产要素的不足。特别是在现代科技在农业日益得到广泛运用时，农村自我资金的积累程度和外部资金的注入程度，以及消费与投资的关系，直接制约着农业产业结构的演进。

上述诸多因素与农业产业结构的演进有着内在联系，在农业产业结构的系统中，这些要素既相互制约，又相互依存，它们相互作用的结果，无疑推动了农业产业结构向更高一级层次的演进。中国是一个以农民为主体的人口大国，农业治理状况在很大程度上决定着国家的治理状况。在改善农业治理方面，通过调整优化农业产业结构以增加农民收入是途径之一。产业经济学理论认为：尽管不同产业表现各不相同，但决定产业结构的内在机制是相同的。

影响农业产业结构调整优化的因素，也是影响农业生产的因素，既是农业生产、农业产业结构调整优化的约束条件，也是农业生产、农业产业结构调整优化必须利用的资源，是农业生产、农业产业结构调整优化的物质基础。离开了农业产业结构调整优化的影响因素，农业生产成为一句空话，农业产业结构调整优化也只是空中楼阁，是绝对不行的。农业产业结构调整优化的影响因素虽对农业生产、农业产业结构调整优化起着决定性的作用，但如果利用得好，则促进经济发展，美化生态，富民强国；如果利用得不好，则浪费资源，破坏环境。

第五节 本章小结

从世界各国来看，无论是发达国家还是发展中国家，其农业产业结构都不是一成不变，而是处在经常变动中。本章在分析农业产业结构调整优化的现状、类型、原则、效应的基础上，着重分析了政府和农民在农业产业结构调整优化中的重要作用，阐述了农业产业结构调整优化过程中，各组成要素之间相互联系、相互作用的内在机理。充分考虑约束条件、合理地利用资源，是实现农业产业结构调整优化必备的基础。

第五章
新视角下农业产业结构调整优化内容分析

第一节 农业产业结构调整优化的基本内容

一 对农业产业结构及其调整优化内容的认识

(一) 对农业产业结构的一般性认识

一般情况下,农业产业结构就是大农业结构,即:种植业、林业、畜牧业、渔业四大产业,在大农业的构成中,所占的比例关系以及四种产业内部的子产业、孙产业等在本产业内部所占的比例关系。对农业产业结构的调整优化,是对构成农业产业的子产业、部门所占比例的调整优化。比如,农业产业是由种植业、林业、畜牧业、渔业四大产业构成,假设它们所占的比例是5:1:2:2,对大农业结构的调整优化就是对四个子产业所占比例的调整优化,如把原来的结构调整优化为4:1:4:1或者其他比例。又比如种植业结构及其结构的调整优化,由于种植业是有粮业、棉业、油业以及其他经济作物产业的结构,所以调整优化种植业结构就是调整优化粮、棉、油以及其他经济作物产业种植比例的关系,只是其各自所占比例关系的变化。实质上,只是农业产品生产结构的不同变化,没有直接与市场经济运行规律有机的衔接。调整优化什么,怎样调整优化,没有明确的方向。不根据市场经济规律进行农业产业结构调整优化,往往会导致其调整优化的盲目性、不科学性,甚至有时会错误地理解、贯彻、执行有关国家出台的农业发展、宏观调控政策，使国家有关政策得不到真正的贯彻、落实，影响到国民经济整体的发展。

(二) 新视角下，对农业产业结构及其调整优化内容的认识

在农业产业结构调整优化过程中，我们应该根据我国具体情况：我国幅员辽阔，南北跨热带、亚热带、温带、亚寒带和寒带，东西跨五个时区，各地的光热水土等自然条件多种多样，自然资源丰富多彩，这样就形成了不同的自然农业区域。不同的自然农业区域决定了不同的农业品种，也就是说不同的自然农业区域生产出不同特色的农产品（如哈密的哈密瓜，东北的人参，海南的热带水果，河南的冬小麦等），再加上各地的人文历史，风俗习惯，政治经济宗教等原因，使不同的农产品区域各具特色，在我国就形成了不同的农业产品结构；同时，再加上国家有关农业政策也就形成了不同的农业布局。改革开放以来，我国经济的发展势头迅猛，人民生活水平不断提高，我国对食品等农产品的消费结构发生了极大变化，不但要求丰富多样的农产品，同时还需要方便快捷的流通。这样，原来的农产品供销体系已经落伍，需要根据市场经济的发展，建立完备的农业产业链体系，一方面可以满足人们对农产品的需求；另一方面也可以满足农民的充分就业，增加农民收入。因此，现阶段我国农业产业结构的调整优化，就是对农业产品结构、农业布局结构及农业产业链结构的调整优化。要把三者有机地结合起来为解决"三农"问题、国民经济发展服务，必须按照市场规律、农业经济发展的规律和原则，采取分阶段、分区域、分层次逐步推进农业产业结构的调整优化和升级的方法。

二 农业产业结构调整优化的内容

农业产品结构调整优化、农业布局结构调整优化和农业产业链结构调整优化是分别从三个不同的角度对农业产业结构进行的调整优化，三个子系统结构的调整优化构成了农业大系统产业结构的调整优化。它们都是被调整优化的对象，是农业产业结构调整优化中的客体。虽然是客体，但它们各自的强度、发展与调整优化也都有各自运行的客观规律。三者存在着必然的联系，在农业产业结构调整优化过程中，农业产品结构、农业布局结构和农业产业链结构必须按照国家的意志、市场经济规律的要求进行合理的调整优化，不得偏离为农业经济发展、为国民经济发展服务的航道。见图5-1。

第五章　新视角下农业产业结构调整优化内容分析

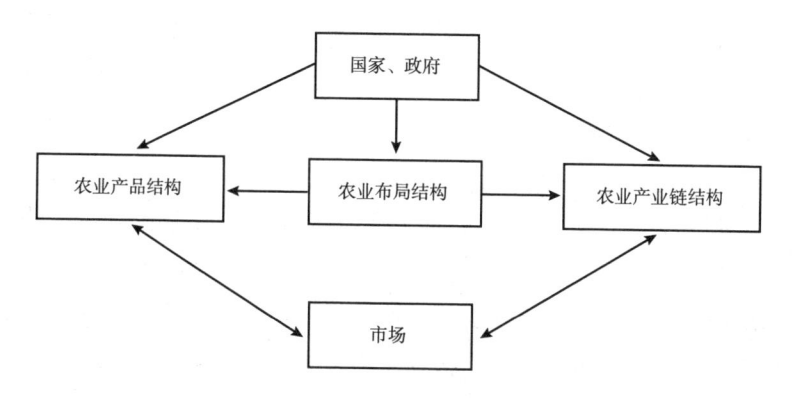

图 5-1　农业产业结构调整内容关系

第二节　农业产品结构调整优化

一　农业产品及其结构

（一）农业产品

农业产品是在农业生产活动中获得的植物、动物、微生物及其产品。包括种植业、林业、牧业、渔业产品之和。农业产品是人们食物的主要来源，也是工业原料的来源。农业产品分类很细，种类繁多，只是由于农业劳动生产力水平不同，在不同的时期人们获得农业产品的数量、质量不同，而且各种不同农业产品的比例也不尽相同。同时人们对农业产品食用和使用的比例也不同。在原始农业、自给自足农业时代，农业产品主要是为人们提供赖以生存、发展的食物，还有一部分农产品用于生产生活工具、生产工具、建筑等。在这些时期，人们生产力水平低下，获得农业产品的数量不多，种类也有限。比如，在正常年份，1 亩地产小麦 100 斤左右，如果是灾荒年代产量更是少，甚至有时颗粒无收。粮食的品种也少，只有小麦、水稻、玉米、谷、薯等，林业、牧业、渔业产品开发利用得也十分有限。这个时期的农业产品比较单一，用途也较为简单，其结构水平也很低下。

但是随着社会的发展进步，尤其是在 18 世纪末，以蒸汽机为代表的工业革命开始，人类进入工业化机器大生产时代，在工业生产力大幅提高的同时，农业生产力也大大提高，农业技术的推广使用也非常普遍，从事农业生产的人员、组织十分注重他们的收入，加上政策有利于农业的发展，农业经济进入近代传统农业时代，农业产品被大量生产出来，不但数量有了较大的提高，同时种类也大大增多。农业产品不但提供人们所需的食物，同时也为工业生产的发展提供了大量的原料，农业也成了工业的基础。我国在人类历史上是一个农业大国，种植业、畜牧业、林业、渔业都有过辉煌的历史，这不但为华夏民族的生存和发展提供了丰富的食物，同时，也为其他行业提供了大量的物资供应，为其他产业的发展做出了极大的贡献。

（二）农业产品结构

农业产品结构是种植业产品、林业产品、畜牧业产品、渔业产品在总的农业产品中的比例。其中种植业产品、林业产品、畜牧业产品、渔业产品也有各自的构成，内部也各有不同的比例，即种植业产品结构、林业产品结构、畜牧业产品结构、渔业产品结构。详见表 5-1。

表 5-1 农业产品及其构成

	产业分类	产品内容
农业产品是指产生于农业的初级产品，也就是在农业活动中获得的动物、植物、微生物及其产品	种植业即植物栽培业。栽培各种农作物以及取得植物性产品的农业生产部门，种植业是农业的主要组成部分之一	包括各种农作物、林木、果树、药用和观赏等植物的栽培，通常指粮、棉、油、糖、麻、丝、烟、茶、果、药、杂等作物的生产
	林业是保护生态环境保持生态平衡，培育和保护森林以取得木材和其他林产品、利用林木的自然特性以发挥防护作用的生产部门	林业产品主要有原木、原竹及其下脚料、生漆、天然树脂，除上述以外的其他林业副产品
	畜牧业是用畜、禽等已经被我们人类人工饲养驯化的动物，或利用野生动物的生理机能，通过人工饲养、繁殖，使其将牧草和饲料等植物能转变为动物能部门	主要包括猪、牛、羊、马、驴、骡、鸡、鸭、鹅、兔、蜂、骆驼、梅花鹿、孔雀等家畜家禽饲养，和鹿、貂、麝、水獭等野生经济动物驯养
	渔业是捕捞和养殖鱼类和其他水生动物及海藻类等水生植物以取得水产品的社会生产部门	一般分为海洋渔业、淡水渔业

长期以来,世界各地对农业产品需求形成了不尽相同的习俗和习惯,比如,人们的食物大体上都是粮、肉、蛋、奶、瓜果、蔬菜等,但其比例不同,由于生活水平不同,进而导致不同的生活消费结构;又由于各国工业发展水平各异,也导致不同的工业消费结构。这些就对农业产品的结构提出了不同的要求。

在目前条件下,即在(没有新的农业技术创新,没有大量投资等的影响)一般情况下,农业产品的生产,尤其是农业产品的质量主要受自然条件影响,由于不同地区的光、热、水、土等情况不同,则不同地域生产的农业产品也不一样,质量有好有坏,所在不同的区域内,就可以形成不同的农产品结构。比如,一个地区以种植业为主,另一个地区以畜牧业为主。一般而言,种植业、林业、畜牧业和渔业的比例是农业产品生产结构的基本问题。但生产种类结构的合理调整优化,则可促进农业生产的良性发展,有利于保持生态平衡,有利于满足社会的需求。

二 农业产品的生产模式

农业产品结构的合理性,不应是胡编乱造的,应该有其不同的自然环境、人文环境时代背景。在不同的条件下,农业产品结构合理性的要求不同。但合理的农业产品结构有一定的共性:①满足当时的市场需求;②有利于生态平衡;③充分利用当地的各种自然资源。农业产品的质量要高,作为人们食物的农业产品无污染、无公害,作为工业原料的农业产品要货真质好,结构上要根据国内外市场的需求结构的变化而进行调整优化,使农业产品结构不断优化。

农业产品结构的形成和调整优化受区域自然条件、技术条件、资金投入、市场需求结构的变化、农业政策、农民的素质水平、居民的生产习惯和生活习惯等因素的影响。

农业产品的生产模式有以下几种。

(1)以一种产业为主的农业产品结构模式有4种:以种植业A为主的农业产品结构模式;以畜牧业B为主的农业产品结构模式;以林业C为主的农业产品结构模式;以渔业D为主的农业产品结构模式。

(2)以两种产业为主的农业产品结构模式有6种:A+B;A+C;A+D;B+C;B+D;C+D。

(3) 以三种产业为主的农业产品结构模式有4种：A+B+C；A+B+D；A+C+D；B+C+D。

(4) 以四种产业为主的农业产品结构模式有1种：A+B+C+D。

共15种大的农业产品生产模式（见表5-2）。其中，四个子产业内部又有不同属、类、品种，还需要细分，比如，种植业包括粮、棉、油、蔬菜等，其中粮食又包括小麦、稻谷、玉米等，还可以进一步细分不同品种。这里可以假设一地区只生产小麦（冬小麦），如河南省生产小麦具有

表5-2 农业产品结构

农业产品结构	种植业产品结构	粮食	小麦、稻米、玉米及其他杂粮
		棉花	长绒棉、短绒棉等
		油料作物	油菜、芝麻、花生、大豆等
		药材作物	天麻、枸杞等各种药材
		其他作物	
	畜牧业产品结构	牲畜饲牧	猪、牛、羊、马、驴、骡、狗、兔、骆驼、梅花鹿等
		家禽饲养	鸡、鸭、鹅、鸵鸟、鹌鹑、鹧鸪等
		兽类驯养	鹿、貂、麝、水獭、羚羊等
		昆虫饲养	蜂、蚕、蝉、蚂蚱等
		鼠类饲养	
		爬行类饲养	
	渔业产品结构	海洋产品	世界水生动物有15万种，中国分类有1700余种
		淡水产品	世界淡水鱼8411种，中国804种，鱼、蟹、虾、贝、藻类等
	林业产品结构	林产品	木质产品：材木、竹；花木；果木
			其他经济林木、橡胶、天然树胶、树脂、乳胶
			非木质产品：植物和植物产品：活植物及采集的产品。木、苗木、棕榈、草木、药草、兰科植物等，蕨类、地衣、苔藓、藻类、菌类、菇类、微生物等，种子、果实、孢子等
			动物和动物产品：昆虫（20万种以上）、鸟类（1294种）、爬行类、大型动物等产品
			森林服务：观光旅游
		湿地产品	
		沙地产品	

得天独厚的优势,该地区的农业产品结构模式就是以种植小麦为主的模式。这样一来,就可以充分发展小麦生产,可以充分合理地、科学地利用河南各种自然资源,发挥中原地区种植小麦的传统优势,生产出大量优质的小麦,河南省每年的小麦总产量占全国小麦总产出的四分之一,能够满足全国居民相当比重的需求,同时,也保持了生态平衡。再如,哈密地区,单一生产哈密瓜,享誉国内外,内蒙古以畜牧业为主的模式。

由于社会经济水平是不断发展变化的,人们对农业产品的需求是变化的,无论是在品种上,还是在质量上、数量上都有不同的需求,因此,农业产品结构也应随之而变化。农业产品品种有待多开发,多利用,质量要提高,数量有增加,需要保持可持续发展,这要不断探讨构建新的农业产品结构模式,进行好的推广,让更多人受益。

三 我国农业产品结构现状

新中国成立以来,党和政府一直注重农业产品结构,根据不同的背景条件对其调整优化,20世纪50年代推行的双季稻、60年代推行的农、林、牧、副、渔五业并举,70年代提出的以粮为纲,全面发展,80年代提出的"三高"农业,90年代提出的生态农业等都包括了农业产业内部结构调整优化的内涵。这些对于促进我国不同时期农业的发展都起了十分重要的作用。随着国民经济的发展和社会进步,人们对农副产品的需求已逐渐由单纯的基本生存需求,向多样化高档次需求发展,由数量型向质量型需求发展,由植物型食品向动植物食品兼顾型需求发展,由单纯的物质需求向物质和精神需求并重发展。目前我国农业产品结构还存在不合理的现象。

(一)农业中的种植业比例偏高,林、牧、渔业产品比例较低

以2004年为例,我国畜牧业占农业总产值的比重约34%,而美国为45%左右,澳大利亚为50%左右,现阶段我国城乡差距越来越大,整体上农民收入水平下降,1978年城乡居民人均纯收入为2.56:1;2000年为2.79:1;2004年为3.21:1(见表5-3)。

(二)农业产品大路货多,新产品、名优产品少,优质率非常低

目前我国农产品的优质品率非常低,粮食产品的优质品率一般仅为10%左右,农产品的综合优质率也仅为15%左右。农产品品种、品质结构

表 5-3 2004~2013 年中国农业产业总产值构成

单位：亿元

年份	大农总产值	农业总产值	牧业总产值	渔业总产值	林业总产值
2004	36238.99	18138.36	12173.80	3605.60	1327.12
2005	39450.89	19613.37	13310.78	4016.12	1425.54
2006	40810.83	21522.28	12083.86	3970.52	1610.80
2007	48892.96	24658.10	16124.90	4457.52	1861.64
2008	58002.15	28044.15	20583.56	5203.38	2152.90
2009	60361.01	30777.50	19468.36	5626.44	2193.00
2010	69319.76	36941.11	20825.73	6422.37	2595.47
2011	81303.92	41988.64	25770.69	7567.95	3120.68
2012	89453.05	46940.46	27189.39	8706.01	3447.08
2013	96995.27	51497.37	28435.49	9634.58	3902.43

尚不优化，农产品优质率较低已成为影响农产品销售、影响农民收入和影响农业生产持续稳定发展的主要因素[176]。农业产业结构应该既要注重品种结构的调整优化，又要注重品质结构的调整优化，这样可以解决消费者需求结构变化的问题。然而近年来，不少区域的农业结构的调整优化只注重品种结构的调整优化，而忽略了品质结构的调整优化，或滞后于市场变化了的需求，这导致大路货多，新产品、名优产品少等，难以解决的问题发生，农产品缺乏竞争力，增加了农产品的经营成本，同时还制造出不该有的农产品供需矛盾[177]。以农产品苹果为例，我国是苹果生产大国，产量居世界第一位，但目前我国苹果年出口量仅占总量的1%左右。出口量小的主要原因是质量差、大小不均、含糖量低、虫果率高、采后保质能力差、果实农药残留超标等。

（三）农产品生产信息与消费不对称，农产品难以适应市场变化

在我国13亿人口中，农民占7亿多。在农业产业结构调整优化的过程中，在宏观政策的指导下，农业经营的主体应该是农民，然而，农民的市场意识淡薄，信息不对称，市场参与能力差，导致农民被动地适应市场，只能服从市场的摆布，没有发挥其主体的主导作用。在计划经济时代，农民种植什么，一般听从当地政府，当地政府让种什么，当地农民就种什么，只盼收成不求效益。我国实行改革开放以后，由于路径依赖的惯性，农民不能充分发挥其农业产业结构调整优化主体的作用。例如2012年10

月底以来,我国多地农产品丰年滞销。在山东、河南等蔬菜主产地,很多菜农忙活了大半年,种出的蔬菜要么以低于成本价的价格被收购,白菜2分1斤,芹菜1角1斤,卷心菜8分1斤,而大葱干脆直接论亩卖,一亩地300元,要么干脆烂在地里。陕西、甘肃等省份的苹果滞销量高达数百万斤。四川沐川的生姜量多难销,产品积压严重,姜农痛哭流涕。

(四) 部分农产品污染严重,已经影响到粮食和人们的口粮安全

我国农业产品生产过程中,以及在对初级农业产品加工、储运乃至使用过程中,受到不同程度的污染,尤其是作为人们食物的农产品,污染更为严重,引发了人们的关注。比如,种植业农产品,在生产过程中,大量使用化肥、农药、除草剂,这些化学药剂残留在粮食、瓜果、蔬菜里,危及人们的身体健康,畜牧业、家禽养殖业,也增加不同的添加剂、瘦肉精等,渔业产品也有不同的激素含量,导致人们某些生理机能有不同程度的损害,这导致人们口粮(日常食品)也存在安全隐患。

四 调整优化我国农业产品结构的目标

(一) 农业产品结构内涵

农业产品结构调整优化包括农业产品品质和品种结构的调整优化。农业产品结构调整优化是农业产业结构调整优化的重要环节,它的优点是技术难度小、成本低、见效快,易为农民所接受。近年来,我国不少地区以调整优化农产品品种结构为起点,引进、选育和推广优良品种,提高品种质量,发展绿色产品和无公害产品,打好"安全、卫生"品牌,提高农民的品牌意识,扩大名优农产品的市场份额,带动了整个农业产业结构的调整优化。

(二) 农业产品结构演变的一般规律

农业是第一产业,是人们的衣食之源,生存之本。它对国民经济的第一大贡献是产品贡献,不仅提供食物等人类最基本的生活资料,而且为工业提供原料。农产品的市场需求结构决定农产品的供给结构,从而决定农业的产业产品结构。"最终需求结构和规模的变化是推动产业结构演变最重要的动因之一。"

根据农业产品结构的阶段性特点,我们可以总结出农业产品结构演变的一般规律。第一,种植业的比重不断下降;畜牧业的比重不断提高,发展成为与种植业相当的一个重要部门;林业、副业、渔业比重不断上升。第二,产品由单一向多元化发展;由劳动密集型向资金密集型、技术密集型转变;由低附加值向高附加值转变。第三,资本、技术在农业产业产品结构演变中发挥了巨大作用。

(三) 农业产品结构调整优化的目标

农业产品结构调整优化的目标是产业产品结构优化。农业产品结构调整优化就是要提高农业产品的竞争力、纯收益、知名度和市场占有率。实现这些目标,农产品结构调整优化必须做到:降低单位产品成本、提高产品质量和安全性[189]、增加产品花色品种、形成优质产品的品牌效应。在产品结构调整优化中,扩大产品的规模、实施科技进步、增加加工产品附加值。

五 调整优化我国农业产品结构的思路

(一) 优化品质结构,提高优质农产品、特色农产品的比重

农业生产应引进和推广优良品种积极调整和优化农产品品种结构,全面提高农产品品质。要力争在数量和质量上双向满足市场需要,同时做好农产品的品牌化工作,加快品种改良和良种推广,抓紧淘汰劣质品种,大力开发优质品种,进而优化农产品品质构成,使数量多的产品优质化、优质的产品规模化。具体地说,粮食重点是更换高产、优质、高效的品种,增加小杂粮的品种;棉花要在适当压缩种植面积的同时,增加抗虫优质品质和特种棉的生产;肉类主要是更新品种,提高猪肉的瘦肉率,提高牛、羊的饲养效率和加工品质;水果生产近年的主要发展方向是压缩大宗品种增加优质品种、小品种的生产;蔬菜生产的发展方向是协调稳定反季蔬菜的供给量,大力增加无公害蔬菜的供给量;禽产品要选用优质品种和产蛋率高的品种。

(二) 生产多元化

生产多元化的内涵是积极发展多种经营,特别是大力发展适应远期市场需求的畜牧业,调整和优化大农业结构。人民生活水平越过温饱阶段以后,人们对农产品的需求越来越多样化,对各类瓜果、蔬菜、菌菇等需求会急剧上升,特别是食物结构中动物性食品的消费比重会迅速增加,这会给畜牧业发展带来强大动力。

在全面建成小康社会的今天，我国居民的饮食结构必然会有大的变化，以植物性食物为主膳食结构模式向富裕型、营养型膳食模式发展（见表5-4）。

表5-4 膳食结构模式

模式	特征
发达国家模式	以动物性食物为主,动物性食品年人均消费达270kg,而粮食的直接消费量不超过60~70kg
发展中国家模式	以植物性食物为主,一些经济不发达国家年人均消费谷类与薯类达200kg,肉蛋鱼不超过5kg,奶类也不多
日本模式	以粮食为主,也吸取欧美膳食长处,粮食年人均消费为110kg,动物性食品为135kg

（三）各类农业技术的开发并推广

科技进步是突破资源和市场对农业双重制约的根本出路，是发展现代农业的决定性力量和根本途径。积极引进和培育国内外先进又适宜当地资源条件的农业优质高产新品种，减少低档次农产品生产，增加高档次农产品生产，同时开发并推广节地、节水、节种、节药、节能等各种节约型技术，提高农业资源和投入品使用效率；推广精准施药机械和技术，提高病虫害防治效果和农药有效利用等[190]。

（四）大力发展比较优势农产品

国内研究成果表明，我国农业资源的比较优势是肉类、水产品、蔬菜和水果等劳动或资本密集型的农产品。因而应重点发展我国最具优势的牛、羊、猪、禽等肉类产品，不断提高禽产品产值在农业总产值中所占份额；在水果类产品品种提高及商品化处理上，下更多的功夫；利用规范化的国际市场来扩大水产品出口；加快发展蔬菜产品。

（五）建立高端生态农业模式

邓小平早就说过："我国农业现代化，不能照抄西方国家或苏联一类国家的办法，要走出一条在社会主义制度下合乎中国情况的道路。"后来，在他的"科学技术是第一生产力"的论述中明确地指出，将来农业问题的出路最终要由生物工程来解决，要靠尖端技术。因此，各地农业生产区域要根据当地的自然条件、自然资源和技术条件，在上述15种大的农业生产模式的基础上,因地制宜,建立起不同形式的高端生态农业模式,如平原农林牧复合生态模式、南方"猪—沼—果"生态模式、北方"四位一体"生态模式、生态种植模式、生态渔业模式、生态畜牧业生产模式、草地生态模式、丘陵山区生态模式、设施生态农业模式、观光生态农业模式等。

第三节 农业区域布局

一 我国区域农业生产布局的演变

新中国成立前我国是半殖民地半封建社会,长期遭受封建统治和帝国主义的侵略,农业布局主要特征是:以自给性生产为主,小而全的自给自足封闭式的布局占统治地位。

新中国成立后,随着生产关系的变革与生产力的发展,区域农业生产布局逐步进行调整优化与改善。主要表现:①为了充分利用自然资源和社会经济条件,发挥各地优势,扬长避短,趋利避害,从实际出发,对区域农业生产布局进行多次调整优化。如水稻种植,除了南方水稻区,逐步开辟了北方水稻区;玉米种植向南方扩展;把分散棉区向生态条件适宜的棉区集中;利用盐碱沙荒地扩大向日葵种植;在长江流域增加了油菜种植面积;在广东、福建、广西积极发展甘蔗及创汇的名特优农产品等。②在长江中下游,黄河中下游,珠江三角洲以及松嫩平原等生产基础好的地区,国家采取一系列有效措施,在这些区域建设我国农业生产基地。③根据国内外市场的需要,保证货源,提高质量,有计划地建设一批商品粮、商品经济作物、商品畜牧和商品渔生产基地。通过商品基地建设,既充分发挥了各地的优势,又使国家和市场所需要农产品在数量和质量上有可靠的保证。同时,为了满足城市和工矿区人口日益增加的需要,积极地发展了一批城郊副食品基地,为保证城市居民的生活需要,方便群众,活跃市场起到很大作用。④为了保证轻工业发展的需要,国家有步骤、有计划地扩大轻工业基地附近的经济作物面积,如在江苏、河北、山东等省扩大棉花面积,使上海、天津、青岛等地的棉纺工业就近得到原料,缩短运距,降低了成本。同时还采取把沿海的一些轻工业工厂逐步搬迁到原料地,如上海、江苏的一些棉纺厂、面粉厂搬迁到盛产棉花和小麦的河南和陕西等地。并十分注意在新建轻工业企业时，尽可能建在产地附近，比如在郑州、石家庄、邯郸、武汉、西安、咸阳、乌鲁木齐等产棉区建立了新的棉纺织工业中心；在松嫩平原、内蒙古河套甜菜产区和广东、福建甘蔗产区建立了制糖工厂；在内蒙古、西北牧区建立了毛纺、皮革、乳制品等加工工业；在东北、西南林区建立木材采伐和木材工业。所有这些，使农业加工工业与原料产地基本靠近，做到相互促进，共同发展。

十一届三中全会后，党的农村改革有了极大的调整优化，安徽、四川农村开始尝试包干到户，再到组的生产方式，并取得了良好的效果。1979年，中央十一届四中全会通过了《关于加快农业发展若干问题的决定》，允许农民因地制宜，合理布局，自主经营。1980年中央肯定区域农业大包干的做法，并印发了《关于进一步加强和完善农业生产责任制的几个问题》，1983年，全国大部分地区实行了双包。随着我国农村家庭联产承包责任制的普遍实施，区域农业生产布局得到合理的调整优化，优化了国民经济中工农的比例，恢复和加快了发展农业生产，解决了我国10亿人民的温饱问题。

改革开放以来，尤其是从1982年第一个"中央一号文件"以来，我国农业区域布局结构得到了中央的进一步重视，中央关注农业生产发展的诸多问题，强调搞好粮食生产，确保粮食安全。随着改革开放之后多种经济主体模式的出现，中国经济出现了前所未有的繁荣，国家实力快速提高。近年来，在经济发展的新形势下，其他行业与农业出现了争夺，抢占资源等不协调的问题，这着实令人担忧。

二　我国农业区域布局的现状

进入21世纪，随着我国实施区域协调发展战略，以及颁布全国农业和农村经济发展的"十五"、"十一五"、"十二五"规划，区域现代农业规划面临着重要的历史发展机遇。与此同时，全国各地纷纷落实现代农业发展的"十五""十一五""十二五"规划，以及以现代农业、特色农业、都市农业、生态农业等为主题的区域农业规划的编制和实施工作。

全国各地在农业区域布局方面做了一些有益的尝试，根据当地的特点，发挥本地的区域特色和比较优势，形成了一批各具特色的农业产业集群，如山东寿光的蔬菜产业集群、山东烟台的水果产业集群、云南斗南的花卉产业集群等。但是，在实际操作层面上，我国农业区域布局还存在很多问题。

（一）农业资源被其他产业占用

其他行业部门与农业生产争夺资源严重，尤其是耕地资源。县城及县城以上的城市为了发展其他产业，纷纷在老城区四周的郊区划拨大量的耕地，建立工业园区，实际上，这些占用大量良田的工业园区，十有八九空置闲放、徒有虚名。如中原城市郑州市，郑东新区占地东西约60公里。南北近50公里，该区有富士康企业正常生产，郑州航空港在建，而其他的不得而知。中国高等教育扩大招生规模后，各大学校纷纷建立新校区，动辄千亩以上，真是占地面积大的"大学"，高楼大厦只是建筑，并不是知名高校的象征。房地产行业的崛起，更是占据大量耕地，随着我国经济发展，农民生活水平的提高，人们纷纷改善居住条件，在村镇周围乱占耕地建房，原来的自然村基本上都是中间空，形成了空心村，在农村私搭乱建现象十分严重。全国上下一盘棋，中国18亿亩耕地红线吃紧，给区域农业布局造成了严重的危害。

（二）其他产业污染农业产品

有些地区大面积耕地直接变成了工业及工业垃圾、污水的堆砌场。往昔的江东、江南的"鱼米之乡"现在还有几分土地种粮？几分土地种菜？几分坑凼养鱼？原来的产粮区、产米区却成了从外地进粮的消费区。中国耕地的减少为中国粮食安全问题埋下了极大的隐患。工业布局不合理，工业生产企业排放大量的污水污染了大量的水体（包括大江、大河、大湖、坑凼等）和水田，排放大量的废气，污染城市的空气，造成多雾多霾，黑色固体垃圾成堆，白色污染满天飞的现象。一条河流被造纸厂污染后，鱼绝、水臭，两岸三十米之内寸草难活，再也没有过去的田园景色了。

（三）市场需求的变化，引起农业各部门及其内部的矛盾

随着经济发展，人们的生活水平进一步提高，对农产品的需求也发生了很大的变化，如食物原来以粮食为主，而现在，在人们食物构成中，粮食的比重越来越少，肉蛋奶、蔬菜、瓜果的比重增加，引起农、林、牧、渔各部门之间的矛盾。比如，人们对汽车的青睐早已提到日程上来了，生产汽车轮胎的原料主要是树脂，而树脂的原料是橡胶，这样对林业产品的

需求改变了，引起农产品生产的矛盾。

（四）农业区域之间发展不平衡

中国改革开放以来，东部地区尤其是东南沿海地区，是改革开放的前沿，享受国家救活经济的有关政策，开展多种形式的经营，而非单纯的农业生产，经济发展起来了。老工业区得到改造，东北老工业区的人们也都富裕了。1999年，中央提出着手实施西部地区大开发战略，国家又投入大量的资源、物力、人力来发展农业、工业等各行业，不久的将来西部也会很快腾飞起来。而中部农业六省的经济，无论是工业还是农业都出现了塌陷，主要有以下原因：一是政策不公平；二是农业不投入资金，不研发创新，新产品难以发现，市场难以盘活；三是农产品价格不调整优化，国家有限的补贴杯水车薪；四是国家不扶持中原，着实难以崛起。

（五）区域结构趋同现象严重

在农业产业结构调整优化实践中，一些地方由于缺乏市场引导，地方行政干预较多，这些地方政府都为自己设计出一套"完善"的结构调整优化方案，致使区域产业结构雷同。这些方案不能充分体现各地的农业资源特色和区域优势，农产品生产难以形成有效的规模和竞争力，严重影响农业增效、农民增收，进而影响农民结构调整优化的积极性。如此下去农业产业结构调整优化不仅会失去意义，而且会造成新的资源浪费。事实上，由于农业生产对自然资源条件的依赖性较大，我国自然资源分布呈明显的区域性。在农业产业结构中要充分利用自然资源优势、区域优势发展特色种植业、特色养殖业和特色加工业，让特色农业走出市门，走向全省全国乃至走向世界。

三 农业区域布局调整优化的一般规律

（1）农业区域是农业生产在地域空间上的表现，是与农业生产有关的自然、经济、社会诸要素在一定地域范围的综合体。不同的农业自然资源与自然条件，不同的社会经济技术条件，以及人类在农业生产活动中的不同特点，构成了不同的农业区域。经济学告诉我们，发展具有比较优势的产品就能获得比较利益。因此，在农业产业区域布局调整优化时，一定要从各地的地理位置、自然资源、气候条件、生态环境出发，充分发挥区域的比较优势，形成产品优势、产业优势和市场竞争优势[213]。但是，作为一项具有普遍意义的区域经济活动,不同区域的农业产业结构调整优化仍具有"区域"意义上的共性,即遵循区域经济活动的一般规律,并受一定的农业经济理论的指导与约束。

(2)调整优化农产品加工布局,使农产品加工企业逐步向原料产区转移。长期以来,农产品产区不搞加工,加工区不生产原料,形成产业布局不合理。这样的农产品加工布局使得原料生产区不能从加工转化增值中获益。应逐步将农产品加工业向原料产区转移,建立公平合理的农产品生产与加工利益关系,促进产区加工业发展,实现贸工农一体化发展,带动分散经营的农户共同走向市场,提高农业综合经济效益。

四 区域农业布局原则

区域是空间在地球上的表现。存在于区域中的物质内容和特征不同,就构成不同的区域。不同地域空间,由于自然规律和社会经济规律共同作用结果,形成大小不等、特征各异、人类活动方式和目的不同的多种区域。农业区域是农业生产在地域空间上的表现,是与农业生产有关的自然、经济、社会诸要素在一定地域范围的综合体。不同的农业自然资源与自然条件,不同的社会经济技术条件,以及人类在农业生产活动中的不同特点,构成了不同的农业区域。因此,应遵循合理区域农业生产布局的原则。

(1)贯彻生产地、原料地和消费地相互结合,城乡建设结合,工业和农业布局密切结合的原则。

(2)充分合理利用农业自然资源和社会经济条件。

(3)正确处理高产和低产、先进和落后、东部和西部的关系,既要搞好先进农业区,又要积极扶助落后的农牧区。

五 影响区域农业生产布局因素

在区域农业布局时,首先要调查和评价农业生产因素,主要有以下三点。

(1)农业自然条件。①摸清各区域农业自然条件,自然资源的分布规律,查明其数量、质量和利用的潜力。②综合评价各区域自然条件的组合特点及对区域内农业生产所起的作用,观测农业生态演变的后果。③根据自然条件有利和不利因素,主要优势,提出土地利用方向和区域农业布局的适宜性,预测农业布局的新模式及其经济、社会、生态效益。

(2) 社会经济条件。包括人口、劳动力、科学技术、工业、交通运输与市场条件，以及国家有关农业经济、技术方针和政策等。

(3) 农业生产现状。①农业发展水平。②农业结构、农业布局与土地综合利用状况。③研究粮、经、饲的关系，专业化、区域化、集中与分散的关系，为正确安排区域农业布局提供依据。④地区或农业生产单位的农业收入、分配与支出情况。包括农业总收入、总费用、分配总额、积累与消费比例，农民收入水平与消费水平、消费结构。

六　调整优化区域农业生产布局结构的思路

1997年李应中主编《中国农业区划学》及2003年周立三著的《中国农业地理》中，介绍我国区域农业布局的规划，包括：粮食作物布局有北方稻区，南方稻区，小麦——华北区、长江中下游区、西南区、华南区、东北区及西北区，玉米——东北、华北、西南分布地带；棉花布局有黄河流域区，长江流域区，西北内陆区等；还有其他种植业布局区域性规划。同时，也分析了林业、畜牧业、渔业的生产与发展区域布局规划，具有一定的宏观性。长期以来，该规划对我国农业的生产和发展起到了重要的指导作用。然而，在推进城镇一体化的今天，还需要进一步注重微观的区域农业生产的布局，也就是说，在区域农业内部，一个村、镇的农业布局，也需要做到合理、科学，不能乱七八糟，"中国要美，农村必须要美"的目标才能得以实现。根据杜能的区位理论的中心思想解决新农村建设过程中农业生产布局的问题具有十分重要的意义。

生产布局有所谓战略性与战术性之别。所谓战略性，是从布局的全局、长期看问题；战术性，是从布局的局部和短期看问题。战术取决于战略，又服从于战略利益，二者是统一又是有矛盾的。当战术布局同战略一致时，战术布局就可以体现战略利益；当战术布局同战略要求发生矛盾时，必须改变战术布局，保证战略要求。因此要处理好战略布局与战术布局、局部布局和全局布局、长期布局和短期布局的关系。

（一）做好农业部门布局

农业部门布局主要从各部门的特点出发，结合各地区具体生产条件，分析其发展变化特点、存在的问题，研究其原因，预测其发展趋势，并在此基础上，根据国家或地区近期、远期国民经济发展对农业所提出的要求，进行区域布局选择，并进行技术经济论证。主要有以下几点。①根据该部门中各种作物、林种、畜禽的生物学特性及其所需的环境条件，结合各地区自然条件、自然资源划分适宜区。②该部门的分布现状、历史变化，在地区分布上主要存在的问题。③该部门与其他部门的相互关系，在整个国民经济中所处地位。④近期、远期国民经济的发展对本部门提出的要求，结合今后生产条件改善的可能性，确定本部门发展指标。⑤根据划分适宜区，合理安排该部门地域分布，并结合土地类型分布，落实到具体土地上。⑥进行区域新布局方案的技术经济论证，并评价其经济、生态、社会效益。

农业部门布局是农业区域总体布局的基础，但是，任何一个农业部门布局都必须置于区域总体布局之中，在特定地区内同其他农业部门构成一种矛盾统一的综合体。孤立地、单纯地进行某一农业部门的布局，不把部门布局置于区域总体结构中去考虑，这种部门布局必然是脱离实际的，不可能制订出合理的布局方案。

（二）做好农业区域总体布局

农业区域总体布局是指在某一特定区域内，对所有农业部门进行总体规划与部署。主要是根据需要与可能条件，研究农业各部门在某一地区的合理组合，以及在某一地区内各小区域之间的劳动地域分工与协作形式，确定每一地区内农业发展的战略目标、重点与发展方针，研究地区间的劳动分工及其在全国或在区内的战略地位，研究各区间的农业差异性及进行区间联系的内容与方式，评价区内农业布局的合理性，等等。

农业部门布局是侧重于从本部门出发，研究本部门发展所需要的条件，在地区范围内择优布局；农业区域总体布局则是从"块块"出发，以地区内的农业综合发展为着眼点，综合分析研究地区内各种农业部门的相互关系，确定地区内各种生产的主从地位和合理结构，并结合农业资源条件，落实到具体的地区或土地上去。

（三）不同区域的农业布局

我国幅员辽阔，地形复杂，农业历史悠久，各地自然条件、自然资源、社会经济条件、生产技术水平、人们的习惯要求和开垦方式等复杂多样，因而形成各地区的不同特点。不同地区要合理选择其农业生产布局。

（四）做好村、镇农业结构布局

从系统论的观点来看，村镇也是一个"自然—社会—经济（农业经济）"的综合系统，由自然条件、社会活动、农业经济活动等系统构成。自然条件系统包括气候、水文、地形、地貌、地质、土壤、土地、生物、能源、矿物等；社会系统包括村委、人口、性别、民族、学校等；经济系统包括：农业产业、乡镇企业、市场、交通运输、服务等部门。各系统又有诸多的子系统，它们之间相互关联，互相竞争，进行着物质、信息、能量的交换，又互相依赖、相互影响相互协调、共同作用。同时这又是一个开放的系统。若吸收外来的清新空气、新鲜血液，则其会更有朝气、充满活力，出现新的面貌。我国要全面建设小康社会，建设社会主义新农村，这给村镇的发展带来了好政策，带来了新契机，因此，在农业生产布局时，要做得更加合理。

如图5-2，在平原地区，大的是乡镇，小的是行政村、自然村，都可以采取以居民生活区、商业文化区为中心，向四周合理布局的农业生产结构。在中心区种上花草树木，美化环境；然后向四周按照距离的远近进行布局，离中心近的耕地，可以种植蔬菜、瓜果；依次在远一些的地方种植粮棉油等农作物；在北面建防护林带，防风固沙、涵养水源，同时栽培菌菇、林业产品；在西面，挖建坑塘，进行水产养殖业；在东边筑建禽类养殖场；在东南方建猪、牛、羊等畜牧产品的养殖区；在地处下风口的南方建立农产品加工厂。

在其他相应地区可以建成林、果、草、牧混合型生态农业布局模式、节水型生态农业布局模式、观光旅游型生态农业布局模式、产业化生态农业布局模式等。

根据2015年"中央一号文件"精神，在城乡发展一体化，逐步推进新农村建设过程中，要美化农村，具体情况就是要美化自然村、镇，合理地布局农业生产结构，这无疑也是美化村镇的具体举措。合理的村、镇农业布局，只是区域农业布局内部的一个具体村、镇，是一个微观的地点。也就是说对一个具体的村、一个镇的农业结构进行合理的布局。可以根据具体情况，在同一个各种条件基本相同的区域内，再形成模式相同的多个村镇，由点到面，处理好宏观整体规划和微观具体实施的关系。根据不同的条件，因时因地制宜，处理好点、面、体的关系，也就是说，村、镇农业生产结构要与合理布局区域农业生产结构、合理布局全国农业各部门保持一致。如河南省在城乡一体化,推进新农村建设过程中,出现两个模范典型,一个是新乡市的小刘庄,另一个是漯河市的南街村,两个地方的村、镇农业布局如图 5-2 示。这两个地方改变了以往的村村垃圾堆、镇镇垃圾站的面貌,现在呈现在人们面前的是一幅田园景色,在现实生活中有引领意义。

这样就能够完成由点到面、由局部到整体进行科学合理布局的过程,实现农业区域总体的合理布局。

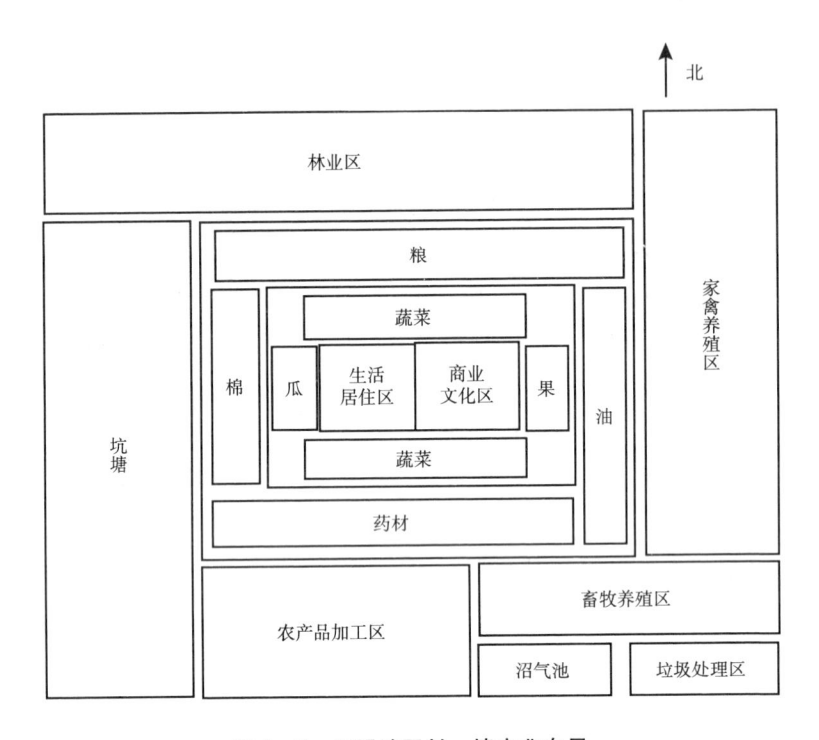

图 5-2 平原地区村、镇农业布局

我国地域辽阔,各个地区的资源条件差别大,经济基础条件各异,劳动者科学文化素质和技术条件等不尽相同,对一个地区来讲,也不一样。各个地区具有发展不同农业产品的地域优势。如何合理而有效地利用不同地区的资源,如何充分发挥各地的区域比较优势,是影响农业产业结构优化和农民收入的主要因素。应该按照优势的原理,发挥各个地区的区域优势,从本地区的资源数量、性质的实际情况和市场的需要出发,发展相应的产品，实现专业化分工、区域化布局和社会化服务，发展特色农业，强化不同区域的不同产品特色，增强区域农产品的市场竞争力，努力形成合理、高效、适应市场的区域农业经济布局。

通过建设一批地方特色的优势产业带、产业区以促进农产品精深加工企业的发展。从技术优势上来看，东部地区应充分发挥其区位优势和高科技领域优势，在积极发展无公害绿色蔬菜和水产品、花卉等农产品的同时，大力发展具有国际竞争能力的高技术、高品位、高效益出口创汇农业（外向型农业）。中部地区要继续发挥我国"粮仓"优势，使之成为我国名副其实的粮、油、棉、瓜菜、水果、畜禽品及名、优、特产品供应的基地。西部地区应充分发挥其光热资源丰富的优势，大力发展棉花、糖料、水果、瓜菜、蚕、中药材等农作物与经济作物的生产，逐步建立起名、优、新、特农产品生产基地，变农业资源优势为商品优势，促进农业和农村经济综合水平的不断提高。

第四节 农业产业链

一 农业产业链内涵

产业链就是不同企业（产业）之间以一定的形式（包括材料供应、产品开发、技术使用、生产运营、产品储运、市场营销、组织管理、人事管理、财产管理、售前、售中、售后服务等）为纽带而连接成的企业群或产业群。产业与产业之间存在着广泛而复杂的和技术经济的关联性。产业关联的实质就是不同产业间的供求关系和投入产出的关系。产业链在不同的情况下，具体表现为供应链、价值链、信息链、资金链等不同的概念，是产业间社会细分工的有序结合，并且是一个不断发展的动态概念。在理论界和学术界有不同的研究和称谓。

在我国，农业产业链是在农业产业化过程中衍生而来，也是产业链在农业产业中的具体表现形式。我国农业生产有投入，有产出，所以农业就是农业产业。在农业内部，农业生产有不同的部门、产品、技术等，它们又以农产品的生产信息和利益为纽带形成农业产业链。具体地讲，农业产业链是在国家农业产业政策和生态环境的作用下，根据市场需求，所形成的商流、物流、资金流、技术流、价值流、供给流的高度结合体。根据产业组织理论,农业产业链包括:上游产业部门(农业科研、农资供应等)、中游产业部门(种植业、畜牧业、林业、渔业)、下游产业部门(以农业产品为原料的加工、储存、运输、销售等)。在农业内部,农业产业链有种植业产业链、畜牧业产业链、林业产业链、渔业产业链。它们又具有一定的层次性,比如冬小麦,生产前、生产中、成熟后的操作管理等形成冬小麦的产业链条。

农业产品的主要用途是为人们提供食物来源,为工业提供加工副食品原料和其他原料,这样农业产品又是工业产业链的上游行业,上游产业的稳定发展才有中游产业、下游产业的强势发展。而工业产业的产品只有符合市场的需求,工业产业才有望发展壮大。一些工业产品,如化肥、机械装备又是农业产业的生产消费品。我国一度是农业大国,农业市场、农村市场相当广阔,是工业产品扩大内需的重要市场。长期以来,由于历史原因和政策原因形成的工农产品价格的"剪刀差",导致工农业不公平、不协调发展,农业发展显得落后,农业产业链不合理现象比较严重。

二 我国农业产业链现状

在我国农业产业化过程中,农业产业链的发展取得了令人欣慰的成就:农业产业链组织总数增加,龙头企业队伍壮大,利益联结机制不断完善,带动农户增收能力进一步提升。具体表现为:农业产业链不断延伸、农业产业链组织快速发展、农业产业链利益机制日臻完善、农业产业链对农户的带动能力增强、农业产业链发展的政策环境不断优化[191][192]。与发达国家相比,我国农业产业链存在差距表现在以下几点。

(一) 农业产业化经营水平低

长期以来,我国传统农业产业链过窄过短、农产品附加值不高,没有形成"从农田到餐桌"完整的产业链条,限制了农产品的获利空间;农产品加工技术和应用程度低,发达国家农产品加工转化率已达90%,我国仅有40%~50%;发达国家农产品加工业产值与农业产值之比为2:1至4:1;我国仅达到0.8:1[194]。由于我国农产品的产后加工率和加工能力太低,大量农产品不能及时消化,致使我国农产品时常出现"阶段性过剩",在国际市场上也缺乏竞争力。现在看来,凡是加工业比较配套、市场营销网络健全、农民种养的产品,能够及时进入加工、流通领域的地方农业产业结构的调整优化,就比较成功。

(二) 区域之间产业链雷同,短而窄,后期加工企业力量薄弱

尽管我国区域间资源分布各有特色,但大部分区域都能生产水稻、小麦、大豆等主要粮食产品,鸡、鸭、猪、牛等传统禽畜类产品,棉、麻、茧丝等纤维类产品,这三大类型构成我国农产品的主流。目前,由于我国各区域之间三大类型产业链短而窄,且差异性极小,导致我国农产品过度竞争严重,农业比较效益低下,就粮食产业链来说,绝大部分地区是以粮食生产—粮食销售的两节点产业链为主,和发达国家相比,其宽度和深度还远远不够,非常缺乏产业链的多样性。在加工量方面,目前我国农产品加工总量不足,直接导致加工总产值偏低[195]。

(三) 农业产业链各个主体之间的协调效率低、质量差

农户以及农业企业是农业产业链的基本主体,这两大主体间的衔接及协调对于整个产业链的生产效率、盈利水平以及农业生产的产业化进程都有着极为重要的作用。现实中,农民生产的农产品被初加工企业一次性买断,生产者主体——农民实际并未进入产业链中,不能分享产业链的整体价值;农业中,按照自身经济目的和生产能力生产的原料产品、年际间变化巨大,不能和加工工业需求相对接;由于地方保护主义和"自益"行为,跨地区的产业链往往联系疏松,甚至产业链被人为割断。在我国,长期的计划经济体制造成生产、加工、销售部门之间条块分割,从而人为地割断了产业链;行为主体之间的信息交流不畅,致使我国农业产业链松散、联系不紧密。而农业产业链的松散结果就是,市场不能为消费者提供有效的产品,生产者抱怨产品卖不去,消费者抱怨买不到想要的产品。

(四) 农业产业链缺少有效的第三方监控

农产品作为人类生活的必需品,其质量关系到整个社会的健康稳定发展。我国的农产品在其生产加工过程之中以及结束之后,直接投放市场销售之前,所接受的只有国家相关质量监察检疫部门的检测。然而,就目前情况来看,这种监管是远远不够的。作为主要监管部门的国家相关机构其力量是有限的,要想做到百分之百高质量、全方位的监测是不可能的,而这也就给了不法分子以可乘之机,从而导致农产品质量安全事件不断发生,造成了极坏的国内和国际影响。

(五) 缺乏对农业产业链关键环节的控制

随着我国农业开放度的不断提高，因外资进入带来的农业产业安全问题，受到社会各界的高度关注。农业具有刚性需求，属于不可复制的产业，其对产业安全的要求比工业要高出很多。农业产业安全更多地表现为产业链安全[196]。农业产业链中原种和加工销售等产业环节是关键环节，而这些环节中外资的控制力在不断增强，这将威胁到农业产业链的产业安全。

总的来看，我国农业发展还没有形成比较稳定的农业产业链模式，农业产业链发展过程仍然受许多因素的制约，依然处于原始的发展雏形，严重制约农业的发展，影响国家强农惠农政策目标的实现。选择具有一定纵向一体化力量的农业产业链组织形式，并实行农业产业链管理，能降低交易成本与风险、提高产业链条整体运行效率，使企业、农户以及其他相关经济实体在农业产业化经营中实现共赢。

三　我国农业产业链模式综述

我国很多专家、学者从产业经济理论、现代契约理论、分工理论、制度变迁理论、交易费用理论、政治经济学等出发，把农业产业链组织形式归纳为：公司+农户、公司+中介组织+农户、合作经济组织+农户、农业专业技术协会+农户、专业批发市场+农户、公司+基地+市场、公司+农户+市场、风险投资公司+农户+市场、公司+大户+农户、公司+合作社+农户、农业科技公司+农户+市场、农业经合组织+农户+市场、农业中介组织+农户+市场、农业专业协会+农户+市场、垂直一体化模式等形式。这些农业产业链组织形式模式中的公司、组织、协会、农业经合组织、合作社等都是具有一定实力或组织整合能力的主体，可称之为"龙头"。这些模式中，"龙头"以市场导向，让农民参与进来，对农产品进行不同程度的加工，再投放到市场，获取销售价值，最终各得其所，并且他们之间希望能长期合作，持续发展下去。这些不同的农业产业链运行模式要保持正常的运行，就必须按照互惠、互利、平等、双赢的原则，建立健全组织运行机制，合同约束机制，利益分配机制，制度保障机制，风险分析机制，在国家有关政策的指导下得以迅速发展。

四 传统农业与现代农业产业链的比较

(一) 传统农业产业链

传统农业产业链属窄短型，农业附加值低主要出现在短缺经济时代。这种类型的产业链只含有农产品的初级生产和销售环节，既不存在向前和向后的纵向延伸，也没有在横向上的拓展，因此难以增加农产品的附加价值。受几千年传统观念的影响，至今相当多的农民仍在从事"种瓜卖瓜，种豆卖豆"年复一年的简单农业劳动。这种"一收一卖"窄短型的产业链，在我国农村改革和经济转型初期，有的靠品种新、质量优卖个好价钱，农民的确尝到了增产增收的甜头。但随着市场经济的逐步建立及加入WTO后，全球经济一体化的到来，市场在农业生产过程中发挥主导作用，这种产业链出现了减产减收，增产不增收，甚至出现生产量越高，收益越低的现象，产业链过窄过短是农业增效农民增收的最大制约因素。

(二) 现代农业产业链

现代农业产业链属宽长型，是建立在生产力诸多要素都有较大提高和突破基础上的，一种崭新的性质和功能被广泛拓展的，包含生产、加工、服务、观光旅游、绿化美化于一体的集约化、市场化、科技化的农业，农产品附加价值高是农业实现现代化的主要特征之一。这种产业链建立在现代知识、信息和技术基础上，涉及企业、政府、金融和农户等部门，具有广泛的延伸性和拓展性，向前延伸到种前的种子、苗木及农资加工、服务营销等，向后则延伸至产后的农副产品一次、二次及深加工和开放型的内外营销，这种产业链可促进设施化农业及相关产业的发展。同时每个阶段又存在着横向的拓展，如播种和农作物生长过程中所需要的科技、信息、金融等服务供给；全自控、现代化的育苗、育种车间及大小样式各异的塑料大棚，可有效地带动农用物资加工、设施农业及相关产业的发展；生产中，紧密结合当地自然资源，利用作物生长全过程，利用现代化农业的生产性、观赏性、娱乐性、参与性、文化性、市场性等开发旅游观光农业。因此现代意义上的农业产业链，可以说，是在传统农业产业链的基础上，在纵向层面向前、向后的延伸，以及在横向层面向外围产业的拓展，也可以说，是第一产业向第二产业、第三产业的延伸和拓展。构建现代农业产业链,使农业产业链组织从松散到紧密,从生产为主到销售为主,从单一到综合,从短到长,从小到大,从内到外。

五 农业产业链的优化内容

我国农业的发展必须从产业链角度来提升其竞争力,即农业产业链的优化升级主要体现在三个方面:农业产业链延伸、农业产业链提升和农业产业链整合。

(一) 农业产业链的延伸

农业产业链的延伸,又可以称为产业链的拓展,或者说是产业链的加长,一般是将一条已经存在的产业链条,尽可能地向上游或是下游延伸,也可以是指中间环节的增加。包括三种情形:向前延伸、向后延伸和增加中间环节。但通常所说的延伸是指向后延伸,即在农产品加工过程中,通过追加劳动、技术、资本来提高农产品附加价值。农业产业链的延伸有两个目的。一是满足消费者食品安全的需要。因为食品安全问题并不只是某一环节上的问题,也就是说某一企业可以保证自己不出问题,但保证不了别的企业不出问题。进一步说,食品安全是由上游产业、中游产业、下游产业整个产业链共同来保证完成的。二是满足企业追逐利润的需要。以农产品加工企业为例,加工企业需要上游农产品原料,若农产品价格高,则其成本就大;又受下游商业企业压价的影响,价格越低,利润就少,这些企业受到双向挤压,成长空间不大。如果产业链上下延伸,则农产品加工企业就可以分享到上下游企业的利润。

从延伸的层次上说,我国已经形成了生产环节相对稳定的农业产业链,一般比较完整,在此不作讨论。从区域的角度来看,在不同区域内,由于受自然条件、经济条件、区位条件等各方面的影响,农业产业链中的环节极不健全,缺少完整的产业链。因此,在一定的区域内,应把该区域内的产业作为一个整体,充分合理利用该区域的优势资源,使农业产业链上下延伸,促进该区域内经济结构紧密联系,通过后续产业带来本区域的高附加值化和产业链中的增值不外流。这有利于形成有效的竞争局面,提高劳动生产率;可以促使农民进入产业链中,分享到产业链的增值利益。农业产业链的延伸实际就是农产品深加工,具体可采取引进先进技术,增强自主创新能力;加强试验基地建设,大力发展科学技术研究;重视农产品加工专用品种选育等途径实现。

（二）农业产业链的提升

农业产业链的提升一般是指，为了提高其在整个市场中的竞争力，而不断地提高产业链的整体素质，即产业链的各环节向高技术化、高知识化、高资本密集化和高附加价值化的演进。它也是产业结构高度化在产业链中的体现。这是产业链优化中的一个重要方面，对于提高产业链的竞争力至为关键，但在产业链优化中较少提及。农业产业链的提升，在农业产业链优化的内容中是一个很重要的方面，它既不同于农业产业链的延伸（环节多少或者路线长短），也不同于农业产业链的整合（环节之间的协调、合作），而是各个链环的知识含量、技术层次、资本密集程度和附加价值水平不断提高，其中尤以技术层次的提高最为重要。

目前我国农业产业链多个环节中，技术、装备发展不平衡。表现在以下几点。第一，各个环节间的技术水平差异比较大。比如在农业产前部门，耕作方式仍以传统技术为主，种子（种畜）的改良缓慢，在一定程度上，下游产业部门的需求，致使农业技术进步贡献率不高，同时也制约了产业链资源转化的效率。第二，农业产业链各环节与全球市场相比较也还有较大的差距。即便是在技术程度相对较高的农产品加工业部门，我国整体技术装备水平跟世界先进国家相比也存在较大的差距。所以需要依靠科技的进步与生产社会化程度的提高，来提升产业链作为资源转换器的效能和效率。

（三）农业产业链的整合

农业产业链的整合是指根据市场需求与社会资源等状况的变化，将产业链中的各个环节通过连接、合作与协调，有机地联合在一起，使产业链中的各个环节之间形成协同效应和聚合质量，有效率、有质量地走完整个产业链条上的原料采购、产品生产、仓储运输、批发经营以及终端零售等环节，从而在市场上取得有利的地位。实质是把各产业部门通过一定方式连接起来，形成一个完整的产业链，最终实现资源共享和协同，以追求整个链条的价值最大化。产业链形态要素方面的整合：①经营主体的整合；②信息流整合；③价值流整合；④物流的整合等。产业链的时空分布方面的整合：①跨区域的产业链整合；②区域内的产业链整合；③宏观视域内的产业链整合等。农业产业链整合模式包括独立模式、合作模式、联盟模式、区域模式。农业产业链的整合有利于企业降低成本,消除或减少外部环境的不确定性、增强抗风险能力、提高对市场的控制力、获得协同效应、提升企业自身竞争力。

现代经济竞争已不是单个生产环节和单个产品的竞争,更多地体现在整个产业链之间的竞争。对农业产业链的农资良种、农机和科技推广、流通营销和物流、信息和金融保险、农民和农技培训等配套服务体系进行整合,以增加整个产业链的利润。尽管从全国总体来看,在比较完备的经济技术联系的基础上,各类农业产品尤其是大宗农产品已经形成了农业产业链,但由于这些链环"政出多头"(分别属于不同的领域——农业、商业和工业),分布在不同的经济部门,以至于各链环之间的联系松散。现实中,农民生产的农产品被其他流通企业、加工企业一次性买断,农民虽是农业生产的主体,却被游离于产业链之外,因此不能有效地分享产业链的整体价值;农业中,按照自身经济目的和生产能力生产的原料产品,年际间变化巨大,不能和加工工业需求相对接;另外,由于地方保护主义的盛行,区域内的生产者为了自己的利益,往往导致跨地区的产业链条联系疏松,有的产业链甚至被人为割断[197]。因此应以产业链中微观主体之间的合作机制和伙伴关系为基础,加强产业链之间的衔接与合作。

农业产业链优化的目的是使农业资源更加充分有效利用,农业产前、产中部门与相关后续产业的衔接更加紧密,链中物流和信息流更加通畅,农产品得以最大限度增值,并使得农业部门分享产业链最终收益。只有农业产业链的延伸、农业产业链的提升、农业产业链的整合达到三者的统一,才能有效实现产业链的优化和升级。

六 农业产业链的优化原则

农业产业链需要从多条途径、多个方位进行优化。由于农业产业链优化涉及内容多、领域跨度大、牵涉面广,为保证产业链健康持续发展,在具体实践中对任意一条产业链进行调整和优化应遵循以下原则。

1. 符合市场需求的转变。在市场经济中,生产的目标是为了满足市场各种需求。市场需求总是在不断变化的,因此,农业产业链作为资源转换的中介,其优化的核心就是要为了符合市场的需求,而使之不断地变化,只有满足市场需要、符合市场需求，农业产业链的价值才能实现。农业产业链的延伸势必增加农业产业链中的产业环节，这些新增环节必须为市场所接受；农业产业链的提升是为了提高产品的科技含量，使其更符合市场发展的要求；农业产业链的整合也是为了与市场需求的变化相适应，而与农业产业链中的各个环节之间进行及时、有效、合理的联系，使其和市场需求的变化相适应。

2. 能实现农产品价值的增值。增加农民收入是农业经济活动的内在动力，农业产业链的调整与优化，不仅要保证各个环节的价值得以实现，而且要使整个产业链的价值得以实现，并且最大限度地实现增值。农业产业链延伸或拓展必然增加中间环节，如果农业产业链的价值不能实现，或者不能对整个农业价值增值产生影响，那么增加的环节是不必要的；农业产业链提升所追加的技术、知识和资本，若不能获取相应的回报，那么这种追加是一种无效投入。例如，服装厂在生产过程中使用了高新技术，但是生产出来的服装并不适用而无人消费时，价值增值没有得到实现，投入的技术被视为无效[198]。只有当农业产业链上各环节都能分享到整个产业链的价值增值时，这样的农业产业链才被视为是有效和持续的农业产业链。

3. 合理和有效地利用资源。农业产业链作为资源转换器，其功能就是按照市场的不同需求，把输入进来的各种生产要素，按市场的需求通过一定的技术加工，转换为不同的产出。农业资源是农业产业链转换的主要对象，也是产出产品的唯一根源，因此农业产业链的调整与优化，既要保证资源利用的合理性，也要注重资源利用的有效性，防止资源不必要的浪费。

4. 适应地方经济资源和社会环境条件。对不同地区农业产业链的优化来讲，不同地区的农业产业链的组建、延长和升级，应以地方资源条件和社会环境条件为基本前提，不但要考虑到原料的供给和加工中的资本以及技术供给等保障，而且还应该要有相应的社会环境。反之，即便付出社会环境和经济资源的代价，也优化不了农业产业链。

5. 推动农民进入产业链，保护农民利益。中国农业产业链的特点之一，是忽视了产业链源头的建设、忽视了农民的利益诉求。只有让农民（包括农民的劳动力、农产品、传统的工艺技巧等）进入产业链的各个环节，充分发挥农民的智慧和优点，才能使得农民从农业产品的深加工和国内外市场的交易中获得利益。目前，农民的农产品大都被加工企业，物流企业一次性买断（有的是长期合同），农民的收入只是初级农产品的销售，农民的收入得不到提高，农业经济得不到发展。推动部分农民进入产业链的一个重要途径，就是组建各类农民专业合作社，将区域内农民从事农产品生产活动所需要的投入、技术推广、质量控制，以及产品销售渠道和价格的确定等活动，统一行动起来。甚至在已有的专业合作社基础上，组建范围更大的跨区域专业合作社联盟，形成集体品牌，并将联盟上升为价值链的驱动者，获得更多的附加值[199]。同时，要不断创新，改变经营方式，由传统农业向现代化农业发展，使农民更好地掌握市场信息，使农民由生产初级产品转入深度加工领域，然后进入市场流通领域[200]。这就需要政府对农民进行必要的教育和培训，通过职业技能培训，提高农民的科技素质，使其具备参与产业链的能力，让农户能够分享到加工流通过程中产生的平均利润，使农民真正得利。

6. 区域聚集发展原则。农业产业链各个环节有时间顺序的次第性[201]，由于大多数农产品，尤其是鲜活的农产品，有一定的季节性，所以农业产业链的各环节的节与点之间，需要紧密连接，时间间隔要求越短越好。时间的间隔大都与空间距离的远近相关，如果节与点之间的距离较大，就有可能增大交易成本、储存成本与物流成本，因而农业产业链的构建尽量考虑在一个合适的地理区域内。

7. 控制农业产业链关键环节，保障农业安全。农业产业链有很多个环节，但各个环节的作用是有区别和差异的[202]，关键环节对整个产业链条的可持续发展，有直接的严重的影响作用。在一定约束条件下控制了关键环节，就能控制整个产业。一般来说，农业产业链的关键环节主要有：种子、种苗等生产原料环节，农业产业链中深加工和销售环节。当出现多个关键环节时，需要产业整合者对多个环节进行组合控制，从而达到控制整条产业链的目的。

七　优化农业产业链的思路

（一）提升农业产业链价值

著名经济学家阿林·杨格认为："递增报酬来源于专业化程度不断加

深、分工链条不断加长、不同专业化分工之间相互协调所带来的最终产品生产效率的提高。"农业产业链延伸、专业化程度的深化、分工链条的延伸、不同专业化分工之间相协调，可以使最终产品的生产效率提高，价值量逐步上升，带来价值增值。第一，在农产品中增加新的要素，增加农产品附加值。对土地、资金、劳动力、技术、创意要素的再投入，增加社会就业岗位，引致需求产生乘数效应，同时产业链各环节之间的整体关联具有巨大效能，可以创造更多的社会价值，增加社会财富。从价值形态上看，农业产业链拓宽产品的综合利用程度，提高资源的使用效率，创造了更高的价值，即在同样数量"投入"的条件下能够吸收更多的为社会承认的活劳动，创造出更高的价值和剩余价值。第二，增加农产品的品牌价值。通过农业价值链管理，提高农产品的质量。山东寿光创建了"乐义"蔬菜、"欧亚特"蔬菜、"燎原"蔬菜、"圣珠"西红柿和"荣明"葡萄等众多知名品牌。这些品牌使寿光蔬菜瓜果带着名气走向市场，身价倍增，以农业产业化推进了"现代农业"发展。

（二）整合农业产业链资源

农业产业链通过整合能够获得更大的利益。原因有以下几点。一是农业产业链整合有利于资源的有效配置。通过兼并重组小型龙头企业，整合资源，提高龙头企业的竞争优势；二是农业产业链整合可以降低交易费用。农业产业链组织的龙头企业支配资源，将市场交易内部化，可以节省交易费用。通过与上下游企业建立联盟，龙头企业不仅可以获得稳定的原材料来源，以及广阔的服务市场，而且也可降低签约成本和监督成本，提高其竞争力。目前我国农业产业链资源整合，主要有两种方式。一是凭借科技、资源和资金优势并购同行业企业，实现产业整合，这样可以实现资源共享，提高农产品的市场占有率和竞争力，以提升盈利水平。二是结合自身资源优势，向产业链上游延伸、下游拓展，实现相关多元化发展。

（三）搞好农业产业链之间的协作

传统的供应链，农民出售农产品给企业，企业加工生产具有附加值的产品，再销往市场。农业初级产品在得不到国家补贴的情况下，价格是很低的，农民收入低，而加工企业则可以得到丰厚的利润价值，各环节的收益不同，厚此薄彼很不公平。农业产业链上的各个环节是一个有机整体，各环节通过组织形成具有规模的产业网络，协调发展，降低各个环节的采购成本和流通成本,实现各个环节效益的最大化,以及在整个网络的各产业链、供应链、价值链的增值。21世纪的竞争不是单个企业间的竞争,而是产业价值链之间的竞争[203]。因此,产业价值链上的各环节的组织必须协调一致,才能强化价值链,提升竞争能力。

(四) 提高农业产业链的信息效应

农业产业价值链管理必须采用信息技术,以保障获得信息的及时性与有效性,最大限度减少库存量和资金占用,引导供应和需求达到更加完美的平衡。信息链的畅通也是协作的基本前提条件之一。通过延伸拓宽形成网络,各环节信息要保持畅通,农业产业链上各成员同心协力,最后实现农民,企业,指导中心,合作组织等多环节的利润最大化。

(五) 增加农民就业和农民收入,保障社会稳定

农民问题的核心是收入问题。从长远看解决农民收入问题的出路只有两个:一是提高农业劳动生产率;二是扩大农民的非农业就业机会。发展现代农业是提高农业劳动生产率的基本途径。我国属于发展中国家,经济实力不强,农业人口的社会保障程度低,一直面临着巨大的就业和社会保障压力。而且,目前城市和工业吸纳农村人口、农业劳动力的能力有限,农业不仅为农村居民提供了谋生手段和就业机会,而且为他们提供了生活和社交场所,从而农业具有减少农村人口盲目向城市流动,保持社会稳定的功能,从社会角度来看,农业产业链的延伸和拓宽不仅提升了产品价值,而且增加了其他领域的就业机会。农业是农民增收的最基本产业,而且,从我国目前农业发展的情况来看,通过发展农业产业链,提高农产品的利用率,拓展农民创收和增收的渠道,来扩大农业对农民增收的贡献。

(六) 保证农业产业链安全

国以民为本,民以食为天,食以安为先。随着我国经济快速发展,食品安全问题日益凸显。无论是发达国家,还是发展中国家,食品安全都是政府和企业对社会最基本的责任和必须做出的承诺。食品安全已经成为农业产业链不断整合的一个重要动力,也是解决食品安全问题的一个根本措施。近年来,我国食品安全问题频出,相继出现三聚氰胺、瘦肉精、染色馒头、毒粉条、毒豆芽、塑化剂和地沟油等有毒、有害食品[204]。这些重特大食品安全事故,严重威胁了公众的切身利益。食品安

全问题之所以复杂，是因为食品安全涵盖了食品生产经营的多要素和多环节，包括食品卫生、食品质量、食品营养等相关方面的内容，和食品种养殖、加工、包装、贮藏、运输、销售、消费等环节，涵盖了"从田头到餐桌"的全过程，食品能否安全地从生产的源头到达消费者手中，与产业链中的所有参与主体密切相关。而一旦一个环节出现问题，就会造成食品不安全，危害消费者的健康。纵观发生食品安全问题的事件，可以发现：不安全食品无处不在[205]。因而从产业链角度分析食品安全问题，有利于构建要素齐全、环节紧密相接的食品安全控制体系。只有从产业链做起，控制好产业链的每一环节，将产业链上下游协同一致，才能控制食品安全风险或使风险最小化，方能实现食品安全从农田到餐桌的全程控制。同样，也只有社会各个利益相关者共同参与，不断提升产业链发展水平，完善食品安全管理机制和政策，提高消费者食品安全意识，才能不断提高我国的食品安全水平，确保十三亿人民吃得饱，吃得好，吃得放心。

八 优化农业产业链的路径

目前我国农业产业链主要问题是农业如何与工业完美地结合起来，也就是说，农业的发展如何享用工业发展的成果、技术、信息、资金、政策等，农民在农业产品加工生产、产品销售、利益分成中，付出什么？付出多少？得到什么？得到多少？怎样付出？怎样得到？

2005年、2006年，温家宝总理作的《政府工作报告》中分别指出："推进农业区域化布局、专业化生产和产业化经营，大力发展特色农业。加快发展农产品加工业"、"继续调整优化农业结构，积极发展畜牧业，推进农业产业化，大力发展农业二、三产业，特别是农产品加工业，壮大县域经济"。2004年"中央一号文件"把发展农产品加工业作为推进农业结构调整优化的重要力量。2015年"中央一号文件"提出："推进农业综合开发布局调整。支持粮食主产区发展畜牧业和粮食加工业，继续实施农产品产地初加工补助政策，发展农产品精深加工。"由此可见，近期党和政府高度重视农产品加工产业的发展，发展农产品加工业已经成为我国促进农业产业化经营突破口、建立健全农业产业链体系的必由之路。

在农产品主产区大力兴办乡镇农产品加工企业，才能解决农业产业链调整优化升级问题。兴办乡镇农产品加工企业有诸多制约因素，诸如资金、技术、生产管理水平、农民职工的素质水平、质量监督水平、营销水平、市场需求信息、国家有关农业生产的政策等。

农民是弱势群体，一般情况下，没有兴办乡镇农产品加工企业的能力，这样就需要国家政策性扶持，龙头单位要组织引领，引进外来资金、技术、人才，同时，对农民进行岗前培训、再教育，了解掌握农产品加工的专业知识，开阔视野，把握国内外市场行情，打造出不同的特色品牌，打造出符合区域条件，具有区域特点的农业产品产业链，形成具有中国特色的农业产业链体系。这样农产品就可以就地加工，解决农业产品的销售问题，农民进入加工企业，解决农民细分工、再就业和增加收入问题，生产出高质量、高品位、品牌好的产品，满足市场需求，解决人们生活消费问题。

政府、"龙头"根据市场信息，引领、指导农民生产农业产品，农民按照市场信息需求生产农业产品，农民把农产品以物质入股的形式储运，由政府扶持"龙头"组织兴办的农产品加工乡镇企业进行加工，"龙头"一方面组织培训农民按标准对农产品进行加工生产，另一方面引进技术、人才，进行科学的生产管理。农产品通过加工增值，形成品牌产品，再进入市场，进行营销，最后把加工过的农产品销售给消费者，加工企业得到销售总额，乡镇农产品加工企业扣除各种成本、费用，"龙头"、农民等再进行合理的分红（见图5-3）。

比如，河南省冬小麦产区，每年产量占全国小麦总产量的四分之一。在当地政府加上其他单位、团体帮助下，该省兴办了三全、思念、大象等以冬小麦为原料的加工企业。加工企业购买当地冬小麦，吸纳当地农民进厂生产，生产出三全、思念牌汤圆、水饺等系列知名品牌产品，销往全国各地，满足国内外市场的需求。

2015年"中央一号文件"提出："推进农村一二三产业融合发展。增加农民收入，必须延长农业产业链、提高农业附加值。"延长农业产业链，就是要改变原来农业产业链的环节，即在农业产业链中增加增值环节，由"农产品—加工企业"或"农产品—销售企业"等简单的销售（供应）一次性结束交易的链条，向"农产品—农民参与的加工—销售"延长等链条

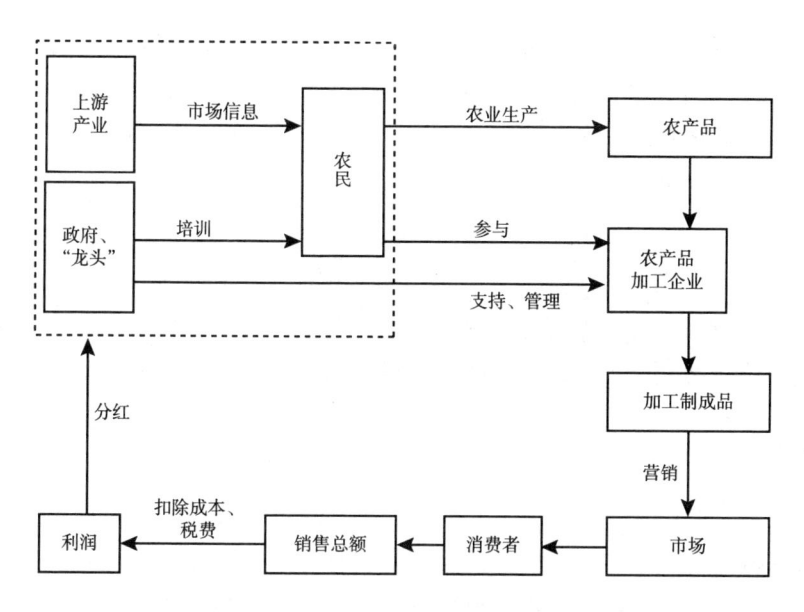

图 5-3 农业产业化加工流程

转变，这种延长链条在其增加附加值的过程中应有农民的参与，比如运输、装卸、分类、包装等活动，这能让农民获得更多的利益，也是工业反哺农业的义举。延长农业产业链，提高农业附加值，就必须增加相对应的产业链环节。一方面需要政府、"龙头"企业、中介组织等的支持。另一方面要注意农业产业链的一般性和特殊性，比如，生鲜农产品和大宗农产品的产业链，在组织形式，技术等层面上有很大的不同，企业需选择不同的产业链形式，另外还需技术、人才、资金等投入。这样一来，"龙头"将会付出巨大的艰辛，应在资金使用、技术运用、培训农民科学管理、利益分成等方面做好统筹安排。

我国地域辽阔，各地区农产品差异很大，各地区发展各种特色的农产品加工企业，形成不同的农业产业链，连成片，形成网，就必然会形成独具中国特色、完备的农业产业链体系。

第五节 农业产业结构调整优化内容三者之间的关系

国家政府根据国内外局势、国内外市场的需求状况和国计民生等情况，分别制定了农业产品结构调整优化、农业布局结构调整优化和农业产业链结构调整优化的有关政策，因而，农业产品结构就必须按照市场需求进行调整优化，生产出高质、高量、符合国家需要、能满足市场需求的产品，并且为农业产业链提供原料。农业产业链按照国家的需要进行拓展、延长，进行农业产业链的调整、优化和升级，并按照市场需求对农产品进行初加工、精加工，满足市场需求。同时，农业产业布局根据国家政策对农业产品结构调整优化和农业产业链调整优化进行合理地规划，合理布局，使之建立合理的规模，在一定程度上节约成本，提高效益。

具体来讲，通过农业产品结构合理的调整优化，则可以生产出高产量、高质量的农业产品，满足人们的需求；通过合理的农业布局结构调整优化，则会对农业生产、农业产品结构进行合理规模的布局，有利于降低成本、提高效率、防止污染，保证农产品及其加工品的质量安全；通过农业产业链的延伸、优化性的调整优化，形成完备的农业产业链体系，就可以提高农产品的竞争力，增加农产品附加值，为农民提供非农业就业机会，增加农民收入等。三者统一于农业产业结构调整优化，为农业经济的整体发展服务，为社会创造出经济效益、社会效益和生态效益。农业产业结构调整优化内容中三者的关系见图 5-4。

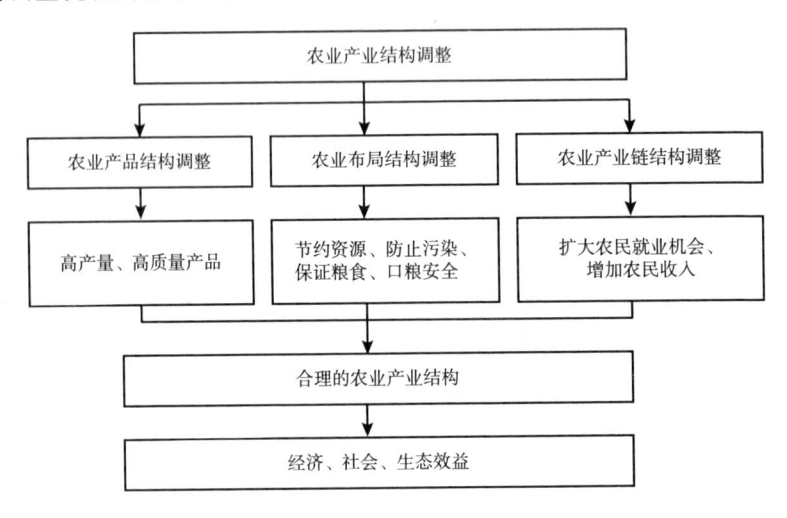

图 5-4 农业产业结构调整内容三者的关系

第六节 本章小结

　　人们认识事物的角度不是一成不变的，有时从不同的角度看问题，则会发现有不同的发现问题、分析问题、解决问题的思路。本章在对农业产业结构调整优化一般性认识的基础上，提出分别从农业产品结构、农业区域结构、农业价值链三个调整优化角度，来实现农业产业结构调整优化。并阐述了三者之间的关系和三者与农业产业结构调整优化之间的联系。合理的农业产品结构、农业区域结构，完备的农业价值链体系，则能为人们创造经济、社会、生态效益。

第六章
农业产业结构调整优化绩效的综合评价

农业产业结构调整、优化和升级，是对农业生产要素资源及影响因素合理的排列组合，是对农业生产、农业经济发展的一系列创新，其包括技术创新和制度创新。对农业产业结构的调整优化不应是盲目的调整优化、瞎调整优化、乱调整优化，应该根据实际情况采取科学的方法进行合理的调整优化，应该有一定的目的性、目标性。因此，必须构建农业产业结构调整优化影响因素及其绩效的评价体系。

如何围绕农业产业结构调整优化建立起一套规范、科学的农业产业结构调整优化绩效评价体系，增强和调动广大农业产业结构调整优化工作者的热情，不断纠正农业产业结构调整优化的工作失误，把农业产业结构调整优化引入正确的路径，是实现农业产业结构调整优化预期目标的有效途径。

第一节 绩效及绩效评价

（1）绩效是在系统工程中要素为了达到一定的目标，而采取的各种措施、行为等所导致的结果。"绩效"，该词源于管理学，一般情况下，不同的人对之有不同的理解。就一个人来说，不同的环境下也有不同的理解。有时会认为，是指完成工作的效率与效能；有时会认为是指那种经过评估的工作方法、行为、方式、措施及其结果；更多时候认为绩效是指要素的工作结果，尤其是员工对企业的目标达成具有经济效益、具有企业贡献的部分。在农业产业结构调整优化过程中，绩效是指影响农业产业结构调整优化因素对农业经济效益的贡献、贡献率。

（2）绩效评价是在系统工程中，系统根据事先确立的标准及一定的评价程序，运用科学的评价方法（运筹学原理、特定指标体系、数理统计）、按照准备评价的内容和标准、按照规范的程序，通过定量（定性）对比分析，对被评价要素的工作业绩，进行定期和不定期、客观、公正和准确的综合评价。

第二节 农业产业结构调整优化绩效评价指标体系的设计原则

指标体系的科学性和系统性影响评价结果的准确度和可信度。因此，建立完善的评价指标体系，是确保农业产业结构调整优化绩效评价科学、合理、公正的重要保证与关键所在，在构建农业产业结构调整优化评价指标体系时，要充分把握农业产业结构调整优化的内涵与特征，结合农业产业结构调整优化的具体实际，恪守以下原则。

（1）导向性。农业产业结构调整优化绩效指标体系的设计应紧密结合农业产业结构调整优化的预期目标，通过指标选择，有计划地引导农业产业结构调整优化，促进农业产业结构调整优化目标的实现。

（2）全面性、科学性。农业产业结构调整优化绩效评价指标体系，原则上应包括全部反映农业产业结构调整优化绩效的主要指标，但是这在实践中是不可能达到的，并且没有必要。我们可以用一些综合指标，来代替一些紧密相关的指标，这样可以大大减少体系中指标的数目。同时，农业产业结构调整优化绩效评价指标体系，必须能够客观、全面地反映农业产业结构调整优化绩效的基本内涵，根据目前能够获取的统计数据的难易程度和可靠性，尽量选择那些有代表性的综合指标来设置。

（3）可操作性。农业产业结构调整优化绩效具有复杂性、综合性的特点，因此，在构建农业产业结构调整优化绩效评价指标体系的过程中，有的指标虽然在理论上有非常强的解释力，但是，在实际操作中指标数据难以取得。因此,农业产业结构调整优化绩效的各项指标数据应具有可采集性和可量化的特点,并尽可能简化。

(4)系统性。系统性原则要求农业产业结构调整优化绩效评价指标体系,与农业产业结构调整优化的战略目标的目的之间具有一致性。农业产业结构调整优化绩效评价的目的就是引导、帮助农业产业结构调整优化实现其战略目标,以及检验其战略目标实现的程度。因此,设定和选择农业产业结构调整优化绩效评价指标时,应从农业产业结构调整优化的战略目标出发,根据战略目标来设定和选择农业产业结构调整优化的绩效评价指标。

(5)农民主体性。农业产业结构调整优化的主体是农民,农业产业结构调整优化的根本目的在于增加农民的收入水平,所以,评价指标的选择要突出反映农民的全面与持续发展,体现农民分享现代农业发展成果的状况与程度。

(6)重要性。重要性原则是指所建立的指标要精练,能切中要害,各个指标的功能要尽量避免重复。过少的指标不能全面评价农业产业结构调整优化绩效,过多的指标会导致指标体系过于烦冗,不利于农业产业结构调整优化绩效评价工作的展开,还会增加分析评价成本。因此建立指标体系时要做到坚持重要性原则,尽量避免信息的重叠,达到少而精。

第三节 农业产业结构调整优化绩效评价方法的选择

由于单项指标无法实现横向或纵向比较,因而必须采用多指标体系综合评价的方法。多指标体系综合评价方法是把反映被评价对象的多个指标的信息综合起来,得到一个综合指标,由此来反映被评价对象的整体状况,并进行横向和纵向比较,使得评价结果既具有全面性又具有综合性。从国际上来看,主流绩效评价的多指标综合评价方法主要有层次分析法、神经网络评价法、因子分析法、主成分分析、模糊综合评价法、多目标决策、数据包络分析法等,但每一种综合评价方法都有自己独特的特点。面对如此之多的绩效综合评价方法,我们需要通过对各种绩效综合评价方法的评价和分析,根据研究目的选择一个适合农业产业结构调整优化绩效综合评价的方法和模型。

（一）层次分析法（Analytic Hierarchy Process，AHP）

层次分析法是美国运筹学家萨迪（T. L. Satty）在20世纪70年代提出的一种有效处理那些错综复杂、模糊不清的相互关系如何转化为定量分析的方法。它把一个复杂问题分解成一个有序的递阶层次结构，然后利用人们的判断对决策方案的优劣或影响因素的重要程度进行判断和排序，通过对定量和非定量因素进行统一度量，将人的经验和判断以数量形式表达和传递，进而完成多因素复杂问题的系统化处理。该方法的基本原理如下：把复杂问题分解成各个组成元素，构造一个各元素之间相互联结的层次结构；根据层次结构，来确定每一层中各元素之间的相对重要性；检验判断逻辑的一致性，进而通过排序结果对问题进行分析决策。

层次分析法的优点：①适用于主观信息和不确定性的情况，还允许以合乎逻辑的方式运用经验、洞察力和直觉；②对一些较为复杂、较为模糊的问题做出决策的简易方法，它特别适用于那些难以完全定量分析的问题；③提出了层次本身，它使得能够认真地考虑和衡量指标的相对重要性；④是系统工程中对专家的主观性判断做客观性描述的一种较为有效方法，在目标结构复杂，且缺乏必要数据的情况下，这种方法更为实用。但此法不能为决策提供新方案[206]。因此，层次分析法不适合农业产业结构调整优化绩效的综合评价。

（二）模糊综合评价法（Fuzzy Comprehensive Evaluation Method）

模糊综合评价法是通过应用模糊数学的基本原理，把定性评价逐步转化成定量评价的一种评价方法，具有结果清晰、系统全面的特征，适合各种非量化性问题的解决。对受到多个因素影响的事物，按照一定的评判标准，给出事物获得某个评语的可能性，尽可能地避免了主观因素给考核结果带来的偏差。由于各项指标的重要程度并不完全一样，所以还必须给出它们的隶属度在分配上的不同权重。模糊综合评价方法的基本步骤为：确定评价指标集、建立评语集、确定指标权重、确定指标的隶属度、计算评价值。但此法难以量化问题，因此，模糊综合评价法不适合农业产业结构调整优化绩效的评价。

（三）平衡计分卡（Balanced Score Card，BSC）

平衡计分卡是哈佛商学院著名教授罗伯特·S.卡普兰和大卫·P.诺顿1992年在研究"未来的组织绩效测量方法"之后提出的，它首次将学习能力和创新能力作为企业绩效评价的指标，从而使企业有了一套综合性的绩效评价指标体系。平衡计分卡从四个维度来考核组织及其人员，从而增强平衡计分卡的使用，即：顾客角度、财务角度、内部业务流程、学习与创新角度，这四个维度之间相互影响，形成了一个较为完整的企业绩效评价体系。平衡计分卡是围绕企业的长远规划，制定与企业目标紧密联系、体现企业成功关键因素的财务指标和非财务指标而组成的业绩衡量系统。平衡计分卡认为组织的战略实现，必须关注上述四方面的要素，这样可以避免组织将评价指标过分集中在某一方面的弊端。平衡计分卡的提出，改变了以往单独依靠财务指标评价企业绩效的方式，代表着企业进入了创新绩效评价体系，在绩效评价研究领域中具有里程碑的意义。作为一种战略业绩管理及评价工具，平衡计分卡方法的评价指标全面，综合了财务指标与非财务指标、定性指标与定量指标、企业发展的长期目标和短期目标、领先指标与滞后指标，因而能够用来衡量企业整体的、长期的经营业绩。

平衡计分卡的优点：①打破了传统绩效考核方法财务指标一统天下的局面，强调了业绩管理与企业战略之间的紧密关系，实现了短期指标与长期指标的平衡，客观、真实、全面地评价企业绩效，是一个具有多维度的绩效考核体系；②各指标间的因果关系有力地保证了企业目标的实现，把目标结果与实现该目标结果的业绩相统一起来；③它实现了企业外部评价与内部发展的平衡，结果与过程的平衡，外部与内部的平衡，能够避免企业的短期行为；④变业绩衡量为业绩管理，与战略目标紧密相连，动态地进行业绩管理；⑤它符合财务评价和非财务评价并重的业绩评价体系的设置原则，实现了财务指标与非财务指标的平衡；⑥促使企业内部各部门加强沟通合作，共同实现战略目标。

平衡计分卡绩效评价方法的缺点：①涉及大量绩效指标的取得和分析，是一个复杂的过程；②实施成本昂贵，需要投入的人力、物力和财力比较大；③难以对非财务指标进行量化和考评；④适用于不同时期的纵向比较，不利于同时期的横向比较；④对指标权重设置模糊，评价结果可能不大合理。由于其中的财务指标和非财务指标较难通过公开披露的途径获得数据信息，因而平衡计分卡业绩评价模式难以在农业产业结构调整优化绩效的评价中运用。

(四) 经济增加值 (Economic Value Added, EVA)

经济增加值又称经济利润,是20世纪90年代美国学者Stewart提出,并由美国著名的思腾思特咨询公司 (Stern Stewart & Co.) 注册并实施的一套以经济增加值理念为基础的企业业绩评价方法,是企业价值模式中较为成熟的一种方法。该方法是基于税后营业净利润和产生这些利润所需资本成本的差额来评价企业绩效。计算得到的"差额",即是企业每年创造的经济增加值,用于衡量企业生产经营的增加价值,其目的在于促使公司经营者,以股东价值最大化作为行为准则,谋求企业战略目标的实现。

$$EVA = NOPAT - WACC * IC = (ROIC - WACC) * IC$$

其中,$NOPAT$ 为税后净经营利润,$ROIC$ 为税后投入资本回报率,$WACC$ 为加权平均成本,IC 为投入成本。

当 $EVA < 0$ 时,说明企业耗损股东财富;$EVA = 0$ 时,说明企业恰好维持股东原有财富;$EVA > 0$ 时,说明企业为股东增加了额外财富。

经济增加值绩效评价方法的优点:① EVA 产生的基础是"共同治理",避免了公司仅为股东服务的缺陷;② EVA 能正确地把代表投资的现金费用作为资本而非当期支出处理,确保 EVA 计算的合理性和准确性;③ EVA 能将股东利益与经营者业绩紧密联系在一起,避免决策次优化,具有战略性高度;④有利于内部财务管理体系的统一,避免决策和执行的冲突;⑤ EVA 能够较好地解决上市公司分散经营中的问题。

经济增加值绩效评价方法的缺点:①作为单一的财务指标,对于涉及企业获竞争优势的一些非财务指标,如人力资本和无形资产,并不能通过 EVA 方法合理地反映;② EVA 仍然属于财务指标的范畴仍然不能克服财务指标本身所具有的局限性;③由于 EVA 是会计估计值,因此,它的准确性仍依赖于会计信息披露的一整套制度;④ EVA 是以绝对数形式表示的指标,因而不能被用作规模不同的企业业绩直接比较;⑤ EVA 评价体系仍是以投资者为核心利益主体的绩效评价体系,对其他利益相关者的利益并不关心和保护,因此,在实践中也很难调动其他利益相关者的积极性。因而 EVA 绩效评价模式难以在农业产业结构调整优化绩效的评价中运用。

(五) 数据包络分析法 (Data Envelopment Analysis, DEA)

数据包络分析法是由 A. Charnes 和 W. Cooper 等人1978年提出数理经

济学、运筹学和管理科学交叉研究的一种新方法和新领域。数据包络分析法（DEA）属于运筹学研究的领域，它主要采用数学规划方法，利用观察到的有效样本数据，对具有多投入和多输出特征的相同类型的评价单元（DMU）进行效率评价的一种方法，对具有可比性的同类型的单位进行相对有效性评价的一种数量分析方法。其基本思想是把每个被评价对象作为一个决策单元（DMU），将待评价的多个DMU构成一个群体，通过对投入、产出比率的综合分析，确定有效生产前沿面，根据各DMU与有效生产前沿面的距离，确定各DMU的数据包络分析有效性[207]。

数据包络分析的优点：①无须事先人为设定指标权重，也不用人为假定各种函数的形式以及对参数进行估计和检验，使评价得出的结论更具有客观性；②DEA方法在评价多输入、多输出的若干具有同质投入产出生产部门的相对效率时，具有明显的优势；③能够为主管部门提供相关信息，通过对各决策单元的评价，可以了解各单元效率的高低，并对无效单元采取优化措施，同时，也可对单元的规模是否合理进行判定，并对没有达到最佳规模的单元提出改进建议，这些结果均为决策者提供了丰富的管理信息；④DEA是对相对有效率的评价，不用考虑量纲的问题[208]。

数据包络分析的缺点：由于DEA以投入产出两个对应概念为基础构建评价模型，而农业产业结构调整优化绩效评价各方面的指标并不容易明确地对应到这两个经济学概念上，因此，DEA分析方法不适合农业产业结构调整优化绩效评价。

（六）因子分析法（Factor Analysis）

因子分析法是研究如何将多指标问题转化为较少的新的指标问题，并且这些新的指标既不彼此相关，又能综合反映原来多个指标的信息，是原来多个指标的线性组合。综合后的新指标称为原来指标的主成分。即用少数几个因子去描述许多指标或因素之间的联系，即根据相关性大小把原始变量分组，使得同组内的变量之间相关性较高，而不同组的变量间的相关性则较低。每一组变量就成为一个因子（之所以称其为因子，是因为它是不可观测的，即不是具体的变量），以较少的几个因子反映原材料的大部分信息。目前该方法被广泛应用于多个领域，实践证明它是研究指标问题的一种有效方法。

因子分析法虽然有很多优点，但反映结果与原信息存在着偏差。因此，因子分析法不适合农业产业结构调整优化绩效评价。

（七）德尔菲评价方法

德尔菲方法（Delphi Method）是在20世纪40年代由赫尔默（Helmer）和戈登（Gordon）首创，美国兰德公司为避免集体讨论存在的屈从于权威或盲目服从多数的致命缺陷，首次用这种方法进行定性预测，后来逐渐被广泛采用。德尔菲法依据系统的程序，对研究对象的发展趋势和状态进行调查、分析和判断。采用匿名发表意见的方式，即专家之间不互相讨论，不发生横向联系，只能与调查人员发生关系，通过多轮次调查专家对问卷所提问题的看法，经过反复征询、归纳、修改，最后汇总成专家基本一致的看法，作为预测的结果。德尔菲法不受样本是否有数据作为支撑的限制，适用的范围非常广。

德尔菲评价方法虽然有能充分发挥各位专家的作用，准确性比较高，各抒己见，取诸家之长，避个人之短，开诚布公，不徇私情，人权平等的优点，但其还有受专家主观因素的影响，费时等缺点。因此，农业产业结构调整优化绩效评价无法使用这种方法。

（八）灰色系统理论（Grey Theory）[210]

农业产业结构调整优化绩效的评价，在目前理论界和实践界都还没有公认的科学评价方法。同时，农业产业结构调整优化绩效评价应该用一系列指标来衡量，这一系列指标体系如何进行综合，也是目前绩效评价中亟须解决的问题。其实，农业产业结构调整优化的绩效特征与评价难点，归纳起来无非是信息不完全、信息不确定、数据有限、影响因素错综复杂且所利用的信息是不完备的，作为评价对象的农业产业结构调整优化绩效具有典型的灰色性。农业产业结构调整优化的作用，比如保证粮食安全、增加农民收入、促进农业产业发展等是已知的，但有更多的作用是未知的，也就是呈现灰色性。因此对农业产业结构调整优化绩效的评价可以移植灰色系统决策理论来进行研究。就农业产业结构调整优化绩效而言，灰色系统理论不仅克服了其他业绩评价方法中的不足，而且有利于提高评价结果的可信性。因此，本书在建立合理评价指标的基础上，尝试将灰色局势决策模型运用于农业产业结构调整优化绩效综合评价与分析中，以有效地弥补现有绩效评价方法的不足，使评价结果更为客观、准确。

第四节 农业产业结构调整优化绩效评价指标的选择

构建科学的农业产业结构调整优化绩效评价体系,既是规范政府农业产业结构调整优化政策的必然要求,也是提高农业产业结构调整优化绩效的现实选择。在确立农业产业结构调整优化评价指标时,按照指标数量宜少不宜多、计算方法宜简不宜繁的原则,精心设计,并优先考虑统计数据。在参考国内外相关研究成果基础上,进行严格筛选,构建了农业产业结构调整优化的评价指标体系。农业产业结构调整优化绩效评价面临的主要问题是,农业产业结构调整优化实现目标的多元化,这增加了绩效评价的难度。

农业产业结构调整优化绩效评价指标的选择,是农业产业结构调整优化绩效实证评价最为关键的环节之一。本书对指标的选取,是建立在对大量文献的阅读和对农业产业结构调整优化内涵理解的基础上,参考和研究国内外比较有影响、实践运用中较好的指标体系,并结合我国农业产业结构调整优化现状进而制定的。

一 农业产业结构调整优化目标之一——粮食安全

农业产业结构调整优化的目的是促进农民增收、农业增效以及农业的可持续发展。但是随着农业产业结构调整的逐渐深入,由于比较利益原则和价值规律的作用,以发展非农产业为主基调的经济增长模式,使农业产业结构调整优化和具有经济社会双重效应的粮食安全问题之间的矛盾日益突出。长此以往,必然会威胁到我国的粮食安全。保证粮食安全就是确保所有的人在任何时候,都能买得到又能买得起他们需要的基本食品。众所周知,粮食是人类生存最基本的生活消费品,是国民经济发展的基础,粮食生产是国家生存与发展的一个永恒的主题,粮食安全是关系到区域和国家稳定的重大问题。保障粮食安全是各国政府关心的重要任务,也越来越成为一个社会关注的热点问题。历史经验也告诉我们,如果粮食数量出现问题,则将对整个国家的经济社会的发展,产生直接的危害,20世纪60年代,三年自然灾害,90年代"粮价暴涨",都对我国整个国民经济造成了严重的影响,前车之鉴,刻骨铭心。粮食既是商品又是战略物资,粮食安全,对于一个13亿人口大国意义非凡[211]。在粮食需求方面,由于我国人口的增长,工业的迅速发展趋势不可逆转,粮食消费需求,原料需求刚性增长的趋势不可逆转,我国人多地少,自然灾害多,资源短缺等因素都制约了农产品的产出增长。随着经济结构转变的加速和产业结构的高级化,粮食供需缺口将难以避免,而这又可能反作用于产业结构的升级和粮食安全工作的开展。从2004年开始,我国已经从粮食净出口国变为粮食净进口国,这意味着我国的粮食安全已经成为我国经济安全的重要隐患。我国通过进口一部分粮食用于弥补国内不足是可以、也是合理的,但作为一个独立自主的社会主义大国,靠大量进口粮食满足中国粮食需求既不可能、不现实,也是不经济的。另外,粮食是生活必需品,中国的粮食供给完全受制于人,一旦国际政治发生动荡,我国将处于极为不利的地位。尤其是我国加入 WTO 之后,粮食安全问题便是与国际农产品市场紧密联系在一起,成为一个随时面临各种不确定性因素,随时需要确定和调整优化应对策略的重要领域。因此,从战略意义上讲,中国的粮食问题,主要还是应当依靠自己的力量来解决。农业产业结构调整优化使粮食产量和品质得到大幅度提高,从而可以提供更多的人力、物力以及土地资源用于发展经济作物或其他农作物,进一步促进农业产业结构调整优化。如何使之协调,便成了中国农业发展面临的巨大难题。中国粮食安全与产业结构调整优化的协调发展应体现在粮食过关等方面。为此体现产业结构调整优化与粮食安全协调发展的评价指标体系应包括:土地产出率,劳动生产率,市场竞争力,流通加工率,粮食自给率,粮食商品率,粮食资源与生态环境保护率。结合统计年鉴的已有数据,本书采用粮食自给率作为粮食安全的替代指标(Index)。

Index1(指标1):粮食自给率 = 国内粮食自给数量/国内粮食需求数量。

二 农业产业结构调整优化目标之二——经济效益

(一)农民收入

农民收入问题不仅是重大的经济问题,而且也是重大的政治问题,党和政府历来高度重视。连续多年的"中央一号文件"强调调整优化农业产业结构，实现农业增产、农民增收。因为农业发展进入新阶段后，我国把农业结构调整优化作为农民增收的重要途径。本书认为，在各类农民家庭收入中，家庭经营性收入与农户生产经营活动联系最为密切，农村居民家庭人均经营性纯收入的提高，是农业经济发展的直接成果和最终体现。因此，提高农民家庭人均经营性纯收入水平，实现其持续、稳定、快速增长，是优化农业产业结构的出发点和落脚点。王海全[212]对1985~1999年，我国农业结构变动对农民人均纯收入增长的影响分析，表明农业结构调整优化与农民农业收入增长之间具有高度的相关性。陈婷婷[213]实证分析了1990年以来安徽省农业结构调整优化对农民收入的效应，结果表明农业生产结构调整优化对提高农民收入有直接的影响，它们之间存在着非常明显的互动关系。赵连武、谢永生、王继军、刘涛、何毅峰、李文卓[214]研究发现农业产业结构与农民收入之间有着密切的关系，合理的农业产业结构能实现各种资源的优化配置，推动农业和农村经济发展、增加农民收入、保证农村社会经济持续发展。杨烨军、宋马林[215]运用 Granger 因果检验，研究了江苏省农村产业结构调整优化与农民收入增长的关系，得出农村产业结构调整优化促进了农民收入增长的加快。张瑞黎、黄明风[216]根据新疆1978~2008年的数据，建立线性函数模型，实证分析了新疆农业内部结构的变动与农民农业收入增长的相关性，结果表明农业结构调整优化对提高农民收入有直接的影响，牧业和林业对农业人均收入的贡献率比较大，增大牧业和林业比重有利于促进农民收入增加。本书将农村居民家庭人均纯收入作为农民收入的替代变量。

Index2（指标2）：农村居民家庭人均纯收入。

（二）农业产量

实证研究发现，实现农业经济的持续、稳定、快速增长，是农业产业结构调整和优化的最终目的。农业总产值年增长率，是反映农业产业结构调整优化对农业总产量增长整体作用的关键指标[217]。结合统计年鉴的已有数据，本书采用农业增加值年增长率作为农业产量的替代指标。

Index3（指标3）：农业增加值年增长率=（当年农业增加值-上一年农业增加值）/上一年农业增加值。

三 农业产业结构调整优化目标之三——资源配置

(一) 土地复种指数

随着工业化和城市化进程的不断推进，短缺的耕地资源和不断增加的人口之间的矛盾将日趋尖锐。据预测，我国人口仍在以每年 1400 万的速度增加，而耕地在以每年 50 万~80 万公顷的速度减少，到 21 世纪中叶，我国人口将达到 16 亿，人多地少的矛盾会更加突出，我国粮食供求趋紧的状况仍将存在。因此我们必须大力提高复种指数，合理安排农、林、牧、渔四部门以及部门内部的比例关系，用有限的土地资源，实现更大的产出。

Index4（指标4）：土地复种指数 = 全年播种（或移栽）作物的总面积/耕地总面积。

(二) 农村就业人员中从事非农产业所占比重

我国劳动力过剩，具体表现在，一是有些地区人多地少；二是农业人才不足，造成农业劳动力浪费，为了合理地利用农村劳动力资源，则要建立农村劳动力市场，转化农村劳动力。因此，农村劳动力中从事非农产业所占比重是衡量农业产业结构合理与否的又一重要指标。

Index5（指标5）：农村就业人员中从事非农产业所占比重 = 农村从事非农业人员/农村从业人员。

四 农业产业结构调整优化目标之四——市场需求

随着人们对农产品需求的与日俱增，大部分农产品由卖方市场走向买方市场，市场充分发挥其调节资源的作用。

(一) 农产品生产价格指数与农业生产资料价格指数的比值

农产品生产价格指数（即农产品收购价格指数）是反映一定时期内，农产品生产者出售农产品价格水平变动趋势及幅度的相对数。农业生产资料价格指数是反映一定时期内农业生产资料价格变动趋势和程度的相对数。尽管农产品价格的上升有利于增加农民收益，但与此同时，农产品价格变动的大小往往受农业生产资料价格的影响，农业生产资料价格的上涨也会影响农民的收入。只通过农产品生产价格指数测评农业结构调整优化效果，往往不准确。在农产品生产价格指数的基础上剔除农业生产资料价格指数的变动，才能准确地衡量农产品价格的相对涨幅，进而有效地反映农业结构调整优化的效果。

Index6（指标6）：农产品生产价格指数与农业生产资料价格指数的比值＝农产品生产价格指数／农业生产资料价格指数。

（二）农产品商品率

农产品生产的市场化，是社会主义市场经济发展的必然要求。随着市场化农业的发展，更多的农业生产者和管理者开始思考如何多渠道地拓展农产品的市场空间，提高农产品生产的商品率，从而提高农业生产的土地回报率，达到有效增收的目的。农产品商品率是反映一个国家或一个地区农业生产发展水平和商品性生产发展程度的重要标志，也是农业从自给性生产方式向商品经营方式转化的重要指标。

Index7（指标7）：农产品商品率＝农村居民家庭人均出售农产品数量／农村居民家庭人均农产品生产数量。

第五节 农业产业结构调整优化绩效评价指标数据来源

农业产业结构调整优化绩效评价指标数据来源于《中国统计年鉴》、《中国农业年鉴》以及相关政府网站，并在加工整理的基础上而得。

第六节 农业产业结构调整优化绩效灰色综合评价

农业产业结构调整优化绩效综合评价，是指将全国农业产业结构调整优化的绩效作为一个整体，采用灰色系统决策理论进行评价。借鉴近年来国内外学者对农业产业结构调整优化绩效研究的理论成果，结合我国农业产业结构调整优化实践过程中取得的经验，以国家统计局1982～2012年《中国统计年鉴》和中国农业信息网为数据来源，搜集1981～2011年的数据指标为：粮食生产量（万吨）、粮食出口数量（万吨）、粮食进口数量（万吨）；农村居民家庭人均纯收入（元）；第一产业增加值（亿元）；农产品生产价格指数、农业生产资料指数；农林牧渔业从业人员（万人）、乡村从业人员（万人）；农村居民人均农产品出售量（公斤）、农产品产量（万吨）；农作物总播种面积（千公顷）、农村居民家庭经营耕地面积（亩／人）、乡村人口（万人）、耕地总面积（亿亩）。在此基础上，计算出粮食自给率、农村居民家庭人均纯收入、农业增加值年增长率、农产品生产价格指数与农业生产资料价格指数的比值、农村就业人员中从事非农业人员比重、农产品商品率、土地复种指数的数值,见表6-1。移植灰色系统决策理论综合评价农业产业结构调整优化绩效。

表6-1 1981~2011年农业产业结构调整优化绩效选取比率

年份	粮食自给率	农村居民家庭人均纯收入(元)	农业增加值年增长率	土地复种指数	农村就业人员中从事非农业人员比重	农产品生产价格指数与农业生产资料价格指数的比值	农产品商品率
1981	0.9600	223.4	0.1370	11.5617	0.0611	1.3966	0.0424
1982	0.9598	270.1	0.1398	11.4018	0.0801	1.4007	0.0558
1983	0.9712	309.8	0.1131	1.3397	0.0878	1.4198	0.1461
1984	0.9834	355.3	0.1707	1.2518	0.1191	1.3559	0.1647
1985	1.0088	397.6	0.1072	1.2328	0.1811	1.4050	0.1614
1986	1.0043	423.8	0.0875	1.2293	0.1980	1.4787	0.1779
1987	0.9784	462.6	0.1593	1.2255	0.2085	1.5478	0.1735
1988	0.9797	544.9	0.1956	1.2163	0.2149	1.6384	0.1806
1989	0.9760	601.5	0.1036	1.1862	0.2076	1.5846	0.1871
1990	0.9826	686.3	0.1866	1.1829	0.2065	1.4630	0.1972
1991	0.9941	708.6	0.0554	1.1370	0.2067	1.3933	0.2120
1992	1.0043	784.0	0.0982	1.1903	0.2229	1.3893	0.2050
1993	1.0132	921.6	0.1870	1.1182	0.2485	1.3808	0.1931
1994	1.0042	1221.0	0.3746	1.1144	0.2679	1.5885	0.2115
1995	0.9594	1577.7	0.2678	1.1301	0.2821	1.4950	0.1993
1996	0.9813	1926.1	0.1549	1.0809	0.2877	1.4371	0.1845
1997	1.0085	2090.1	0.0304	1.2190	0.2932	1.3793	0.2077
1998	1.0099	2162.0	0.0260	1.2329	0.2973	1.3428	0.1990
1999	1.0079	2210.3	-0.0032	1.2288	0.2982	1.2307	0.2105
2000	1.0236	2253.4	0.0118	1.2757	0.3162	1.1972	0.3115
2001	1.0119	2366.4	0.0560	1.2568	0.3271	1.2455	0.2506
2002	1.0269	2475.6	0.0479	1.2404	0.3408	1.2356	0.2552
2003	1.0485	2622.2	0.0511	1.2442	0.3617	1.2721	0.1459
2004	0.9895	2936.4	0.2319	1.2219	0.3843	1.3009	0.1373
2005	1.0081	3254.9	0.0470	1.1815	0.4051	1.2180	0.1584
2006	1.0051	3587.0	0.0723	1.1408	0.4229	1.2144	0.1608

续表

年份	粮食自给率	农村居民家庭人均纯收入（元）	农业增加值年增长率	土地复种指数	农村就业人员中从事非农业人员比重	农产品生产价格指数与农业生产资料价格指数的比值	农产品商品率
2007	1.0169	4140.4	0.1908	1.1207	0.4432	1.3362	0.1534
2008	1.0006	4760.6	0.1773	1.1249	0.4548	1.2673	0.1521
2009	0.9967	5153.2	0.0452	1.0953	0.4664	1.2686	0.1575
2010	0.9919	5919.0	0.1507	1.0941	0.4799	1.3673	0.1406
2011	0.9926	6977.3	0.1715	1.0933	0.4904	1.4311	0.1375

资料来源：《中国统计年鉴》和中国农业信息网。

之所以采用1981~2011年31年的数据是因为：①从1978年三中全会开始，我国政府在全国农村范围内推行家庭联产承包责任制，1980年底，在全国范围内，各地农村基本都实行了家庭联产承包责任制，各地农村农业生产的发展迎来了新纪元；②研究我国农业产业结构调整优化所需要的数据需要有连续性，不仅农业如此，而且其他行业也是这样，我国如此，其他国家也是如此；③从模型方法上，也需要考虑数据的连续性，1981~2011年，我国农业产业政策方向是稳定的，这些数据反映了政策等相关因素的状况是可取的；④还需要加强近期数据的研究，只不过在本书完稿时，新的数据还没有出来，之后可以进一步补充。

灰色系统理论所采用的指标分为：正指标，即极大值指标，其数值越大表明农业产业结构调整优化的绩效越好；适中指标，即指标值不能太大也不能太小，适中表明农业产业结构调整优化的绩效最佳；逆指标，即极小值指标，在一定范围内与农业产业结构调整优化的绩效负相关。

（一）分析事件

"选择农业产业结构调整优化绩效最好的年度"记为事件x，则事件集为$X = \{x\}$；

（二）对策

选择1981年、1982年、1983年、…、2010年、2011年分别记为对策$year_1$，$year_2$，$year_3$，…，$year_{30}$，$year_{31}$，则对策集$Y = \{year_1, year_2, year_3, …, year_{30}, year_{31}\}$。

（三）构造局势

局势集 $S = \{S_j = (x, year_j | x \in X, year_j \in Y)\} = \{S_1, S_2, S_3, \cdots, S_{30}, S_{31}\}$，其中，$j = 1,2,3,\cdots,31$。即：

$S_1 = (x, year_1) = \{$选择农业产业结构调整绩效最好的年度,年度1981$\}$；

$S_2 = (x, year_2) = \{$选择农业产业结构调整绩效最好的年度,年度1982$\}$；

$S_3 = (x, year_3) = \{$选择农业产业结构调整绩效最好的年度,年度1983$\}$；

……

$S_{30} = (x, year_{30}) = \{$选择农业产业结构调整绩效最好的年度,年度2010$\}$；

$S_{31} = (x, year_{31}) = \{$选择农业产业结构调整绩效最好的年度,年度2011$\}$。

（四）确定决策目标

目标1：粮食自给率；

目标2：农村居民家庭人均纯收入；

目标3：农业增加值年增长率；

目标4：土地复种指数；

目标5：农村就业人员中从事非农业人员比重；

目标6：农产品生产价格指数与农业生产资料价格指数的比值；

目标7：农产品商品率。

利用表6-1提出的七项指标进行评价与分析，选择农业产业结构调整优化绩效最好的年度。

（五）给出各局势在不同决策目标 $p(p = 1,2,\cdots,7)$ 下的效果样本值

根据上表中所示的各项评价指标值，可得：

$u^{(1)}(u_1^{(1)}, u_2^{(1)}, u_3^{(1)}, \cdots, u_{30}^{(1)}, u_{31}^{(1)}) = (0.9600, 0.9598, 0.9712, \cdots, 0.9919, 0.9926)$；

$u^{(2)}(u_1^{(2)}, u_2^{(2)}, u_3^{(2)}, \cdots, u_{30}^{(2)}, u_{31}^{(2)}) = (223.4, 270.1, 309.8, \cdots, 5919.0, 6977.3)$；

$u^{(3)}(u_1^{(3)}, u_2^{(3)}, u_3^{(3)}, \cdots, u_{30}^{(3)}, u_{31}^{(3)}) = (0.1370, 0.1398, 0.1131, \cdots, 0.1507, 0.1715)$；

$u^{(4)}(u_1^{(4)}, u_2^{(4)}, u_3^{(4)}, \cdots, u_{30}^{(4)}, u_{31}^{(4)}) = (11.5617, 11.4018, 1.3397, \cdots, 1.0941, 1.0933)$；

$u^{(5)}(u_1^{(5)}, u_2^{(5)}, u_3^{(5)}, \cdots, u_{30}^{(5)}, u_{31}^{(5)}) = (0.0611, 0.0801, 0.0878, \cdots, 0.4799, 0.4904)$；

$u^{(6)}(u_1^{(6)}, u_2^{(6)}, u_3^{(6)}, \cdots, u_{30}^{(6)}, u_{31}^{(6)}) = (1.3966, 1.4007, 1.4198, \cdots, 1.3673, 1.4311)$；

$u^{(7)}(u_1^{(7)}, u_2^{(7)}, u_3^{(7)}, \cdots, u_{30}^{(7)}, u_{31}^{(7)}) = (0.0424, 0.0558, 0.1461, \cdots, 0.1406, 0.1375)$。

（六）确认目标极性，计算不同目标的效果测度

①对极小值目标 p，按下限效果测度计算有：

$$r_{ij}^{(p)} = \frac{\min_i \min_j u_{ij}^{(p)}}{u_{ij}^{(p)}}$$

由于 $X = \{x\}$，即事件集固定，上式可简化为：

$$r_j^{(p)} = \frac{\min_j u_j^{(p)}}{u_j^{(p)}}，其中 j = 1,2,3,\cdots,31;$$

由于上表指标中没有极小值目标，p 不取任何值，故不再计算。

②对适中值目标 p，按适中效果测度计算有：

$$r_j^{(p)} = \frac{\min\{u_j^{(p)}, u_0\}}{\max\{u_j^{(p)}, u_0\}}，其中 j = 1,2,3,\cdots,31;$$

目标1：粮食自给率；目标3：农业增加值年增长率；分别属于适中值目标。

对于目标1：粮食自给率

$$u_0 = average(u) = \frac{1}{31}\sum_{j=1}^{31} u_j^{(p)} = \frac{1}{31}(0.9600 + 0.9598 + 0.9712 + \cdots + 0.9919 + 0.9926)$$
$$= 0.9968$$

效果测度计算

$$j = 1 \text{ 时}, r_1^{(1)} = \frac{\min(0.9600, 0.9968)}{\max(0.9600, 0.9968)} = 0.9600/0.9968 = 0.9631;$$

$$j = 2 \text{ 时}, r_2^{(1)} = \frac{\min(0.9598, 0.9968)}{\max(0.9598, 0.9968)} = 0.9598/0.9968 = 0.9629;$$

$$j = 3 \text{ 时}, r_3^{(1)} = \frac{\min(0.9712, 0.9968)}{\max(0.9712, 0.9968)} = 0.9712/0.9968 = 0.9744;$$

……

$$j = 30 \text{ 时}, r_3^{(1)} = \frac{\min(0.9919, 0.9968)}{\max(0.9712, 0.9968)} = 0.9919/0.9968 = 0.9951;$$

$$j = 31 \text{ 时}, r_{31}^{(1)} = \frac{\min(0.9926, 0.9968)}{\max(0.9926, 0.9968)} = 0.9926/0.9968 = 0.9958。$$

所以 $r^{(1)}[r_1^{(1)}, r_2^{(1)}, r_3^{(1)}, \cdots, r_{30}^{(1)}, r_{31}^{(1)}] = (0.9631, 0.9629, 0.9744, \cdots, 0.9951, 0.9958)$。

同理，对于目标3：农业增加值年增长率

$$u_0 = average(u) = \frac{1}{31}\sum_{j=1}^{31} u_j^{(p)} = \frac{1}{31}(0.1370 + 0.1398 + 0.1131 + \cdots + 0.1507 + 0.1715)$$

= 0.1240

效果测度计算

$$j = 1 \text{ 时}, r_1^{(3)} = \frac{\min(0.1370, 0.1240)}{\max(0.1370, 0.1240)} = 0.1240/0.1370 = 0.9051;$$

$$j = 2 \text{ 时}, r_2^{(3)} = \frac{\min(0.1398, 0.1240)}{\max(0.1398, 0.1240)} = 0.1240/0.1398 = 0.8870;$$

$$j = 3 \text{ 时}, r_3^{(3)} = \frac{\min(0.1131, 0.1240)}{\max(0.1131, 0.1240)} = 0.1131/0.1240 = 0.9121;$$

……

$$j = 30 \text{ 时}, r_{30}^{(3)} = \frac{\min(0.1507, 0.1240)}{\max(0.1507, 0.1240)} = 0.1240/0.1507 = 0.8828;$$

$$j = 31 \text{ 时}, r_{31}^{(3)} = \frac{\min(0.1715, 0.1240)}{\max(0.1715, 0.1240)} = 0.1240/0.1715 = 0.7230。$$

所以 $r^{(3)}(r_1^{(3)}, r_2^{(3)}, r_3^{(3)}, \cdots, r_{30}^{(3)}, r_{31}^{(3)}) = (0.9051, 0.8870, 0.9121, \cdots, 0.8828, 0.7230)$。

③对极大值目标 p，按上限效果测度计算有：

$$r_j^{(p)} = \frac{u_j^{(p)}}{\max u_j(p)}, \text{ 其中 } j = 1, 2, 3, \cdots, 31; p = 1, 2, 3, 4, 5, 6, 7。$$

目标 2：农村居民家庭人均纯收入；

目标 4：土地复种指数；

目标 5：农村就业人员中从事非农业人员比重；

目标 6：农产品生产价格指数与农业生产资料价格指数的比值；

目标 7：农产品商品率。

对于目标 2，效果样本有：

$u_1^{(2)} = 223.4, u_2^{(2)} = 270.1, u_3^{(2)} = 309.8, \cdots, u_{30}^{(2)} = 5919.0, u_{31}^{(2)} = 6977.3;$

$$\begin{aligned}\max u_j^{(2)} &= \max[u_1^{(2)}, u_2^{(2)}, u_3^{(2)}, \cdots, u_{30}^{(2)}, u_{31}^{(2)}] \\ &= \max(223.4, 270.1, 309.8, \cdots, 5919.0, 6977.3) \\ &= 6977.3\end{aligned}$$

效果测度计算得：

$$j = 1 \text{ 时}, r_1^{(2)} = \frac{u_1^{(2)}}{\max u_j^{(2)}} = \frac{223.4000}{6977.3000} = 0.0320;$$

$j = 2$ 时,$r_2^{(2)} = \dfrac{u_2^{(2)}}{\max u_j^{(2)}} = \dfrac{270.1000}{6977.3000} = 0.0387$;

$j = 3$ 时,$r_3^{(2)} = \dfrac{u_3^{(2)}}{\max u_j^{(2)}} = \dfrac{309.8000}{6977.3000} = 0.0444$;

……

$j = 30$ 时,$r_{30}^{(2)} = \dfrac{u_{30}^{(2)}}{\max u_j^{(2)}} = \dfrac{5919.0000}{6977.3000} = 0.8483$;

$j = 31$ 时,$r_{31}^{(2)} = \dfrac{u_{31}^{(2)}}{\max u_j^{(2)}} = \dfrac{6977.3000}{6977.3000} = 1.0000$。

所以 $r^{(2)}[r_1^{(2)}, r_2^{(2)}, r_3^{(2)}, \cdots, r_{30}^{(2)}, r_{31}^{(2)}] = (0.0320, 0.0387, 0.0444, \cdots, 0.8483, 1.0000)$。以此类推可得:

$r^{(4)}[r_1^{(4)}, r_2^{(4)}, r_3^{(4)}, \cdots, r_{30}^{(4)}, r_{31}^{(4)}] = (1.0000, 0.9862, 0.1159, \cdots, 0.0946, 0.0946)$;

$r^{(5)}[r_1^{(5)}, r_2^{(5)}, r_3^{(5)}, \cdots, r_{30}^{(5)}, r_{31}^{(5)}] = (0.1246, 0.1633, 0.1790, \cdots, 0.9786, 1.0000)$;

$r^{(6)}[r_1^{(6)}, r_2^{(6)}, r_3^{(6)}, \cdots, r_{30}^{(6)}, r_{31}^{(6)}] = (0.8524, 0.8549, 0.8666, \cdots, 0.8345, 0.8735)$;

$r^{(7)}[r_1^{(7)}, r_2^{(7)}, r_3^{(7)}, \cdots, r_{30}^{(7)}, r_{31}^{(7)}] = (0.1361, 0.1791, 0.4690, \cdots, 0.4514, 0.4414)$。

(7)求局势 $s_j(j = 1,2,3,\cdots,30,31)$ 的综合效果测度

$r_{ij}^{\Sigma} = \left(\dfrac{1}{L}\right)\sum_{p=1}^{l} r_{ij}^{(p)}$,同理可简化为 $r_j^{\Sigma} = \left(\dfrac{1}{L}\right)\sum_{p=1}^{l} r_j^{(p)}$,其中,$L = 7$。

故 S_1 有:

$r_1^{\Sigma} = [r_1^{(1)} + r_1^{(2)} + \cdots + r_1^{(7)}]/7$
$= (0.9631 + 0.0320 + 0.9051 + 1.0000 + 0.1246 + 0.8524 + 0.1361)/7$;
$= 0.5733$

以此类推可得:

S_2 有:

$r_2^{\Sigma} = [r_2^{(1)} + r_2^{(2)} + \cdots + r_2^{(7)}]/7$
$= (0.9629 + 0.0387 + 0.8870 + 0.9862 + 0.1633 + 0.8549 + 0.1791)/7$;
$= 0.5817$

S_3 有:

$r_3^{\Sigma} = [r_3^{(1)} + r_3^{(2)} + \cdots + r_3^{(7)}]/7$
$= (0.9744 + 0.0444 + 0.9121 + 0.1159 + 0.1790 + 0.8666 + 0.4690)/7$;
$= 0.5089$

S_4 有:

$$r_4^\Sigma = [r_4^{(1)} + r_4^{(2)} + \cdots + r_4^{(7)}]/7$$
$$= (0.9866 + 0.0509 + 0.7266 + 0.8276 + 0.2428 + 0.5286 + 0.1083)/7;$$
$$= 0.4959$$

S_5 有：

$$r_5^\Sigma = [r_5^{(1)} + r_5^{(2)} + \cdots + r_5^{(7)}]/7$$
$$= (0.9880 + 0.0570 + 0.8644 + 0.1066 + 0.3693 + 0.8576 + 0.5179)/7;$$
$$= 0.5373$$

S_6 有：

$$r_6^\Sigma = [r_6^{(1)} + r_6^{(2)} + \cdots + r_6^{(7)}]/7$$
$$= (0.9925 + 0.0607 + 0.7052 + 0.1063 + 0.4037 + 0.9025 + 0.5711)/7;$$
$$= 0.5346$$

S_7 有：

$$r_7^\Sigma = [r_7^{(1)} + r_7^{(2)} + \cdots + r_7^{(7)}]/7$$
$$= (0.9816 + 0.0663 + 0.7784 + 0.1060 + 0.4251 + 0.9447 + 0.5569)/7;$$
$$= 0.5513$$

S_8 有：

$$r_8^\Sigma = [r_8^{(1)} + r_8^{(2)} + \cdots + r_8^{(7)}]/7$$
$$= (0.9829 + 0.0781 + 0.6342 + 0.1052 + 0.4382 + 1.000 + 0.5796)/7;$$
$$= 0.5455$$

S_9 有：

$$r_9^\Sigma = [r_9^{(1)} + r_9^{(2)} + \cdots + r_9^{(7)}]/7$$
$$= (0.9792 + 0.0862 + 0.8355 + 0.1026 + 0.4233 + 0.9672 + 0.6006)/7;$$
$$= 0.5707$$

S_{10} 有：

$$r_{10}^\Sigma = [r_{10}^{(1)} + r_{10}^{(2)} + \cdots + r_{10}^{(7)}]/7$$
$$= (0.9858 + 0.0984 + 0.6646 + 0.1023 + 0.4210 + 0.8929 + 0.6329)/7;$$
$$= 0.5426$$

S_{11} 有：

$$r_{11}^\Sigma = [r_{11}^{(1)} + r_{11}^{(2)} + \cdots + r_{11}^{(7)}]/7$$

$$= (0.9973 + 0.1016 + 0.4463 + 0.0983 + 0.4214 + 0.8504 + 0.6804)/7;$$
$$= 0.5137$$

S_{12} 有:

$$r_{12}^{\Sigma} = [r_{12}^{(1)} + r_{12}^{(2)} + \cdots + r_{12}^{(7)}]/7$$
$$= (0.9925 + 0.1124 + 0.7914 + 0.1030 + 0.4545 + 0.8480 + 0.6580)/7;$$
$$= 0.5657$$

S_{13} 有:

$$r_{13}^{\Sigma} = [r_{13}^{(1)} + r_{13}^{(2)} + \cdots + r_{13}^{(7)}]/7$$
$$= (0.9838 + 0.1321 + 0.6632 + 0.0967 + 0.5067 + 0.8428 + 0.6198)/7;$$
$$= 0.5493$$

S_{14} 有:

$$r_{14}^{\Sigma} = [r_{14}^{(1)} + r_{14}^{(2)} + \cdots + r_{14}^{(7)}]/7$$
$$= (0.9926 + 0.1750 + 0.3311 + 0.0964 + 0.5463 + 0.9696 + 0.6789)/7;$$
$$= 0.5414$$

S_{15} 有:

$$r_{15}^{\Sigma} = [r_{15}^{(1)} + r_{15}^{(2)} + \cdots + r_{15}^{(7)}]/7$$
$$= (0.9625 + 0.2261 + 0.4632 + 0.0977 + 0.5752 + 0.9125 + 0.6396)/7;$$
$$= 0.5539$$

S_{16} 有:

$$r_{16}^{\Sigma} = [r_{16}^{(1)} + r_{16}^{(2)} + \cdots + r_{16}^{(7)}]/7$$
$$= (0.9845 + 0.2761 + 0.8008 + 0.0935 + 0.5865 + 0.8772 + 0.5923)/7;$$
$$= 0.6016$$

S_{17} 有:

$$r_{17}^{\Sigma} = [r_{17}^{(1)} + r_{17}^{(2)} + \cdots + r_{17}^{(7)}]/7$$
$$= (0.9883 + 0.2996 + 0.2454 + 0.1054 + 0.5978 + 0.8419 + 0.6666)/7;$$
$$= 0.5350$$

S_{18} 有:

$$r_{18}^{\Sigma} = [r_{18}^{(1)} + r_{18}^{(2)} + \cdots + r_{18}^{(7)}]/7$$
$$= (0.9870 + 0.3099 + 0.2098 + 0.8196 + 0.6062 + 0.6389 + 0.1066)/7;$$
$$= 0.5254$$

S_{19} 有:

$$r_{19}^{\Sigma} = [r_{19}^{(1)} + r_{19}^{(2)} + \cdots + r_{19}^{(7)}]/7$$
$$= (0.9889 + 0.3168 - 0.0259 + 0.1063 + 0.6080 + 0.7512 + 0.6757)/7;$$
$$= 0.4887$$

S_{20} 有:

$$r_{20}^{\Sigma} = [r_{20}^{(1)} + r_{20}^{(2)} + \cdots + r_{20}^{(7)}]/7$$
$$= (0.9738 + 0.3230 + 0.0954 + 0.1103 + 0.6447 + 0.7307 + 1.0000)/7;$$
$$= 0.5540$$

S_{21} 有:

$$r_{21}^{\Sigma} = [r_{21}^{(1)} + r_{21}^{(2)} + \cdots + r_{21}^{(7)}]/7$$
$$= (0.9850 + 0.3392 + 0.4513 + 0.1087 + 0.6670 + 0.7602 + 0.8043)/7;$$
$$= 0.5880$$

S_{22} 有:

$$r_{22}^{\Sigma} = [r_{22}^{(1)} + r_{22}^{(2)} + \cdots + r_{22}^{(7)}]/7$$
$$= (0.9706 + 0.3548 + 0.3861 + 0.1073 + 0.6948 + 0.7541 + 0.8190)/7;$$
$$= 0.5838$$

S_{23} 有:

$$r_{23}^{\Sigma} = [r_{23}^{(1)} + r_{23}^{(2)} + \cdots + r_{23}^{(7)}]/7$$
$$= (0.9507 + 0.3758 + 0.4118 + 0.1076 + 0.7374 + 0.7765 + 0.4683)/7;$$
$$= 0.5469$$

S_{24} 有:

$$r_{24}^{\Sigma} = [r_{24}^{(1)} + r_{24}^{(2)} + \cdots + r_{24}^{(7)}]/7$$
$$= (0.9928 + 0.4209 + 0.5348 + 0.1057 + 0.7836 + 0.7940 + 0.4407)/7;$$
$$= 0.5818$$

S_{25} 有:

$$r_{25}^{\Sigma} = [r_{25}^{(1)} + r_{25}^{(2)} + \cdots + r_{25}^{(7)}]/7$$
$$= (0.9887 + 0.4665 + 0.3793 + 0.1022 + 0.8260 + 0.7434 + 0.5085)/7;$$
$$= 0.5735$$

S_{26} 有:

S_{26} 有：

$$r_{26}^{\Sigma} = [r_{26}^{(1)} + r_{26}^{(2)} + \cdots + r_{26}^{(7)}]/7$$
$$= (0.9917 + 0.5141 + 0.5826 + 0.0987 + 0.8623 + 0.7412 + 0.5163)/7;$$
$$= 0.6153$$

S_{27} 有：

$$r_{27}^{\Sigma} = [r_{27}^{(1)} + r_{27}^{(2)} + \cdots + r_{27}^{(7)}]/7$$
$$= (0.9802 + 0.5934 + 0.6500 + 0.0969 + 0.9036 + 0.8156 + 0.4924)/7;$$
$$= 0.6474$$

S_{28} 有：

$$r_{28}^{\Sigma} = [r_{28}^{(1)} + r_{28}^{(2)} + \cdots + r_{28}^{(7)}]/7$$
$$= (0.9961 + 0.6823 + 0.6996 + 0.0973 + 0.9273 + 0.7735 + 0.4883)/7;$$
$$= 0.6664$$

S_{29} 有：

$$r_{29}^{\Sigma} = [r_{29}^{(1)} + r_{29}^{(2)} + \cdots + r_{29}^{(7)}]/7$$
$$= (0.9999 + 0.7386 + 0.3646 + 0.0947 + 0.9510 + 0.7743 + 0.5055)/7;$$
$$= 0.6327$$

S_{30} 有：

$$r_{30}^{\Sigma} = [r_{30}^{(1)} + r_{30}^{(2)} + \cdots + r_{30}^{(7)}]/7$$
$$= (0.9951 + 0.8483 + 0.8828 + 0.0946 + 0.9786 + 0.8345 + 0.4514)/7;$$
$$= 0.7265$$

S_{31} 有：

$$r_{31}^{\Sigma} = [r_{31}^{(1)} + r_{31}^{(2)} + \cdots + r_{31}^{(7)}]/7$$
$$= (0.9958 + 1.0000 + 0.7230 + 0.0946 + 1.0000 + 0.8735 + 0.4414)/7。$$
$$= 0.7326$$

（8）比较局势大小

$r^{\Sigma} = (r_1^{\Sigma}, r_2^{\Sigma}, r_3^{\Sigma}, \cdots, r_{30}^{\Sigma}, r_{31}^{\Sigma}) = (0.5733, 0.5817, 0.5089, 0.4959, 0.5373, 0.5346,$
0.5513, 0.5455, 0.5707, 0.5426, 0.5137, 0.5657, 0.5493, 0.5414, 0.5539, 0.6016,
0.5350, 0.5254, 0.4887, 0.5540, 0.5880, 0.5838, 0.5469, 0.5818, 0.5735, 0.6153,
0.6474, 0.6664, 0.6327, 0.7265, 0.7326)

在1981~2011年期间，综合考虑"粮食自给率、农村居民家庭人均纯收入、农业增加值年增长率、土地复种指数、农村就业人员中从事非农业人员比重、农产品生产价格指数与农业生产资料价格指数的比值、农产品商品率"指标后发现，农业产业结构调整优化绩效的综合效果测度变化趋势是上升的，如图6-1所示。原因可能是与我国1990年至今所采取的农业产业政策调整优化有关，即从"多取少予"到"少取多予"再到"多予少取放活"的农业产业结构调整优化政策，农业政策调整优化涉及农产品价格调整优化、农业税收政策和农业补贴政策等的调整优化，这一系列农业政策的调整优化，促进了中国粮食生产能力的提升和农业生产的快速发展，最终促进农业产业结构调整优化绩效的不断提升。

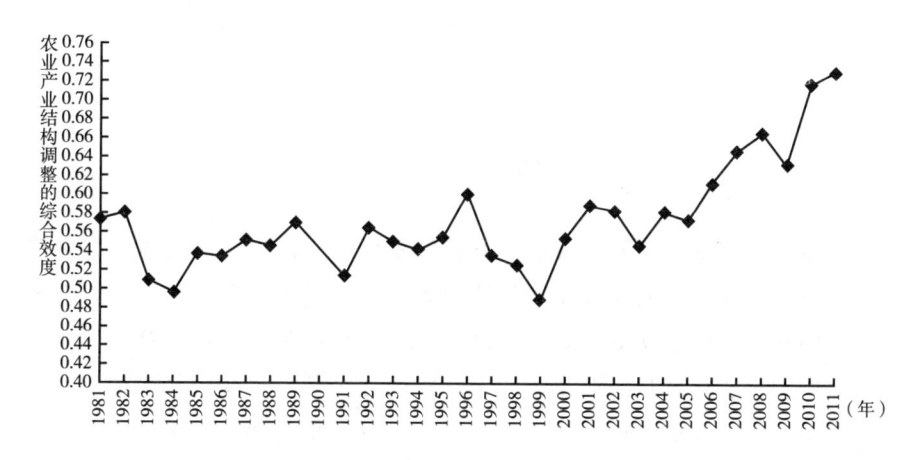

图6-1 1981~2011年农业产业结构调整优化绩效

既然农业产业结构调整优化的绩效不断提升，契合了我国农业产业结构调整优化的初衷，那么，是哪些因素影响了农业产业结构调整优化的绩效，这就需要对农业产业结构调整优化绩效的影响因素进行实证研究，在此基础上，采取相应的对策，在保持农业产业结构调整优化绩效不断提升的基础上，实现农业产业结构调整优化绩效的可持续增长。

第七节 农业产业结构调整优化绩效综合评价的简要评述

（1）本书是移植灰色系统决策理论在农业产业结构调整优化绩效评价中的一种尝试，它将有助于我们拓宽农业产业结构调整优化绩效综合评价的思路。

（2）利用灰色局势决策进行农业产业结构调整优化绩效综合评价实质上是一个多指标综合评价问题。本书虽然只考虑了单个事件在极大值极性目标（且各目标的量纲相同）、适中值极性目标的灰色局势决策，运算较简单，但可以推广到多事件、多决策、多目标（且各目标的量纲不同）的灰色评价中。

（3）本书利用灰色局势决策进行农业产业结构调整优化绩效综合评价，不仅考虑了各局势的效果，而且计算过程中考虑了各指标的相互影响，获得了综合效果测度。与其他绩效综合评价方法相比，灰色系统绩效评价结果更科学、合理。

第八节　本章小结

本章在比较现有绩效综合评价方法的基础上，提出用灰色系统决策理论作为农业产业结构调整优化绩效评价方法，在参考已有的研究成果及相关统计年鉴所提供数据的基础上，提出七项指标作为农业产业结构调整优化绩效的评价指标。从农业产业结构调整优化绩效综合评价结果可知，在样本期间，农业产业结构调整优化的绩效是逐渐提升的，间接表明我国农业产业结构调整优化政策是适合我国国情的。那么，是哪些因素影响了农业产业结构调整优化的绩效，这就需要对农业产业结构调整优化绩效的影响因素进行实证研究，在此基础上，采取相应的对策，在保持农业产业结构调整优化绩效不断提升的基础上，实现农业产业结构调整优化绩效的可持续增长。

第七章
我国农业产业结构调整优化策略实证分析及建议

农业产业结构调整优化策略对农业产业结构调整优化绩效的影响是农业产业结构调整优化研究的重要内容。对农业产业结构调整优化策略进行实证分析，能揭示影响农业产业结构调整优化绩效的主要因素，进而为优化农业产业结构调整优化策略提供了重要思路。本章在梳理相关调整优化策略的基础上，从1982~2012年《中国统计年鉴》、《中国农业年鉴》以及其他相关网站上选取相关数据，进行实证检验。将实证结果与研究假设进行对比，分析其中不一致的原因，并提出相应的对策。

第一节 影响农业产业结构调整优化绩效的调整优化策略分析

农业产业结构调整优化绩效具有多因性，不是由单一因素决定的，而是受到诸如社会经济条件、技术经济条件、自然风险因素（灾害）、突发性因素等综合的影响。其中主要是技术经济条件、社会经济条件和国家有关政策因素的影响，由于自然条件具有多样性、复杂性、多变性、不可控制，难以把握，在此不予考虑。因此，为了综合考虑农业产业结构调整优化策略对调整优化绩效的影响，结合以往学者现有的研究成果，参照相关统计年鉴已有数据，分别从以下几个方面对农业产业结构调整优化策略因素进行分析。

(一) 财政支持程度

由于农业的基础产业地位以及农业的"双重风险"弱质性，当今世界无论是在发达国家，还是在发展中国家，农业都受到了特别的支持和保护，从而得以健康发展，长盛不衰。一国农业应该受到政府的特殊关注，政府需要为农业提供大量的研发、技术、培训与教育等方面的投资；为农业提供在基础设施、能源供应、扩大内需和出口、价格稳定、建立健全信贷体系等方面的投资，财政支农便是其中的投资方式之一。所谓财政支农，就是政府运用财政杠杆工具，以支持农业发展为目的的各种直接与间接的资金投入。财政对农业的扶持政策和资金投入，既是国家支持农业和农村经济的重要措施，也是国家调控农业与国民经济其他行业协调发展的政策性工具和手段。

第一，农业的弱质性要求对农业进行适当保护。农业生产受自然环境条件的约束很大，在与工业生产比较中表现出明显的弱质性。农业生产周期较长，对自然环境特别是气候条件依赖性高，农产品产量具有不确定性，农产品的需求弹性变化幅度较小，农作物对外部环境的适应能力差，同时农民对农产品市场信息反应不灵敏。并且受市场价格机制的作用，农产品价格波动较大，在一定程度上会影响与农业关联度紧密的行业的发展，也会影响国家的粮食安全和正常的生产、生活秩序，而这又是难以通过市场进行调节的。因此，农业的弱质性需要政府的财政调控。为了实现对农业的保护，从2006年起，在全国范围取消了延续2600年的农业税，减轻了农民的税收负担。同时转变农业发展模式，实施"工业反哺农业"的政策。

第二，农民的弱势性需要一定的扶持。成千上万的农民生产规模小、分散，决定了他们在农业产业链中总是处于弱势地位。为了实现对农业的扶持，我国自2002年开始对农业进行直接补贴，形式包括粮食直补、农资直补、良种直补、农机直补，而且农业直接补贴资金规模逐渐增大，大大降低了农业的经营成本，促进了农业的建设和发展，为农业产业结构调整优化提供了物质基础，保证从事农业生产的基本收益，确保农民参与农业生产的积极性。如表7-1所示。

表 7-1　2002~2011 年财政农业补贴金额

单位：亿元

年度	2002	2003	2004	2005	2006	2007	2008	2009	2010	2011
财政补贴金额	1.2	3.2	145.2	176.7	314.5	512.7	1030.5	1230.8	1334.9	1406

资料来源：国家颁布的各种补贴政策文件，以及国家财政部和农业部网站。

第三，特殊的历史国情要求对农业进行支持。我国作为一个传统的农业大国，新中国成立以后，实施了工业优先发展战略，推行"剪刀差"、农业税等"以农补工"政策。与此同时国家又建立了"城乡分治，一国两策"的二元社会制度，加之农业的天然弱质性，这些都深远地影响了我国农业的发展并积累成复杂的三农问题。农业的发展落后阻碍了第二产业、第三产业的健康发展，这必将成为制约我国经济发展的瓶颈之一。经济发展实践表明，在工业化初始阶段，农业是工业发展所需资金、劳动力的主要源泉。但随着工业发展到某个阶段的时候，农业经济增长速度的高低，就决定了政府是否正确把握了两个产业的发展关系，特别是应该把农业继续放在国民经济的基础地位，紧紧抓住农业生产不放松，同样我国农业长期以来为工业发展提供的巨额资本积蓄远远超出了农业的自身限度。

第四，农业科技的"公益性"、"外部性"特点要求对农业科技进行支持。根据农业部门的统计，每 1 元钱的农业科技资金投入，对国内农业生产总值的回报高达 9.59 元，远高于教育、道路、通信等投入的回报。由于农业科技具有"公益性"、"外部性"的特点，政府财政投入极为重要[218]。

从世界各国的农业政策来看，普遍采取了农业保护和支持政策。尽管世贸组织的有关农业协议严格限制农业补贴，但改变的仅仅是农业补贴的方式。

在市场经济条件下，政府公共财政必须加大支农力度，缩小粮食社会收益和个人收益之间的差距，激励农民种植粮食。自 20 世纪 90 年代后期，财政农业支出保持较快的增长，并于 2004 年前后显示出更快的增长，这反映出政府层面对农业发展的关注程度[219]。我国财政投资农业产业化对农民收入增长有显著的促进作用，这说明我国应进一步加强财政对农业产业化的支持力度，促进农民收入持续快速的增长。因此，本书提出以下假设。

H1：财政农业支出比率与农业产业结构调整优化绩效正相关。

（二）农业现代化程度

现代农业是以资本高投入为基础，以工业化生产手段和先进科学技术为支撑与社会化服务体系相配套，用科学经营理念来管理的农业。现代农业是以农业机械化为物质技术基础的农业。农业机械化水平的高低，是国家农业工业化和现代化水平的主要标志和重要物质基础内容，没有农业机械化就没有农业现代化。农业机械化在提高农业综合生产能力，改善农业生产条件，保障国家粮食安全，促进农业产业结构调整优化，加快农村富余劳动力转移，逐步发展农业规模经营，进行大幅度农业标准化生产，提高农产品安全和质量水平，提高国际竞争力和农业比较效益，发展农村经济，增加农民收入，为农业和国民经济发展提供支撑和保障，加快现代农业建设进程，提高农产品市场竞争力等方面都具有重要的作用[220]。从各国推进农业机械化的内容和实现农业现代化的形势看，尽管选择了不同的发展模式和途径，但共同点都是要解决农业机械化问题。衡量农业现代化水平的主要指标是农业劳动生产率，而农业机械化是提高农业劳动生产率的主要手段，是实现农业集约化、现代化的重要内容和前提条件，是提高农产品竞争力的重要手段[221]。农业机械化是促进传统农业向现代农业转变，实现生产发展的重要保证；是促进农民增收、实现农村"生活宽裕"的重要举措；是加快秸秆综合利用，实现村容整洁的重要途径。农业机械化促进农民增收表现在以下几点。第一，种植业机械化可以提高种植者的收入。第二，加工业机械化能够提高农业产品附加值。目前，我国农村农业产品加工相对落后，我国农业地区分布差异性很大，农业产品包括粮、油、畜、菜、渔，除有季节性外，还呈现地区性和阶段性。农产品加工业不发达，导致农业产品得不到充分利用。要想增加农民收入，就必须加速推进加工业的机械化，对农业产品进行储藏保鲜，对农产品分级包装，错时销售，保证质量，提高价格，提高农产品附加值。第三，养殖业机械化，实现集约化经营。养殖生产机械化，是农村发展经济的需要，是牧业结构调整优化的基础。通过建设生态农业，发挥大型农业机械的作用，建设高标准的机用农田和高质量的草地，从而有力推动畜牧业的发展，达到增加收入的目的。第四，随着我国农业机械化水平和生产力水平的不断提高，大量农业劳动力必将转向非农业就业。拓展农村劳动力就业空间，就成为顺应农业发展、提高农民收入的主要措施。发展乡镇企业和小城镇，转移农村富余劳动力，是实现农民增收、解决农村发展中一系列深层次矛盾的根本途径，对于带动投资和消费需求的增长，拓宽城乡市场，优化国民经济整体结构有重大意义。综上所述，农业机械化为农业发展提供了基础与保障，能有效推进农业产业结构的调整优化。因此，提出以下假设。

H2：农业现代化程度与农业产业结构调整优化绩效正相关。

（三）金融支持程度

经济学告诉我们，资金作为一种稀缺性的资源通过市场可以实现有效配置，若能在农业领域得到有效配置利用，就可以实现农业产业结构的自动调整优化。但是，由于农业具有弱质性、高风险性和比较收益低等特点，资金的逐利性，注定了在市场的调节下，容易造成资金流失产生金融弱势，也决定了农业的发展更需要金融的支持。农业结构调整优化需要大量的资金投入，如果忽略了结构调整优化中金融支持问题，农业结构调整优化不可能获得其应有的金融支持，其结构调整优化也不可能取得较好的效益。也就是说，只有农业产业结构调整优化与金融支持相互协调、相互支持时，结构调整优化才可能实现，金融支持才可能良性发展[271]。农村金融为农业产业结构优化升级提供了动力支持，具体表现为：一则可以促使农业产业结构的优化升级，产品品种的更新换代，支持农户采用新技术、引进新品种以发展养殖业、渔业、林果业等高收益生产活动，帮助农民发展生产进而提高农民收入，即通过产品品种结构的调整优化实现农业产业结构调整优化；二则促使农民扩大生产规模，发挥规模优势，在此基础上实现农业专业化，比如山东蔬菜已经实现了农业区域经营，从而推动农业产业结构调整优化，增加了农民收入；三则促使农民延伸和拓展农业产业链，分享现代农业的高附加值，通过农业产业链的调整优化实现农业产业结构调整优化。因此，本书提出以下假设。

H3：金融支持程度与农业产业结构调整优化绩效正相关。

第二节 我国农业产业结构调整优化策略实证模型构建

一 数据来源与样本选择

（一）数据来源

数据来源于 1982~2012 年《中国统计年鉴》、《中国农业年鉴》、《中国金融年鉴》，历年的"中央一号文件"及相关文件。

（二）样本选择

选取 1982~2012 年我国农业产业结构调整优化的年度为样本，共得到 31 个样本值。

二 变量选取和变量描述

（一）农业产业结构调整优化绩效表述——被解释变量

被解释变量为农业产业结构调整优化综合绩效。以农业产业结构调整优化绩效综合评价效度作为替代变量。

（二）农业产业结构调整优化具体策略——解释变量

①财政支持程度

财政支持程度是指国家财政（包括中央财政和地方财政）对农业的支持程度，以财政支农［财政支农比率＝财政农业支出（中央和地方）/财政总支出］比例为替代变量。数据来源于 1982~2012 年《中国统计年鉴》、《中国财政年鉴》、《中国农业年鉴》。

②农业现代化程度

农业现代化程度是指农业耕作机械的现代化程度，以主要农业机械拥有量（年底数）的总动力（万千瓦）作为替代变量。数据来源于 1982~2012 年《中国农业年鉴》。

③金融支持程度

金融支持程度是指银行和非银行金融机构对农业的支持程度，以农业贷款比率（农业贷款比率＝农业贷款金额/贷款总额）为替代变量。数据来源于 1982~2012 年《中国金融年鉴》、《中国农业年鉴》。

(三) 农业产业结构调整优化政策变量——控制变量

在模型中引入了"中央一号文件"作为控制变量，它可能影响农业产业结构调整优化的绩效。"中央一号文件"现在已经成为中共中央重视农村问题的专有名词。中共中央在 1982~1986 年连续 5 年，颁发了以"三农"为主题的"中央一号文件"，对于农村改革和农业发展做了具体的部署。中共中央 2004~2013 年十年中又发布了以"三农"为主题的"一号文件"，"文件"强调"三农"问题在中国社会主义现代化时期居于"重中之重"的地位。2013 年"中央一号文件"提出"家庭农场"的概念，为农业实施大规模经营奠定了理念基础，同时也为农业产品结构调整优化、农业区域化经营以及农业产业链的拓展和延伸创造了条件。以当年是否发布"中央一号文件"为控制变量。若当年发布"中央一号文件"支持农业产业结构调整优化，取值为 1，否则取值为 0。

相关变量及其释义如表 7-2 所示。

表 7-2 相关变量及其释义

变量类型	变量符号	释义
被解释变量	Performance	农业产业结构调整优化综合评价效度
解释变量	Financial_support	财政支农比率
	Modernization	农业机械总动力
	Bank_support	农业贷款比率
控制变量	Central_file1	当年是否发布"中央一号文件"支持农业产业结构调整优化，若发布取值为 1，否则取值为 0。

三 实证模型设计和变量描述性统计

(一) 实证模型设计

根据前文的理论分析，构建以下模型：

$$Performance = \beta_0 + \beta_1 * Financial\_support + \beta_2 * Modernization + \beta_3 * Bank\_support + \beta_4 * Central\_file1 + \omega$$

(二) 变量描述性统计

各变量描述性统计如表 7-3 所示。

表7-3 1981~2011年农业产业结构调整优化相关变量描述性统计

变量	样本量	均值	标准差	极小值	极大值
Financial_support	31	0.0881	0.0097	0.0712	0.1069
Modernization	31	45995.5920	24334.0210	15680.1000	97734.6600
Bank_support	31	0.0586	0.0132	0.0314	0.0901
Central_file1	31	0.4194	0.5016	0.0000	1.0000

从样本描述性统计我们可以看到：1981~2011年财政支农比率最小为0.0712，最大为0.1069，均值为0.0881，表明相差不大，比较均衡；农业机械总动力最小为15680.100万千瓦，最大为97734.660万千瓦，均值为45995.592万千瓦，表明相差较大，分布不均衡；农业贷款比率最小为0.0314，最大为0.0901，均值为0.0586，表明相差较大，分布不均衡。

第三节 我国农业产业结构调整优化策略的有效性分析

一 相关系数分析

各自变量之间的相关系数矩阵如表7-4所示。

表7-4 农业产业结构调整优化绩效各变量之间的相关系数矩阵

	Financial_support	Modernization	Bank_support	Central_file1
Financial_support	1.000			
Modernization	-0.150	1.000		
Bank_support	-0.048	-0.335*	1.000	
Central_file1	-0.062	0.387**	0.383**	1.000

注：** 表示 $P<0.01$，* 表示 $P<0.05$。

就共线性问题，我们报告了变量的相关系数矩阵，如表7-4所示，相关系数都在0.5以下，因而不存在共线性问题。

二 有效性分析

利用Stata10统计软件对模型进行了回归分析，农业产业结构调整优化绩效影响因素回归结果如表7-5所示。

从模型有效性分析可知：

（1）财政（包括中央财政和地方财政）对农业的支持程度与农业产业结构调整优化绩效显著正相关，系数为 1.516，在 10% 的显著性水平上具有统计意义。可能的原因有以下几点。第一，随着财政对农业投入力度的增加，农民会有更多的财力去进行基础设施的改造、农业技术人员的培训等，财政为农业产业结构调整优化提供物质基础和智力支持，为农业增产、农民增效奠定坚实的基础。第二，可能与建立的财政支农长效机制有关。十年来，加快建立财政支农投入稳定增长的长效机制一直是"中央一号文件"关注的重点。2004 年以来，国家财政支农力度逐年加大，支农投入大幅增加。到 2011 年，国家财政支农投入累计超过 4 万亿元。从数量上看，国家财政支农投入从 2337.6 亿元增加到 10497.0 亿元，增长了 3.5 倍；从速度上看，国家财政支农投入年均增长 23.9%，高于同期财政支出年均增长 2.8 个百分点；从比重上看，国家财政支农投入占财政支出的比重从 8.2% 提高到 9.2%，接近 1/10。第三，自 2006 年全面取消农业税后，全国农民每年从免除的税收负担中直接受益 1250 亿元。第四，与财政农业科技投入稳定增长的长效机制有关。2001 年，为支持农业科技成果进入生产的前期性开发、中试、熟化，引导或推动农业科技成果尽快转化为现实生

表 7-5　1981~2011 年农业产业结构调整优化绩效影响因素回归结果

	模型
常量	0.343***
	(3.95)
Financial_support	1.516*
	(2.04)
Modernization	0.00000182***
	(4.93)
Bank_support	0.0960
	(0.15)
Central_file1	0.0169
	(1.05)
N	31
R^2	0.694

注：* 表示 p<0.1，** 表示 p<0.05，*** 表示 p<0.01。

产力，国务院批准设立"农业科技成果转化基金"专项，由中央财政拨款，科技部、财政部共同管理。2001~2010年，中央财政累计投入31.5亿元，有效地带动了金融机构扶持农业科技的信贷投入。由于农业科技成果的研发、推广、应用需要6~8年较长时期才能完成，财政和金融部门必须要相应建立农业科技投入稳定增长的长效机制。

（2）农业现代化程度与农业产业结构调整优化绩效显著正相关，系数为0.00000182，在1%的显著性水平上具有统计意义。原因可能为：第一，农业现代化程度的提高，减少了人力成本，将多余的农业劳动力转移到非农业部门，提高了农业产业结构调整优化的绩效；第二，农业现代化程度的提高，提高了农业生产效率，减少了农业病虫害的发生以及减少发生损失的概率，从而提高了农业产量，提高了农业产业结构调整优化的绩效；第三，农业现代化提高了农业技术水平，提高了农产品的科技附加值，单位土地面积农产品效益有所提升，一些专用农产品不仅满足了国内不断增长的需求，实现了农产品安全，打破了外资垄断推动，实现了农业产业链的延伸，而且可以出口国外赚取外汇，维护外汇安全，提高了农业产业结构调整优化的绩效；第四，农业现代化程度的提高，推动了农业产业链的不断延伸，不仅增加了农业产业链上的就业人数、农产品附加值，而且维护了农业产业链的安全，提高了农业产业结构调整优化的绩效。在此，需要特别解释的是，农业现代化程度的系数比较小，与所用替代变量农业机械总动力的数值较大及单位（万千瓦）较大有关。

（3）金融（包括银行和非银行金融机构）对农业的支持程度与农业产业结构调整优化绩效正相关，系数为0.0960，但不具有统计意义。原因可能为：第一，农业盈利能力低，金融业存在的"虹吸效应"，将金融资金从农业转向了城市，使农业产业因缺乏资金无法进行农业产业升级改造，从而对农业产业结构调整优化的绩效不显著；第二，农业分散，一家一户小规模生产，使农民没有充足的财产抵押而获得金融机构的贷款，并且向农民贷款的成本高，提高了金融机构的经营风险，很多金融机构，包括我国在农村设立的信用社，大都不愿意对农民进行贷款，一些金融机构纷纷将县以下涉农经营网点大量撤并收缩便是例证；第三，金融对农业的支持政策执行力度不到位，而且缺乏有效的审计监督、公众监督，作为国家经济社会健康运行"免疫系统"的国家审计，因受自身人力、物力的限制，无法对农业金融资金审计进行全覆盖，而是进行抽查审计，缺乏对相关违规行为的威慑力；第四，金融对农业的支持政策缺乏公众参与，所制定的政策只是相关部门的一厢情愿，无法满足农户不断增长的金融需求；等等。综上，金融对农业的支持程度对农业产业结构调整优化的绩效不显著。

(4) 控制变量的分析

首先，一般分析——可控变量的具体分析。"中央一号文件"的颁布实施与农业产业结构调整优化绩效正相关，系数为0.0169，但不具有统计意义。原因可能为：第一，尽管近年来中央颁布了一系列"中央一号文件"，但由于农业产业结构调整优化涉及很多方面，还需要相关配套政策的完善才能保证"中央一号文件"的贯彻实施，达到农业产业结构调整优化绩效不断提升的预期目的；第二，农业产业经营风险大，尤其是受国际农业产品价格频繁波动的影响大，生产经营方式受一家一户经营规模的限制，承受风险的能力有限，而且相关保险机构受成本效益的影响开展农业产业保险的业务很少或几乎没有，避险工具、方式、途径的缺乏，使农业产业经营承受巨大的经营风险；第三，受技术含量的影响，农产品的附加值低，难以吸引高素质的人才，而且受传统观念的影响，广大农村出身的孩子报考志愿时，不愿意报考农业专业，城市出身的孩子受自身对农业认知的限制，也不愿意报考农业专业，以免在毕业时离开自身生活的城市，这致使国家每年培养的农业产业人才比较少。与此同时，我国的农业产业化水平还比较低，农业产业企业还比较少，即使现有的农业专业培养出来的农业人才，也无法充分地到农业企业就业，这造成农业产业人才流失严重。这些都会造成"中央一号文件"对农业产业结构调整优化的绩效不具有统计意义。当然，我们不能否认，通过制定中央文件尤其是"中央一号文件"对促进"三农"发展效果显著，这种做法应该继续坚持。今后一定时期内，还应针对"三农"的新情况、新问题，每年继续出台"中央一号文件"，并坚持按照工业反哺农业、城市支持农村和"多予少取放活"的方针，进一步完善强农惠农富农政策。

其次，深度分析——"中央一号文件"的执行分析。"中央一号文件"是中央政府为支持全国各地不同地区、区域的各级政府、农民及其他参与者，发展农业生产，进行农业产业结构调整优化而制定颁布的宏观调控政策。宏观调控政策对各级政府、农民及其他参与者具有一定的引领、指导作用，在"中央一号文件"的指导、引领下，各级政府根据当地条件和利益，制定出各具特色的区域农业产业政策和农业产业结构调整优化政策，指导、引领各自区域内农业产业结构调整优化农民等主体及参与者采取相应的措施、办法和手段来发展农业，使农业产业结构进一步优化升级；农业生产发展、农业产业结构调整优化过程中的参与者，比如地方财政、金融机构、保险部门、技术部门等也会做出相应的反应，制定出一系列支持农业的措施、策略，并做出可行性计划；农民也会根据"中央一号文件"的精神，来安排下一步种植的比例等方面的具体措施。这些政策、措施、规则再直接作用于农业生产的发展、农业产业结构的调整优化，并产生一定的作用和影响。

但是，在执行"中央一号文件"过程中，不同利益主体的"声音"并不一致，不同利益主体之间存在着不同程度的博弈。下面通过一个博弈模型来说明在区域农业产业结构调整优化过程中不同利益主体之间的相互关系。

①模型假设

Ⅰ参与人。针对区域农业产业结构调整优化，模型中假设有两类参与人：一类是中央政府，另一类是地方政府A和地方政府B。中央政府从全局利益出发，行为具有长期性和福利性；地方政府从地区利益出发，行为具有短期性和营利性。

Ⅱ行动。中央政府和地方政府的行动各有不同，也不一定相一致。中央政府对行动的选择有：鼓励和不鼓励；地方政府对行动的选择有：进入和不进入。

Ⅲ信息。假定市场信息是完全的、公开的。

Ⅳ函数设定。假定有两个产业X和Y，两个地方政府A和B，地方政府选择进入X或Y产业。产业X是地方政府A的优势产业，利润率是m_a，产业X具有较强的正外部性。产业Y是地方政府B的优势产业，利润率是m_b，$m_a < m_b$，产业Y的发展给地方政府B和中央政府带来的正外部收益分别为m_1和m_2。如果地方政府A或B逆其优势选择产业发展，其收益分别为m_b'和m_a'，且$m_a' < m_a < m_b' < m_b$，$m_b' < m_a + m_1$。

②中央政府和地方政府之间的博弈分析

Ⅰ一般条件下的博弈分析（没有利益协调机制下的博弈）

中央政府的宏观调控角色决定了其在农业产业结构调整优化中鼓励正外部性较强的产业发展。下面通过一个二阶段博弈模型来分析中央政府与地方政府 A 之间的博弈。在第一阶段，中央政府发布产业政策，鼓励或不鼓励产业 X 的发展；第二阶段，地方政府 A 做出选择：进入或不进入。博弈结果如图 7-1 所示。

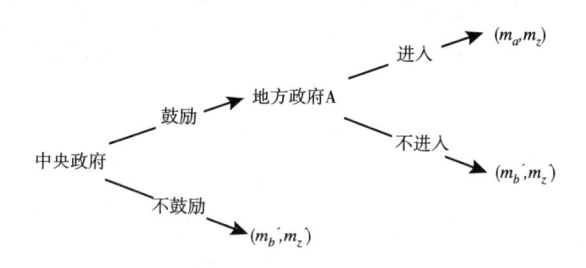

图 7-1 没有利益协调机制下的中央政府与地方政府的博弈

图 7-1 利益分布中，m_z 是从国家的角度来计算地方政府 A 进入 X 产业的总收益，$m_z = m_a + m_1 + m_2$，m_z' 是地方政府 A 没有进入 X 产业的总收益，$m_z' = m_b'$，$m_z > m_z'$。在没有利益协调或约束机制的情况下，地方政府 A 会逆其优势选择产业利润率较高的产业 Y，尽管整体收益下降（$m_z' < m_z$）但 $m_b' > m_a$，符合地方政府的利益选择。

可见发展外部性较强但利润率较低的产业，仅有政策上的鼓励是不够的。

Ⅱ有利益补偿机制条件下的博弈分析

在中央与地方政府 A 博弈模型中，如果中央政府在地方政府发展 X 产业的同时，给予一定的利益补偿和分享，假说为 m（$m \leq m_1 + m_2$），地方政府的收益就变为 $m_a + m$，只要 $m_a + m \geq m_b'$，地方政府就会激励进入 X 产业，最终实现（鼓励，进入）这一最佳战略组合。

从地方政府间的博弈角度来看，地方政府 B 给予地方政府 A 一定的利益补偿，也可实现地区间产业发展的优势互补。假如补偿的数额为 Δm，收付矩阵如图 7-2 所示。

只要满足 $m_1 - \Delta m \geq 0$，$m_a + \Delta m \geq m_b'$，地方政府 A 和地方政府 B 就

会发展各自的优势产业。这不仅实现了局部的利益最优，而且达到了全局的最优。

通过利益协调机制下的主体间的博弈分析，我们可以得到如下结论：产业主体之间的利益协调是区域产业政策有效性的关键。没有利益协调的产业政策，产业结构的升级和转换完全依靠市场的自发力量是无法实现的；只有利益协调下实施的农业产业政策才有可能实现区域农业产业结构演进的合理化。区域之间发生的种种经济关系的实质是经济利益关系，缓和或解决地区利益冲突需要经济活动主体按照一定的利益原则去进行合作或协作。建立利益协调机制是解决区域农业产业结构调整优化中区域冲突的有效途径。

	地方政府 B 不进入	地方政府 B 进入
地方政府 A 进入	$m_a + \Delta m, m_b + m_1 - \Delta m$	m_a, m_a'
地方政府 A 不进入	m_b', m_b	m_b', m_a'

图 7-2 利益协调机制下的地方政府博弈

③地方政府 A 与地方政府 B 之间的博弈分析

根据前面的假说，地方政府 A 与地方政府 B 的博弈结果如图 7-3 所示。

	地方政府 B 不进入	地方政府 B 进入
地方政府 A 进入	$m_a, m_b + m_1$	m_a, m_a'
地方政府 A 不进入	m_b', m_b	m_b', m_a'

图 7-3 没有利益协调机制下的地方政府博弈

很显然对于地方政府 A 和地方政府 B，选择不进入 X 产业是其最优战略。结果会导致利润率较低的 X 产业发展不足，利润率较高的 Y 产业发展过多。可见，仅仅依靠市场自觉的力量，是无法实现区域农业产业结构的合理布局及高度化。

因此，在执行"中央一号文件"过程中，不同利益主体之间需要建立利益协调机制。

第四节　改进农业产业结构调整优化的对策建议

在确保稳定粮食生产，满足国家定购、农民口粮和正常生产需要的前提下，应逐步调整优化粮食作物生产规模，扩大市场需求空间大的牧渔林业的生产，使农业产业结构在整体上适应城乡居民收入水平，满足人民完善食物消费及非食物消费结构不断转换的需要。

一　优化财政支农形式，增强财政支农效力

财政政策支持农业的发展是世界各国普遍的做法。财政政策支持农业产业结构调整优化，包括财政收入政策和财政支出政策两个方面。目前，我国已经免除了实施 2600 年的农业税，在农业财政收入政策方面给予了极大的支持；在财政支出方面，我们应坚持"多予"的政策，逐年加大财政对农业的补贴，优化财政支农形式，提高财政支农效力。具体包括以下形式。

（一）优化我国财政的涉农支出结构，实现综合财政向公共财政转变

在确保支农资金预算安排逐年增长的基础上，实现综合财政向公共财政转变，即财政逐步从一般生产性领域和竞争性领域、经营性领域中退出，转向对农业基础设施、农村生态环境、农业科学研究、社会公共产品等方面和直接经济效益低、生态效益好、社会效益大的领域的支持。借鉴美国、荷兰等农业产业发达国家的经验和做法，应重点支持、强化政府对农民和农村经济的公共服务，比如加强农业基础设施建设；在财政的农业事业费中，重点支持用于提高农民的农业技术水平、农产品生产水平、农产品加工水平等，提高我国农产品市场竞争力。

（二）整合各种支农财政资金，发挥财政支农综合效益

整合目前用于农业产业结构调整优化、农业产业化、农产品加工、农业科技成果转化等方面的财政资金，征求农业产业结构调整优化利益相关者的意见和建议，尤其是征求农业产业结构调整优化主体——农民的意见和建议，制定科学合理的农业产业结构调整优化财政支农资金的使用范围，发挥财政支农资金的综合效益。同时建立有效的财政支农资金审计监督制度，防止财政支农资金被挪用或被截留，提高财政支农资金的使用效率。

二 推动农业机械化和农业现代化协调发展

中央农村工作会议做出了积极发展现代农业、扎实推进社会主义新农村建设的重大决策，把发展现代农业作为新农村建设的着力点和首要任务。农业机械化是农业现代化的重要内容与标志，农业现代化是农业机械化的动力与基础。农业机械化与农业现代化协调发展是农业可持续发展的必然选择。在科学规划、统筹发展的基础上，应实现农业机械化与农业现代化的协调发展以及农业产业结构的不断优化。

（一）优化农业机械的装备结构

以建设社会主义新农村为契机，以全面实现农业现代化为目标，全面贯彻落实《农业机械化促进法》，在稳步推进农机拥有量增长的同时，要进一步调整优化大中型机械与小型机械、动力机械与配套机械、种植业机械与农村其他各业所需机械比例，大幅提升农机装备水平，增强配套机具的适用性和功能性。调整优化生产过程中的机械化比例，使机械化产业链拉长拓宽，重点推进农产品储藏、加工的机械化，合理提高土地、资源的使用率，努力提高农业劳动生产率。要大力调整优化农业机械化的品种结构和功能结构，通过提高对多功能机具补贴比例的办法，鼓励发展节能减耗机械，积极推进农业节能减排工作顺利进行。最终实现我国农业机械的数量增加、水平提高、领域拓宽、基础夯实和节能减排，为提高农业综合生产能力、保障国家粮食安全、促进农业产业结构调整优化和社会主义新农村建设提供技术后盾。

（二）实行"家庭农场"，提高农业机械利用率

家庭联产承包责任制促进了我国农业生产的发展，但经营规模小、田

块细碎，集约化、规模化、机械化、标准化生产水平低。而且农业机械只能进行季节性生产，作业期较短，平均作业面积小，大部分时间处于闲置状态，并没有充分发挥其优势和作用，农业机械利用率低，资源浪费严重，经济效益差，影响了农机户的收益。为了更好地发挥农业机械化的效益，加快我国农业现代化建设，必须加快土地合理流转，加强农业基础建设，加速产业结构调整优化。建议与农业现代化相适应，采取措施促使土地适度集中，形成以中等规模为主的家庭农场经营，提高农业生产率。由于家庭农场经营促进了生产经营方式由传统向现代的转化，推动了农业商品化进程，提高了农业生产、流通、消费全过程的组织化程度，因此家庭农场已成为农业规模化经营的较好模式，是当今发达国家现代农业的主体组织形式。例如，荷兰全国约有12万个家庭农场，这些农场的平均面积为15平方公里至20平方公里，而每个农场平均只有不到两个劳动力。根据2000年的数据，美国共有217.2万个农场，其中90%是家庭农场，平均规模193.4公顷，平均资产规模54.7万美元，平均农业总产值超过10万美元。家庭农场是工业化新阶段，农业生产力得到一定发展，家庭承包经营的延伸，是家庭联产承包责任制的一种顺势调整优化，是我国农业生产方式转变的方向，是进一步加快现代农业发展、推进新农村建设、提高农民收入的一个有效途径。令人可喜的是，十八大已经提出建立"家庭农场"的政策方针，为农业现代化的实施奠定了制度保证，为大型农业机械作业提供了保证。

（三）建立农业机械装备的配套机制

应以《中华人民共和国农业机械化促进法》颁布实施为契机，建立以财政投入为引导、农民投入为主体的农业机械化资金保障体系，从科技、政策、资金等方面加强支持和保护农业机械化，在投入机制方面要经常性地投入，对农机购置要加大补贴力度，在政策上要实行农业机械优惠，建立相应的配套措施。建立有利于农业机械化技术推广应用的运行机制，做好农业机械化发展的规划布局工作，建立和完善农业机械社会化服务体系，进一步完善农业机械化教育培训体系。

三 健全农业产业结构调整优化与金融支持互动机制

农业和金融是两个不同的经济领域，但二者有信用基础，又有不同的效益目标等,二者有"收益互补性"。因此农业发展和金融效率通过农业产业结构调整优化与金融支持的有效互动,实现农业与金融"增长双赢"。

(一) 抑制农村金融机构的"虹吸"现象

金融机构的资金逐利性使农村资金外流,比如近年来在工业、房地产等固定资产投入的"丰厚"利益驱使下,金融机构也有相当资金流入上述项目,而这些资金的"挤出"使支农资金有所减少。即出现所谓的资金外流"虹吸"现象。"虹吸"现象是指在农村地区的金融机构像"抽水机"一样源源不断地将金融资源从农村地区吸收过来,本该投放到农村,却投放到能获得更多利润的城镇地区或高利润行业。"虹吸现象"使本来就缺少资金的农村雪上加霜,导致农村地区的金融资源匮乏。2004年,国有商业银行以吸储上存方式使从农村流出的资金估计达3000亿元。商业银行"虹吸"现象削弱了支农力度,加剧了农业资金的供求矛盾,成为制约我国农业产业结构调整优化的主要因素之一。为了达到农业产业结构调整优化的预期目标,在"工业支持农业、城市反哺农村"政策的大背景下,应采取切实有效的措施,抑制农村金融机构的"虹吸"现象,让农业金融资金来自农村,服务农村,为农业产业结构调整优化提供资金支持。

(二) 加大农业产业结构调整优化的信贷创新力度

农村金融机构要适应农业产业结构调整优化资金需求多样化的特点,不断增加特色农业、观光旅游农业、"农家乐"、生态农业等多样化的贷款品种,不断拓宽农村产业结构升级的融资渠道,不断创新信贷方式,选择有市场、有效益、有信用的农村中小企业试点。与此同时,农业产业结构调整优化的主体,也要优化农业生产结构,增加科技含量较高的优质农产品,淘汰没有市场销路、经济效益低的低劣农产品,增强满足多样化、专用化、优质化和营养化消费需求的农产品的供给能力,使农产品生产供给与农产品市场需求相一致,不断拓展、延长农业产业链,提高农产品附加值,为农村金融提供收益保证,实现二者之间的良性互动。

(三) 充分发挥农村信用社在农业产业结构调整优化中的主导作用

近年来我国农业产业结构调整优化也不断深入推进,对资金的需求日益旺盛,但由于国家有限的财政资金投入,以及出于提高资金、规避风险方面的考虑,一些国有商业金融机构在农村网点收缩。我国政府1997年出台的国有商业银行政策要求收缩县级及县级以下网点机构，包括农业银行在内的国有商业银行不断收缩县级及县级以下网点机构。1998年至今，中国四大商业银行共31000个网点机构被撤销，这些网点机构都是在县级及县级以下的农村地区，这样就导致了诸多农村地区农业金融业务形成垄断，融资单一的趋势日益严重。与农村金融市场的庞大需求相比，现有的金融支持力度远远不能满足农业产业结构调整优化的需要，金融支持不足日益成为制约我国农业产业结构调整优化的瓶颈。既然目前国有商业银行不能很好地支持涉农小企业的发展，那么，由农村信用社填补这个缺口应该说完全符合当前发展农村经济的政策方向。与国有四大银行相比农村信用社在农村地区网点多，更熟悉农村千变万化的市场，对农村经济发展的实际需求也更为敏感，因而农村信用社应该成为农业产业结构调整优化的积极参与者。在农业产业结构调整优化的过程中，为了充分发挥农村信用社的作用，农信社应在体制方面进行改革创新，在借贷管理方面改进经营管理方式，使农业农村金融环境进一步优化；拓宽农信社的支农范围，扩大农信社的服务领域，为调整优化农业产业结构提供优质、高效的金融服务，为实现农业产业结构的优化升级提供良好的金融服务。

四　建立利益协调机制

区域农业产业结构调整优化过程中的利益协调对农业产业政策的有效执行、区域农业产业结构合理化和高度化至关重要。复杂适应系统视角下的利益协调实质是适应性主体之间的利益调整优化，也是主体适应性的体现。下面就从区域农业产业结构调整优化过程中适应性主体的层次出发去考虑利益协调。

（一）中央政府层面的利益协调

中央政府从全局利益出发，制定农业产业政策来引导区域农业产业结构调整优化。农业产业政策作为一种利益协调手段，若仅从整体利益出发而忽视其他经济活动主体的利益目标和地区间的利益差别，政策的有效性会大打折扣。作为适应性主体，政策的调控对象会对政策执行结果做出主观上的评估，并与其"心理账户"进行比较，然后做出行动选择。由于信息不对称性和对政策执行手段调控的间接性，对背离政策目标的区域农业产业结构变动状况的监控具有滞后性，结果会出现农业产业结构变动引起诸多逆政策目标的既成事实。中央政府需要从宏观角度进行利益协调。

（1）政策制定上，加强政策本身的适应性。农业产业政策一经制定就具备了阶段性、稳定性和一般性特征，而政策的执行面对的是一个充满偶然因素和诸多适应性主体相互作用的动态环境，政策环境的动态性要求政策本身具有一定的适应性。一方面应建立政策—信息反馈调整优化机制，把政策制定变成一个动态的适应过程。另一方面，农业产业政策要区域化。区域农业产业结构调整优化，要实事求是，因地制宜。我国幅员辽阔，地区情况差别较大，各地区的地理位置、资源优势、经济基础和发展水平不同。区域农业产业结构的调整优化不能脱离本地区及其客观条件。

（2）建立利益分享和补偿机制，改变其利益主体的预期。从绝对利益变动的角度来看，区域农业产业结构调整优化过程是可以实现帕累托改进的，但从相对利益变动的角度来看，帕累托改进就难以实现。不同区域在动力结构上的差异以及不同产业利润率的差异，决定地区间在利益分配格局中的位置。在地区利益最大化目标驱使下，利益障碍使得中央政府有关产业结构调整的优化政策难以达到预期效果。要真正解决区域农业产业结构调整优化中的不合理问题，就必须协调好中央与地方、地方与地方之间的利益关系。建立利益分享和利益补偿机制，让参与农业产业结构调整优化的所有主体共同获取结构调整优化带来的利益。

（3）改善政绩考核标准。由于地方政府在区域农业产业结构调整优化中的特殊地位，如何激励或约束其地方政府官员行为，成为影响、决定区域农业产业结构调整优化方向能否与产业政策目标相一致的关键因素。要改善政绩考核标准，把地方农业经济增长中的结构调整优化拉入政绩评估中来。

（二）地方政府层面的利益协调

从地方政府的角度来看地区利益协调，一方面要加强政府主导下的地区农业经济合作，建立地区间长期的合作伙伴关系，改变地方政府在结构调整优化中的预期，使其在区域农业产业结构调整优化中的行为长期化；另一方面，尽管区域间合作可以发挥地区间的优势互补，使得合作双方都可以从中分享合作带来的利益，但是由于各方在合作体系中的地位不尽相同，各方通过合作所获得的利益大小是不一样的，合作的利益大于不合作的利益并不意味着增加的利益在不同主体间是均等分配的。所以，要保证达到合作的长期目的和区域间的协调发展，还必须在构建区域合作的同时，建立区域利益协商机制，达到区域农业产业结构调整优化过程中的地方政府间"效率"与"公平"的统一。

（三）农户、农业企业、农业经营者层面的利益协调

农户、农业企业、农业经营者是区域农业产业结构调整中的真正主体，在市场交易的前提下，交易双方多采取一次性行为或短视行为。交易双方各自考虑局部利益最大化，双方都从各自立场出发，观察并能够迅速适应环境的变化，但很难达到双方行为的协调。所以，在区域农业产业结构调整优化中要确保农户、农业企业、农业经营者行为的合理性，就需积极创造条件，加强区域间企业的有机结合，建立区域间农业企业长期稳定的协作关系。

借鉴跨国公司的成功经验，在区域农业产业结构调整优化过程中，鼓励企业跨区域投资、收购、兼并和重组，鼓励区域农业企业一体发展，构建区域产业结构协调发展的微观基础。区域间农业企业一体化的协调作用机制可以从下面两个方面分析。第一，农业企业、农业经营者跨区域投资可以促进区域比较优势的提升。农户、农业企业、农业经营者跨区域扩张，将传统的区域间农业产业分工转化为企业内的产业分工，这种分工形成的农业规模经济会使农业企业的竞争优势更加明显。在这一过程中，一方面可以深化区域间的分工协作和实现农业规模经济；另一方面，不同区域可以分享分工协作和农业规模经济带来的利益。第二，一体化的农户、农业企业或农业合作组织，能够有效地突破行政壁垒、打破条块分割，推动资源、生产要素在地区间自由流动与优化配置，消除地区间的障碍。

五 根据我国国情，借鉴发达国家经验

我国是一个拥有13亿多人口的大国，农村人口占有相当大的比例，我国幅员辽阔，地形、地理面貌具有多样性和复杂性，还有不同的风俗民情等，这些都是我国的基本国情，不能偏离，因此，我国农业产业结构调整优化要根据我国国情，实行分区域分阶段逐步推进方略，同时要借鉴发达国家发展农业、农业产业结构调整优化的先进经验。

一方面，要认真贯彻执行《关于加大改革创新力度，加快农业现代化建设的若干意见》的精神，坚持并完善家庭联产承包责任制，在新形势

下,实行农业土地流转,建立多种形式的农村合作社,加快转变农业发展方式,加大惠农政策力度,加快城乡一体化发展,推进新农村建设,全面深化农村改革,同时加强农村法制建设。

另一方面,我们要解放思想,善于借鉴,在我国调整优化农业产业结构的过程中,要学习美国、荷兰等发达国家的先进技术,应该借鉴发达国家成功的经验,深化农业管理体制改革,加强农业产业政策的指导、扶持作用,大力发展农产品加工企业,发展农产品精深加工,建立健全农业产业链体系,创新农业组织结构,走发展高端生态农业的道路。对于如何加快我国现代农业的发展我们将在以后章节中论述。

第五节 本章小结

本章利用1982~2012年《中国统计年鉴》、《中国农业年鉴》、《中国财政年鉴》、《中国金融年鉴》以及相关网站的数据,对我国农业产业结构调整优化策略进行了实证分析结果显示:财政(包括中央财政和地方财政)对农业的支持程度与农业产业结构调整优化绩效显著正相关,系数为1.516,在10%的显著性水平上具有统计意义;农业现代化程度与农业产业结构调整优化绩效显著正相关,系数为0.00000182,在1%的显著性水平上具有统计意义;金融(包括银行和非银行金融机构)对农业的支持程度与农业产业结构调整优化绩效正相关,系数为0.0960,但不具有统计意义;"中央一号文件"的颁布实施与农业产业结构调整优化绩效正相关,系数为0.0169,但不具有统计意义。

在实证研究的基础上,本章提出"优化财政支农形式,增强财政支农效力;推动农业机械化和农业现代化协调发展;健全农业产业结构调整优化与金融支持互动机制;建立利益协调机制"的对策建议,以推动农业产业结构调整优化绩效的不断提升。

第八章
现代农业的产业特性和内涵

第一节 现代农业的基本内涵

研究现代农业,首先要解决一个问题,就是何为现代农业,现代农业的内涵是什么。要准确理解现代农业,让我们首先回顾现代农业的发展过程。在过去的一百多年时间里,西方工业化国家的农业发展经历了一个技术变革、经济变革、社会变革交织在一起的过程,传统农业通过不断采用当代科学技术的新成果,推动自然再生产和经济再生产的统一,促进农业专业化和社会化分工的发展,实现了农业劳动生产率、土地产出率的不断提高和农业的持续发展,最终发展成为体现先进生产力水平的现代农业。例如,美国 1930~1990 年,小麦单产提高了 1.45 倍,棉花单产提高了 2.57 倍,土豆单产提高了 3.48 倍,玉米单产提高了 5.12 倍。每个农业劳动力供养的人数从 1910 年的 7.1 人增加到 1989 年的 98.9 人。农产品的商品率从 1910 年的 70% 提高到 1979 年的 99.1%。在不到一百年的时间里,美国的农业生产力水平实现了一次历史性的飞跃(美国农业发展在第二章中详尽叙述)。

从现代农业的发展过程,我们可以看到这是一个内涵广泛包含多层次含义的概念。从技术含义看,它是指在农业领域广泛采用现代科学技术,包括生物、化学、物理、气象、地理等多学科研究成果的应用和现代工业提供的技术装备，使落后的、传统的以体力劳动为主的农业转变为知识密集的农业。从经济含义看，现代农业具有不断提高的农业劳动生产率、不断提高的土地生产率、高度的社会化分工以及具有掌握现代科学知识和经营管理方式的农业劳动者。从制度含义看，现代农业具有较为发达的市场经济制度、较为完善的政府干预农业的制度和运行良好的农业服务体系。从社会含义看，它是农业社会化的过程，从封闭的、自给自足的小农经济转变为高度商品化、社会化的经济，并由此带动农村社会结构、农村文化结构、农民知识结构和价值观念的改变。从生态含义看，它是人类在认识自然和改造自然的过程中，保持和维护生态平衡，使得人类能与大自然和谐相处，从而能在优美、健康的自然环境中生活，推进人类文明的发展。

由此看来，现代农业的内涵非常丰富，很难用简短的语言准确定义，可以大体归纳为，现代农业是指广泛应用现代科学技术、现代工业提供的生产资料和科学管理方法的社会化大生产的农业。它应该具备四个主要特征，一是以现代工业装备和完善的农业基础设施等现代化的农业生产条件为基础；二是生产过程中广泛运用现代化的农业科学技术；三是以现代经营模式和现代企业制度为管理手段；四是形成良性的农业生产系统和生态系统，具备可持续发展能力。

研究现代农业这个问题，必然要联系到另外一个概念，即农业现代化。二者既有区别又有联系。现代农业是所在时代农业发展的目标，在不同的历史时代，现代农业的具体内容和标准各不相同，例如在工业革命后现代农业的主要特征就是装备了简单的机械设备，而进入了21世纪以后则是应用了胚胎移植和基因技术等现代生物技术的农业才能被称为现代农业。农业现代化则是一个历史过程，概括地说我们推动传统农业向现代农业转变的过程就是农业现代化。

现代具有时间特征，应对的是现代的市场、社会、技术、生产资料等，相比之前有较大的差异。受其影响农业发展也有不同之处：生产方式从小农到产业工业化，从靠天吃饭到农业科技普及等。现代农业其实就是在传统农业的基础之上所发展起来的一种较为先进的农业体系，它并非是一个一成不变的概念性理论，而是具有动态性特征的现代化技术手段。在现代农业体系当中包含了多个领域的科学内容，其中最为突出的标志即为现代化科技手段以及现代化的生产工具。早在2007年的时候，党中央就在"一号文件"中对现代农业做出了如下的定义阐述："用现代物质条件装备产业，用现代科学技术改造农业，用现代产业体系提升农业，用现代经营形式推进农业，用现代发展理念引领农业，用培养新型农民发展农业。"直至今日，从我国当前的农业发展现状来看，在2007年"一号文件"中所提到的现代农业发展目标已经基本实现了一大半。新常态发展对当前各个产业发展提出了更高要求，适应新常态就要有新突破，现代农业就应向着科学化、商品化、集约化以及产业化方向发展，提高产量更要求质量，努力让我国当前的农业技术水平走向世界的前列。

第二节 现代农业理论评述

从20世纪后半段至今，伴随着工业化进程的深入，现代农业不断向前发展，许多专家学者对现代农业从不同角度进行了大量研究，较为典型的论述有六种。

第一种观点为转变论。持这种观点的人从历史演进的角度出发，认为农业现代化是一个综合的、世界范畴的、历史的和发展的概念，它作为一个动态的、渐进的和阶段性的发展过程，在不同的时空条件下，随着人类认识程度的加深而不断被赋予新的内容。为此他们将现代农业定义为，传统农业通过不断应用现代先进科学技术，提高生产过程的物质技术装备水平，不断调整优化农业结构和农业的专业化、社会化分工，以实现农业总要素生产率水平的不断提高和农业持续发展的过程，现代农业即是由传统的生产部门转变为现代的产业部门。[265,266]

第二种观点为过程论。其核心思想是，现代农业不仅仅局限于农业本身，它有着更为宽泛的内容，不仅包括农业生产过程的现代化、流通过程的现代化，而且包括消费过程的现代化，此外还应包括农村的现代化和农民的现代化。也就是说，实现现代农业不仅是实现农业领域中的一个方面、一个过程的现代化，而是全方位、全过程的现代化。[267,268]持这种观点的学者普遍将农民现代化看作是农业现代化的主要内容与主要标志，他们认为，现代农业实际上就是生产力现代化了的农业，因此现代农业必然包括农业劳动者——农民素质的现代化[269]，甚至有一部分学者直截了当地认为,发展现代农业归根到底是实现人的现代化。[270]

第三种观点是制度论。持这种观点的学者从科学技术的应用而引发的制度变迁的角度来定义现代农业。他们认为,现代农业是由于科学技术在农业中的应用扩张而引发的组织制度、管理方法的变革与创新。因此,发展现代农业就是要最终消除二元经济结构,实现制度现代化。[271,272]

第四种观点为配置论。持这种观点的学者从微观层次的资源配置角度出发,认为发展现代农业实际上是资源如何更加有效配置,即如何通过资源配置提高土地产出率、劳动生产率和资源利用率。现代农业是体制系统(主要为产权制度和价格制度)、生产力系统(主要为农业装备、农业科技、农业管理和农业人力资本)和作为保障的农用生产资料工业及流通体系三大系统的有机统一体。[273]

第五种观点为可持续发展论。这种观点认为,现代农业的完整含义就是用现代科学技术和生产手段装备农业,以先进的科学方法组织和管理农业,提高农业生产者的文化和技术素质,把落后的传统农业逐步改造成为既具有高度生产力水平又能保持和提高环境质量以及可持续发展的现代农业过程。[274]

第六种观点为一体论。持这种观点的学者从世界经济一体化以及中国加入WTO的战略高度出发,认为发展现代农业不是在一个封闭状态下独善其身的过程,而是一个不断国际化和用知识经济武装的过程。[275]

第三节 现代农业评价指标体系的基本特征

要对现代农业的发展水平进行准确评价,必须建立一套科学合理的指标体系。通过研究分析,现代农业的评价指标应具备以下六个特征。

(一)具有可操作性

指标应简单明了,有可靠的信息基础,最好是现有统计资料中成熟和公认的指标,含义明确清晰,数据收集处理方便。

(二)具有重点性

能够重点体现现代农业发展水平,可以反映现代农业中的生产手段、生产条件、技术水平、社会化服务状况、土地生产率和市场化发展程度。

(三) 具有数量性

评价指标必须可以量化，且容易获得。对那些应该考虑但难以获得客观数据的指标应尽量少设或不设。

(四) 具有可比性

指标应兼具纵向可比性和横向可比性。目前世界范围内农业全球化趋势越来越明显，发展现代农业不但要与过去的传统农业相比较，还要与国外发达国家的先进农业相比较。

(五) 具有实效性

尽量选择那些在实践中使用较多，较为农业劳动者接受的评价指标。

(六) 具有导向性

指标的设置不仅要考虑满足对过去现代农业发展检验的需要，而且对未来有重要影响的一些方面也要有所考虑，以便有利于引导农业和农村工作，推进农业现代化进程。

第四节 现代农业发展的紧要性和长期性

现代农业的发展与建设工作之所以显得非常迫在眉睫，主要原因有四个方面。首先，我国当前的农业环境已经进入到一个相对紧迫和约束的状态当中，具体表现在企业经营成本的增加、务农人员数量的减少、农业产品质量的下降等方面，为了能够尽快解决这些难题，发展现代农业就显得更加紧迫了；其次，随着我国经济体系的不断变化以及人口数量的不断增加，人民、社会和国家对于农产品的需求量也在成倍地增长当中，而传统的农业形式很显然已经无法很好地满足这种高质量的需求了，所以发展现代农业也是势在必行；再次，由于我国近年来的乱砍滥伐现象较为严重，再加上各种不可抗性的自然灾害，农业耕地面积变得越来越少，基于此，进一步巩固和提升传统农业的地位是必须完成的一项艰巨任务；最后，三次产业中只有农业是对环境改善起到同步发展作用的，在树立尊重自然、注重自然、保护自然的生态文明理念的同时，发展农业就置于最优先地位，现代农业就是要建立一种既满足于自身需要又不损害自然生态的最优发展路径。

此外,发展现代化农业绝非一朝一夕就能够完成的,它需要经历长时间的发展与改革才能够达成所预期的目标。首先,我国是个农业大国,农村的占地面积之大在世界上都是排名前列的,所以想要将所有的农村地域都完成现代农业改造和建设,不但需要投入难以估量的人力、物力和财力,同时还需要有一个计划周密的实行方案;其次,我国农村的地域跨度较大,不同地区的天气情况、土地性质以及其他自然条件都有着非常大的差异性,从而导致了生产能力以及发展水平的差异,此种现象就表明现代农业的建设工作在我国不能够统一进行,必须根据不同地区的不同发展现状而制定出不一样的发展路径;最后,从我国现有农业生产模式不难看出,在今后的时间里也仍然会受到自然因素和市场因素的双重影响,而对于现代农业的建设工作来说,既不能够因为困难重重而停滞不前,又不能够因为时间紧迫而急于求成,科学的做法应该是根据不同地区的发展需要制定出不一样的实施方案,同时在实现现代农业的总体方向上把握建设工作的重点,依据科学发展规律按步骤将所有阶段的目标一步步完成。

第五节 把握新常态下现代农业的发展趋势变化

一 需求结构变化

如今,伴随着现代农业发展工作的不断深入,我国人民的消费需求也在发生着潜移默化的改变,已经从原来模仿型消费逐渐转变成了如今的多样型消费。而我国的农业企业也在紧跟时代的发展形势,对自身产品的质量水平和创新改变做出了明显的调整优化。另外,从农业的角度看,我国整体对农业的需求结构也发生了翻天覆地的改变,具体表现在如下两个方面。首先,基础粮食的销量还是趋于稳定的状态,而肉类、蔬果类以及奶制品类的产品附加值却有着明显的提升。在2010~2012年,我国农业人口的基础粮食消费水平下降了约10个百分点,肉类增加了约4个百分点、水产品增加了约4个百分点、蔬果类增加了约16个百分点、奶制品增加了约47个百分点。其次,不同消费档次的购买者对于农产品的要求也有着较为明显的差距,通过研究数据可知,恩格尔系数小于40%时,消费者将更加注重农业食品的安全等级和卫生水平。

二 供给模式变化

在传统的农业模式当中,农业产品大多都是依托于同一个平台来进行销售,而对于那些类似粮油、肉类的农副产品来说则需要保证一定的自给率。自从我国的经济体系发生了改变之后,海内外之间的贸易往来变得越来越密切,继而更多的进口农业产品进入我国的交易市场当中。数据显示,我国在2014年一共进口了近2000万吨的谷类产品,豆类产品近7000吨,进口农产品的数量占据了我国农业总产值的5%。根据此种发展形势不难看出,国际贸易的形式不但能够增加我国农产品的供给总量,同时还能够为农业现代化的未来发展提供一个更大的依托平台。

三 资源配置变化

在我国传统的农业形式当中,仍然以基础资源的投入为主要的生产形式,这种粗放式的增长方式不但浪费了很多不必要的农业资源,同时也十分不利于生态环境的保护。2014年,我国的农业生产总值已经达到了58336.1亿元。通过对传统的资源配置类型进行改革,我国的粮食生产环境发生了翻天覆地的变化,产量的高低再也不用去看老天爷的脸色了,即使是自然灾害较多的时期,农业总产值都不会受到太大的影响。

自从改革开放以来,我国能够取得今天的地位着实不容易。现今我国的现代农业发展已经粗具规模,但各地发展参差不齐,应结合当地情况进一步推进现代农业发展,促进粮食稳产、农民增收、农村经济发展,通过提高粮食综合生产能力、做优做特、高效经作、培育新型农业经营主体等,不断筑牢农业基础地位。在新常态环境中,将农业现代化的发展同国家的整体发展紧密地结合在一起,努力实现"四化"的同步协调发展。

第六节　本章小结

农业是人类生存和发展的物质基础，也是不可替代的基础，但农业也随着人类社会整体状况的发展而发展，并且在不同时期有其不尽相同的内涵与特征，人们只有了解、掌握了其内涵与特征，才能更好地适应之、改变之、利用之、发展之。本章主要阐述了现代农业的内涵和特征，明确了其概念，为下文研究指明了方向。

第九章
我国现代农业市场体系发展的主要问题

农业市场体系是连接农产品以及农业生产要素生产与消费不可或缺的关键环节,是沟通城乡经济社会关系的桥梁与纽带,是维系农业生产、农民生活与农村发展的血脉和基础,是加强现代农业市场体系建设,发展现代农业的需要。2007年"中央一号文件"明确指出:"发展现代农业是社会主义新农村建设的首要任务,是以科学发展观统领农村工作的必然要求。"加强现代农业市场体系建设,是加快建设社会主义市场经济体制的需要,是统筹城乡经济发展、建设社会主义新农村的需要。现代农业市场体系建设是中国经济发展进入新的战略机遇期提出的战略任务,是建设社会主义新农村的重要内容。在经济全球化、市场一体化的背景下,现代农业市场体系的建立,将进一步推动中国充分利用国内国际两种资源、两个市场,扬长避短,扩大优势农产品出口,增强中国农业的国际竞争力。

第一节 我国农业市场体系的发展现状

改革开放以来,特别是"十五"期间,我国大部分农村地区告别了自然经济状态,市场机制逐渐成为农村资源配置的基础性因素。农产品市场和农业生产资料市场成为满足广大农民群众生产、生活需要的重要条件,也成为全国统一市场的重要组成部分。

一　市场体系基本形成

随着我国农产品生产供应能力的提高和农村经济的发展，各类主要农产品市场已基本形成了一个完整的、互动的、高效的市场体系，初步形成了以集贸市场为基础，以批发市场为中心，以农民经纪人、运销商贩、中介组织、加工企业为主体，以产品集散、现货交易为基本流通模式，以原产品和初级加工产品为营销客体的基本流通格局。

二　市场规模迅速扩大

改革开放以来，各类农产品市场发展速度较快。截至2005年底，农产品批发市场数量稳定在4300家左右，市场年成交额不断提高，2005年达到3600亿元。期货市场稳步发展，上市品种不断增加，棉花、白糖、菜籽油、棕榈油等先后上市，农产品期货品种已经达到10个，年成交额逾6万亿元。

三　多元化的市场主体逐步发育

改革开放以来，我国对农产品经营一直实行"放开、搞活"的政策，没有建立和推行严格的市场准入制度。在这一政策的鼓励下，社会多方面力量积极参与农产品流通，相互竞争，共同发展，逐步形成了农产品市场主体多元化的格局。主要的市场主体有：农民及其合伙组织，城市下岗职工，供销社和国有商业企业，专业合作社、经纪人，农业产业化龙头企业。

四　市场建设与管理水平不断提高

30多年来，我国农产品市场建设一直实行"谁投资、谁管理、谁受益"的政策，鼓励多渠道筹集市场建设资金，调动了社会各方面兴办市场的积极性，形成了多元化发展格局，有力地推动了农产品市场体系的快速形成。

五　政府宏观调控体系基本建立

自20世纪80年代以来，中国农村改革坚持市场取向，逐步取消了长达30多年之久的农产品统派购制度，陆续放开各类农产品市场、价格和经营，实行市场经济。过去计划经济时期建立在国营、合作社商业垄断农产品购、销、调、存基础上的农产品政府宏观调控机制因不适应市场经济发展要求逐步失去效用，一种建立在市场经济基础上的新的政府宏观调控体系在实践中不断摸索、逐步建立起来。目前，我国已基本形成以经济手段为主、间接调控农产品市场的新机制，调控的主要手段包括建立农产品市场信息定期发布制度、重要农产品储备制度、农产品风险基金制度、粮食收购保护价制度和农产品进出口调节政策等。

第二节 我国农业市场体系存在的主要问题

中国农业市场体系建设时间短、起点低，还处于初级阶段，与农业发展进入新阶段后对流通提出的新要求和农业发达国家的现代化农业市场体系相比，还存在一定差距。存在的主要问题有以下几个方面。

一 基础设施条件差，交易方式落后

由于投资少、效益低，目前大多数农产品批发市场仍是露天市场，有的甚至地面都没有全部硬化。市场配套设施更不完备，仓储、制冷等基本配套设施严重不足。农民迫切需要的信息服务更是缺乏。据商务部调查，目前，中国农业市场实行连锁经营的交易额占总交易额的比重不足10%，90%以上的农产品通过对手交易代销；农产品流通的信息化建设还处于起步阶段，农产品批发市场仅有9.23%的市场全部或部分采用了电子商务交易技术。

二 市场主体经营规模小，组织化程度低

目前，个体经营和合伙经营是农产品流通特别是鲜活农产品流通的主要力量，他们经营规模不大、数量众多、流动性大、组织化程度较低，而且经营条件简陋，经营方式落后，专业化素质也比较低。小规模经营者的大量存在，直接阻碍了流通效率的提高和先进交易方式的推广应用，对市场体系的进一步升级与发展也带来不利影响。农民流通合作经济组织虽然数量不少，但规模小、实力弱，市场覆盖率低。农民进入流通领域基本上还是散兵游勇、各自为战，难以适应市场变化的需要。

三 市场信息体系薄弱

目前，中国农业信息体系建设滞后，明显落后于国家信息化整体水平。全国有近1/4的县未建立农业信息服务平台，近1/2的乡镇没有建立农业信息服务站，服务网络向龙头企业、种养大户、专业协会等的延伸速度缓慢。同时政府对信息的引导力不强。目前，中国政府对农产品流通信息的控制手段还比较薄弱，缺乏统一规划、指导、协调，信息传输反馈网络不完善，信息的上下贯通不顺畅，还不能提供权威、及时、有效、准确的与农产品流通相关的信息，难以满足农副产品加工和流通企业以及广大农民等各方面对信息的需求。

四 期货市场功能不完善，交易规模小

目前，中国期货市场上的农产品期货品种主要有大豆、玉米、小麦、棉花、白糖、豆油、豆粕、天然橡胶、绿豆、菜籽油10种，分布在三家交易所。中国农产品期货市场上品种少，缺乏大宗期货品种，使现货市场的风险缺乏有效的载体，造成很多农产品和工业品价格风险没有转移的场所和机会，远远不能满足众多需要在期货市场进行套期保值交易来规避现货市场价格风险的生产经营者的需求，制约了期货市场套期保值功能的发挥。而且在现有的10个交易品种中，交易活跃的仅占少数，这样会导致众多的投资者将资金集中在几个期货品种上，容易出现垄断价格和操纵市场的现象，由此产生的期货市场价格并没有真实预示宏观经济的发展趋势，反而制约了期货市场价格发现功能的发挥。

五 政策法规不完善，宏观调控不力，管理体制较为混乱

20多年来，中国农产品市场和农资市场快速发展，但是涉及农产品流通的一些重要法律法规尚未出台，没有专门的法律制度来规范和调节农产品市场流通中各种相关主体的行为，致使各地市场运行状况参差不齐，各种经营主体在市场流通过程中的行为很不规范，市场与政府各部门的关系难以理顺，阻碍了全国统一市场的形成。并且由于缺乏统一规划，农产品市场和农资市场地区发展不平衡，布局不合理。以农产品批发市场为例，全国成规模的农产品批发市场共4300多家，其中70%分布在东部地区，

中部、西部地区仅分别占20%和10%左右。

此外，由于对农资产业链的管理还存在分段式管理，即生产归农业部门、流通归工商部门、销售归质检部门，当某一阶段发生问题时，很难明确具体应由哪一部门负责，容易出现各部门之间相互扯皮的现象。

第三节 世界农业市场体系发展的借鉴意义

从世界范围看，各国农业市场体系既有普遍性，又有特殊性。普遍性反映了农业市场发展的共同特点，特殊性反映了不同的国情，尤其是农业结构和经营方式的差异。发达国家农业市场体系主要有东亚、美国以及欧盟等几种模式。日本、韩国人多地少，其农业生产方式和居民食品消费习惯与中国相似，规范化的批发市场主渠道在解决农产品销路、保障供给、维护社会稳定和促进经济发展等方面发挥了重要作用。因此，日韩模式应是中国农业市场体系与国际接轨过程中值得参照的主要模式，对中国农业市场体系的建设具有很大的借鉴意义。

一 健全法律法规，加强农业市场法制化建设

中国的农业市场法律法规建设滞后，已经严重影响到农业市场体系的健康发展，要在立法调研和借鉴国外有关法律法规经验的基础上，尽快出台有关法律法规。要根据中国农业和农村经济发展对农业市场体系的实际需求，制定专门的法律法规，规范农产品市场和农资市场的开办目的、市场规划、市场准入、交易规则、关联从业人员职责、政府管理机构设置与职能、罚则等行为，把现代农业市场体系建设纳入规范化、制度化的轨道，使其在法制保障下正常有序地开展。各级地方政府也要加快地方农产品市场和农资市场规划建设管理的立法工作，对农业市场体系的建设实行宏观调控，制定发展的中长期规划，监督投资者按现代化高起点的标准建设。

二 加强政府投入，促进市场设施和交易条件的改造升级

针对中国农产品市场和农资市场尤其是农产品批发市场的设施简陋、交易条件差、服务功能不配套的问题，应借鉴日本、韩国和中国台湾地区

的经验，加大对基础设施的扶持力度，同时要鼓励企业进行投资建设。对发育程度不同的市场，其资金投入和设施改造的重点也应有所不同。对于传统的、档次低的农产品市场，要加强基础设施建设，重点投入市场场地硬化、水电路配套、交易棚厅以及农产品加工、储藏、保鲜和物流配送设施等的建设，改变市场设施简陋和脏、乱、差的状况，从露天交易改为室内交易；对于规范的、档次高的农产品市场，在完善基础设施的基础上，重点加强提升市场功能的农药残留检验检测系统、农产品标准化系统、信息管理系统、信息采集发布系统、电子结算系统等的建设，有条件的要建设拍卖大厅和电子报价系统，为向拍卖、电子统一结算和网上交易的升级做好准备；对于新建或欲建的农产品市场，在市场基础设施的投入上要有一定的规划和标准，起点要高，避免以后发展过程中出现硬件设施落后而影响升级，到时又不得不进行改造的情况。

三 加强农业标准化体系建设，提高交易效率

应借鉴发达国家特别是欧盟的成功经验，制订出适合中国国情的农业标准化发展规划及年度的农业标准化实施计划，并根据国外的先进标准加快制定和修订农业标准。特别是要加紧进行主要农产品的内在品质、加工性能、分等分级、包装保鲜和安全卫生标准的制定和修订工作，争取短时间内，使主要农产品的标准配套，使农产品生产的各个环节都有标准作为技术依据。鉴于国际标准、国外先进标准具有先进性和适用范围的广泛性，中国在农业标准化体系建设中，应将采用国际标准和国外先进标准作为长期坚持的技术经济政策和技术进步措施。但在国际市场上，由于竞争激烈，产品的供求状况、类型、规格及生产规程会经常发生变化，引发时常修改标准或制定新标准的问题，这就要求对中国农业标准化体系不断加以完善，及时了解、准确跟踪国际农业标准化的发展态势，赶超国际农业标准化的先进水平。

四 提高农民组织化程度和市场参与能力

农户分散地参与市场一方面增加了市场的交易费用，难以形成规模经营；另一方面农户作为交易一方，数量远远超过中间商业组织，但由于缺乏整合组织，大大削弱了其讨价还价的能力，导致农民利润流失。因此，

催育农村市场中介组织,提高农民参与市场的组织化程度,已成为解决小生产与大市场之间矛盾的当务之急,也是完善农产品市场、优化价格形成机制的实际要求。日本农协以及美国、欧盟国家的销售合作社对其农产品市场的发展都起到了至关重要的作用,而在中国真正代表农民利益的同类合作经济组织还比较少,这已严重制约了中国农产品市场体系的发展。目前,中国在这方面的重点是要加强农民专业合作社、农民经纪人和流通龙头企业的培育。

五 积极稳妥地推行新型交易方式和流通业态

(一)发展批发代理和拍卖

目前,中国农产品市场由于交易主体经营规模小、流动性大、数量众多、交易分散等特点,使得拍卖制的产生与发育受到制约。因此首先要促进批发代理交易的发展,让大型的批发商组织与生产者、经纪人或专业组织建立委托代理关系,以提高交易的组织化、专业化程度,从而为拍卖制的发展提供良好的条件。在已经具备条件的农产品市场尤其是销售地批发市场,要积极尝试进行拍卖交易,对于拍卖设施不完备的农产品市场可以暂时采取手势等传统的叫价方式,对于档次高、标准化和规格化程度高的农产品市场要逐步尝试电脑拍卖。

(二)发展加工、配送和连锁经营

对于有条件的农产品和农资市场可以直接投资建立连锁经营企业,但是发展连锁经营要有一定的经济基础和客观条件,要有相当的经济实力,要有先进的管理模式、管理手段和过硬的管理队伍,要有一定知名度、信誉度的企业名牌,要慎重选择地址和目标市场。

(三)发展电子商务

互联网技术的应用为中国的农产品和农业生产资料流通注入了新的生机和活力,从传统模式下的对手交易,到通过对各种资源的整合,利用先进技术搭建农业信息应用平台,实现网上交易,是历史的必然趋势。中国农业市场体系要顺应这种由传统到现代的转变,在21世纪充分发挥信息技术的作用,使之不断发展壮大。

第四节　新常态下现代农业在发展进程中所面临的挑战

一　内部市场

首先，经济增长速度过于缓慢。经济增长对于现代农业的发展来说有着至关重要的作用，它不但能够影响到国家对于农业的投入水平，同时还导致了外动力被消减的现象。据相关统计，我国2014年全年的GDP增长速度约为7.4%，比1979~2013年的平均增长速度下降了2~3个百分点。此种现象表明我国现代农业在未来的发展当中将面临异常严峻的内部市场环境，继而让此项投入较高的发展项目变得阴晴不定，难以捉摸。

其次，国内农业产品的价格过高。我国的农业产品价格基本高于当前的国际平均价格，同时，我国的农业补贴金额已经接近国际贸易组织所制定的最大上限，所以今后的上升空间变得越来越小。在此种形势下，国内农产品的价格劣势就显现了出来。数据显示，2014年7月，国内的大米价格比进口大米的价格每斤多了0.14元、小麦的价格多了0.4元，玉米的价格多了0.68元。

最后，生产成本增加。通过上文的介绍能够了解到，我国当前的资源环境压力较大，以至于占用了很多农业产品价格的上升空间。此外，再加上农业生产当中土地费用和人工费用的不断提高，这将我国的农业推入到一个较高的生产成本的环境当中。与此同时，伴随着我国人口数量的不断增加，可供每个人所使用的淡水资源也变得越来越少，仅仅为国际标准的1/4左右，这些问题都是农业生产成本大幅度增加的根本性原因。

二　国际市场

国际市场环境对我国现代农业的发展也带来了不小的冲击。近年来，农产品贸易的差异额度在逐年的增加当中，越来越多的海外农产品借此机会进入了国内市场。再加上海外农产品相比于国内农产品在价格和质量上都有着一定的优势，这就让国内农产品的市场环境开始变得动荡不安。此外，海外农产品种类的增加，吸引了大量国内消费者的目光，这种现象更加缩小了国内农业的发展空间。

第五节 建设中国现代农业市场体系的重点内容

一 加快农产品市场改造步伐

在农产品批发市场组织实施升级拓展工程。重点推进十个方面的基础设施建设，即市场地面硬化、水电道路系统改造、交易厅棚改扩建、储藏保鲜设施、加工分选及包装设施、客户生活服务设施、市场信息收集发布系统、市场管理信息化系统、质量安全检测系统、卫生保洁设施。拓展十个方面的业务功能，即实行场地挂钩、开展加工配送、监管质量安全、推进规范包装、强化信息服务、发展现代流通、壮大市场主体、开拓对外贸易、维护安全交易、完善公共服务。积极改造农贸市场。实行退路进厅，取消马路市场，建设场所相对固定的大厅式交易市场，完善场地、道路、水电、垃圾处理等必要设施。继续在有条件的地方积极推行"农改超"，提升市场档次。大力发展社区便利店，建立新型农产品零售网络。

二 发展农产品现代流通方式

发展农产品连锁经营。引导农业产业化龙头企业、批发市场和大型农产品流通企业发展农产品连锁经营，建立新型、高效的农产品营销网络。支持建立一批跨区域的大型农产品物流配送中心，提高农产品集中采购、统一配送的能力。鼓励农民专业合作经济组织在城市建立农产品品牌直销连锁店。

发展农产品电子商务。培育大型农业网站，强化农产品市场信息收集发布。积极创造条件建立网上交易平台，探索开展农产品电子商务。完善农业网上展厅，扩大农产品网上宣传、推介力度。

发展农产品期货市场。稳步推动农产品期货市场发展，选择条件成熟的品种及时组织上市交易，增加农产品期货交易品种。加强期货市场资源的开发利用，扩大影响面，延伸服务范围，使更多农产品生产、加工、贸易企业和农民能够参与期货市场的活动，维护自身利益。

三 培育壮大市场主体

积极培育、壮大农产品经纪人队伍,围绕农产品流通政策、运销贮藏加工技术、质量安全知识与法规、农业科技等内容开展农产品经纪人培训,向农产品经纪人提供市场信息服务,帮助他们提高素质,增强市场开拓能力。积极引导农民营销合作组织发展,鼓励运销大户、农产品加工和流通企业领办营销合作组织,提高农民参与农产品流通的组织化程度,增强市场竞争力。

四 推进农产品分等分级和包装上市

加快制定全国统一的农产品分等分级标准,积极宣传农产品分等分级知识,鼓励农民和经销商按统一标准对农产品进行分等分级,实行规格化包装,提升农产品整体形象。积极引导在农产品集中产区和产地批发市场,建立农产品分选、包装设施,为农产品产后分等分级和包装提供条件。

五 加强农产品营销促销服务

积极利用WTO规则,加大对农产品营销促销服务的支持力度,加快建立和完善农产品营销促销服务平台,为农产品生产经营者、加工贸易企业提供形式多样的营销促销服务。进一步充实、完善农产品网上展厅,利用互联网全面展示和推介中国优质、安全、特色农副产品,为沟通产销创造条件。加强农产品营销促销公益广告宣传,提高中国农产品的声誉,扩大市场影响。培育大型农产品展会,增强展会的品牌影响,推动农业交流,促进农产品贸易。支持国内农业企业实施"走出去"战略,积极参加国外大型农产品博览会,扩大中国农产品的国际影响力,不断开拓国际农产品市场。

第六节 本章小结

传统农业时期我国是一个农业大国,农业产值在国民生产总值中占有很大的比重,随着经济的发展,我国已经步入后工业化时期,我国农业总产值在国民生产总值的比重越来越小,与发达国家相比显得非常落后,就是与我国其他两产业相比,也显得极不协调,再不改变现状,会造成极其不利、极其危险的后果。想摆脱困境,就必须建立健全农业市场体系。本章主要阐述了我国现代农业市场体系的现状,提出农业市场体系存在的问题,并分析了我国农业市场体系发展的机遇与挑战。

第十章

我国现代农业发展与农业功能拓展的路径选择

十八大报告中强调:"解决好农业农村农民问题是全党工作重中之重,加大强农惠农富农政策力度","加快发展现代农业,增强农业综合生产能力"。我国经济社会发展进入了工业化中期这一关键阶段,工农关系和城乡关系发生着重大变化,农业在国民经济中的比例,农业就业人口占社会从业人员的比重已下降到较低水平,传统农业正突破原有的领域向现代农业转变,在满足社会多样化需求方面发挥着越来越重要的作用。新阶段的特征和新的历史任务对现代农业的发展提出了更高的要求,挖掘和拓展农业新的功能成为研究"三农"的重大问题。

第一节 农业功能演变与多功能理念

一 农业功能的演变

农业是人类历史上最古老的产业之一,在经济社会发展中处于基础地位,是人类的衣食之源、生存之本。在农业社会时期,农业的功能主要是提供衣食住行所需要的农产品,为人类生存和创造历史奠定物质基础。在农业社会向工业社会转型的进程中,农业除了提供衣食住行所需要的农产品外,为其他部门发展提供资本、市场、劳动力等的功能随之产生。在现代工业社会时期，尽管各国，特别是发达国家农业在国民经济中的份额都表现出下降的趋势，但从总体上看，农业在国民经济中的作用非但没有削弱，反而被赋予了更多的功能要求，农业功能拓展在更广阔的领域进行，由经济范畴拓展到社会范畴，除已有经济功能不断强化外，还承担起保障农民就业、保护资源环境、文化休闲和农业文化的传承等社会和环境方面的非经济功能。

二 农业功能的一般界定

农业功能指的是农业对整个社会系统和各个社会部门所产生的作用。对农业功能的认识，不同的学者观点各不相同。但不论是早期发展经济学理论对农业功能的论述，还是当今国际粮农领域提出的农业多功能说，都是从农业的产业特性和农业与国民经济关系这两个关键切入点出发、结合所处的经济社会发展阶段来分析农业功能的。从一般意义上讲，农业功能大体可归纳为八个主要方面：产品供给功能、就业吸纳功能、市场贡献功能、要素贡献功能、外汇贡献功能、生态环境功能、文化传承功能、旅游和休闲功能。

三 农业多功能理念及其特征

农业多功能性是指农业由自身的特殊性所决定具有商品生产和非商品生产两大功能，即农业除了具有生产食物和植物纤维等农产品这一主要和传统认知的功能外，同时还具有其他经济、社会和环境方面的非商品生产功能，包括保护和改善环境、形成农业景观、维护生物多样性、保持农村活力和地区平衡发展、确保粮食安全、农村失业保障、替代社会保障、经济缓冲、消除贫困和确保农民生计、保留农村文化遗产等。这些非商品功能所产生的有形和无形结果在不同程度上具有外部性特征或溢出效应，从而与市场失灵相联系，其价值和成本无法通过市场交易和产品价格来体现，因而也就无法通过市场机制来调节其供给，必须通过一定的政策干预才能实现社会福利的最优化。农业多功能具有联合生产、外部经济和公共产品特征。这些特征的存在是各国农业政策调整优化的出发点，决定了农业政策调整优化的基本方向。

第二节 我国农业功能定位和拓展的实践

改革开放 30 多年以来，我国经济社会不断发展，工业化、城市化进程加快，农业功能也在不断调整优化和拓展，总体上看，农业的产品供给功能进一步拓展、要素贡献功能发生显著变化、市场功能日趋重要、环境生态功能不断凸显。

(一) 农产品供给实现由长期短缺到总量基本平衡、丰年有余的历史性跨越，产品供给功能在数量、质量和品种三个方面得到了拓展。改革开放以来，全国粮食产量从 3000 亿千克连续增长至 2012 年的 5895.7 亿千克，棉花产量从 4000 万担连续增长，2012 年年产量已经超过 8000 万担，其他农产品也都大幅度增长。目前，我国粮食、棉花、油料、蔬菜、水果、肉类、禽蛋、水产品产量，均跃居世界首位，甘蔗、大豆分别居世界第三和第四位。目前，我国市场上供应的农产品，不仅数量越来越充足，而且品种越来越丰富，质量和安全性越来越高。

(二) 乡镇企业异军突起，农民工在城乡间的流动，农业劳动力的释放与吸纳功能以独特的方式得以拓展，为工业化和城市化进程做出了重大贡献。1978~2004 年，乡镇企业从业人员由 2827 万人增长到 13866 万人，平均每年增加 425 万人。离土离乡外出务工劳动力到 2005 年增加到 10820 万人，大量劳动力从农业中转移，使我国劳动力就业分布和结构发生了历史性变化。目前，农民工已经成为我国产业工人的重要组成部分。在全国第二产业从业人员中，农民工占 57.6%，农民工在加工制造业中占 68%，建筑业中占 80%。在全国第三产业从业人员中，农民工占 52%。2005 年，第二产业、第三产业占国内生产总值的比例上升为 87.88%，城市化率上升为 43%。改革开放 30 多年来，农业对国民经济发展的劳动力贡献成就是巨大的。

在拓展农业劳动力转移释放功能的同时，农业吸纳劳动力功能得到进一步强化。一是通过发展产业化经营方式，延长了农业产业链条，从纵向深入方面扩大劳动力在农业中的就业容量。二是通过采取多形式、多层次、多渠道的农业经营模式，对从事农业的劳动力进行职业分解，从横向方面形成农业生产的专业化和多样化格局，有效地增加劳动力就业数量。

（三）农业市场贡献功能增强。农业生产的快速发展和农民收入的大幅提高通过乘数效应对整个经济发挥着日益重要的拉动作用。改革开放之初，农业生产责任制的实施，极大地引发了农业生产的大幅度增长和农民收入的提高，为国民经济发展提供了巨大和持续的拉动力。1979~1984年农业总产值平均每年递增8.98%，其中种植业年均递增6.61%，农产品供给增加，农民现金收入激增。农民现金收入增长，成为国内市场扩张的主要动因。在1978~1984年新增加的1798亿元社会商品零售额中，约有2/3来自农民的消费。旺盛的市场需求，又刺激了工业品生产，同期全国工业总产值年均增长8.88%，乡镇企业的工业产值年均增长17.9%。中国农村发展问题研究组通过综合测算得出，此阶段农民消费和积累增长对国民经济贡献高达62%，社会总产值年均增长的近9%中，农业发展的贡献为5%~6%。这充分表明，产业间的联系会使一个部门生产和收入扩大，带来其他部门生产和收入的增加，生产联系会因收入乘数或收入生成联系的作用而增强。

（四）生态环境和可持续发展问题突出，农业的生态功能全面拓展并受到越来越多的关注。我国从20世纪80年代以来制定并实施了一系列保护生态环境的方针、政策、法律和措施，把环境保护作为一项基本国策。从党的十五届五中全会提出"实施可持续发展战略"，到十八大报告中把生态文明建设提到战略高度，建设生态文明直接关系到"人民福祉、关乎民族未来长远大计"。我国过去迫于生存压力而过度开垦的土地，现在就可以有计划、分步骤地退耕还林、还草、还湖，逐步恢复生态的良性循环，创造更加适合人类生存与发展的自然生态环境。在这一过程中各地积极采取措施，合理使用、节约和保护农业资源，提高农业资源利用率；加强生态建设，遏制生态环境恶化；狠抓农业与农业生态环境的保护和治理，使农业的生态功能得以凸现。

第三节 建设现代农业过程中农业功能拓展的路径选择

不同国家、不同发展阶段，农业功能的定位和拓展方向是不同的。在我国，拓展农业功能必须从我国的发展阶段和国情出发，深入分析农业功能拓展面临的有利条件，准确把握农业功能拓展的重点领域，稳步拓展农业多重功能。

一 加强对农业的支持和合理保护，强化农业的基础地位和作用，拓展并有效实现农业多功能价值

在农业社会向工业社会转型过程中，我国农业增加值在 GDP 中的比重呈不断下降趋势，但这并不意味着农业基础地位的改变，而是要求农业以更高的质量和从更高层次上作用于经济社会发展。按照农业多功能性理论，我国农业具有显著的多功能价值。特别是在二元经济结构和农村缺乏必要的社会福利保障体系下，我国农业承担了保障劳动力就业、防止城市人口过度扩张和集中、为农村隐性失业提供保障救济、替代社会福利保障的功能，对保持社会稳定和经济可持续发展发挥了十分重要的作用，具有不可估量的价值。在农村社会资本的形成和文化传承等方面，农业也具有显著的功能价值。这些价值的实现尽管在相当程度上是以农业的效率为代价的，但考虑到农村社会保障体系的建立和完善需要相当长的时期，这些功能价值将在一定时期内具有重要意义。

农业多功能及其价值具有联合生产、外部经济和公共产品特征，这决定了农业的全部价值不可能在市场机制下得到体现和实现，其充分实现必须通过有效的政府行为进行必要的政策干预。从国外经验和中国的实践看，强化农业的基础地位和作用、拓展并有效实现农业多功能价值，必须加强对农业的支持，必须在开放条件下加强对农业的合理保护，农业干预政策的选择和调整优化必须与我国发展阶段性特征相适应。

在我国土地仍然是大多数农民赖以生存的主要生产资料，在社会保障制度不完善的情况下，其社会保障功能不可忽视。只有在农村建立能够替代土地保障功能的社会保障制度，使社会保障利益补偿大于土地给予农民家庭的收益，使社会保障的风险抵抗能力优于土地的风险抵抗能力，才可以使土地这种最宝贵的农业生产资料通过市场机制得到有效的配置，进而发展适度规模经营，为建设现代农业创造条件，也有利于农民彻底地从农业转向非农产业。这既是第二轮土地承包责任制的完善和延续，也是保持农村经济持续健康发展和建设和谐社会的重要保证。

二 以确保粮食安全为重点，拓展和强化农业的产品供给功能

创造和保持农产品商品剩余的增长是部门多样化的前提，也是工业化发展的前提。农产品供给,几乎是任何国家和地区农业生产的基本功能,在各个发展阶段都被置于最突出的位置。农产品供给功能的调整优化和拓展,主要在产品数量、质量、品种、结构和用途几个方面进行,在开放条件下农业产品功能的定位必须考虑农业贸易的因素。

中国国情决定未来中国农业产品功能的拓展首先要强化食品供给功能,确保粮食安全。就农业的食品供给而言,农业资源小国和经济欠发达国家和地区,理论上讲其供给不足可以通过增加进口加以弥补,只要这种进口不受外汇短缺和进口成本的限制。但是,对于像我国这样的大国,解决食品供给,特别是粮食供给问题要复杂得多。食物安全特别是粮食安全,在我国不仅是重大的经济问题,而且是重大的政治问题。我国国情决定了我们只能立足国内资源解决粮食问题。

强化农业的粮食供给功能,对我国经济社会持续稳定发展的意义主要体现在三个方面。其一,粮食是国民经济基础的基础。其二,粮食是当今世界上重要的战略性资源。其三,一定的粮食自给能力具有安全保障和战略功能,具有公共产品特征。

此外,根据工业化和城市化进程的需要,应强化农业原料产品供给功能。国内农产品加工能力日益扩大,对农产品原料的需求将稳定增加并日趋多样化,这对强化和拓展农业原料产品供给功能提出了新的要求并带来了机遇。值得注意的是,相对于国内工业对农产品原料生产的巨大需求和快速增长,特别是相对于国内迅速增长的农产品加工能力,我国原料农产品的生产能力明显不足,需要必要的进口来弥补缺口,但这丝毫没有减损我国农业原料农产品供给功能的重要性。

三 在继续推动农村劳动力转移释放的同时,着重提高农业整体吸纳劳动力的能力,拓展农业的就业功能

改革开放以来,通过发展乡镇企业、农民进城务工等渠道吸收了 2 亿多农村剩余劳动力,这为工业化和城市化进程以及农业自身发展做出了重大贡献。但值得注意的是,我国农村人口城市化和农村劳动力转移在短期内还难以完全吸纳所有的农村剩余劳动力。据有关数据估算,目前 5 亿多农村劳动力中,农业剩余劳动力就有 1.2 亿~1.5 亿人,今后每年还将新增劳动力 600 多万人,农村就业的压力越来越大。农村劳动力转移速度,

由 1982~1997 年的年均转移 501 万人，降至 1997~2004 年的年均转移 363 万人。因此，在未来相当长一个时期内，强化农业发展本身对劳动力的吸纳功能仍是非常重要的，农业仍将是容纳劳动力最多的部门。对于中国这样人口和劳动力资源丰富的大国来说，扩大农业内部就业是缓解劳动力就业压力的有效途径。

从理论上讲，在二元经济结构下，转移农村剩余劳动力的途径不外乎两个方面：一是向农业外部转移，通过工业化和城市化将农村剩余劳动力转向工业和其他非农产业；二是在农业内部进行消化吸收，发展农业和农村，使工农差别和城乡差别不断缩小，最终使二元化消失。在我国农村劳动力大量过剩，工业和其他非农产业的发展尚处在转型和调整优化时期，城市就业前景不容乐观的情况下，转移农村剩余劳动力必须向农业的深度和广度进军，拓展农业的就业功能。实践中，一要积极发展农业产业化经营；二要大力发展开发性农业；三要提高复种指数，发展劳动密集型农业和庭院经济；四要扩大农业基础设施建设。

四 以保护环境实现可持续发展为目标，强化和拓展农业的生态环境维护功能

保护自然资源、生态环境，建设环境友好型社会和发展循环经济，实现可持续发展，是经济社会发展新阶段对农业功能拓展提出的新要求。农业的特殊性，决定了农业比其他经济部门具有更加重要的生态环境功能。农业最大的特点是经济再生产过程与自然再生产过程交织在一起，农业经济活动以自然生态的运动规律为基础。第一，农业是以有机生命为基础的产业。第二，农业生态系统与整个环境具有协同作用。第三，农业系统内部生物的多样性之间既相互依存又相互制约。

同时，随着人口与资源、经济与环境之间的矛盾越来越尖锐，农业作为人类与自然之间能量交换的纽带，其减少工业化对生态环境的破坏程度、维护自然生态平衡的功能应当拓展。拓展农业生态环境维护功能应着力于减少对自然生态环境的破坏和污染，强化农业对环境的修复和促进作用。农业的生态环境维护功能，实际上是从两个方面来证明其对国民经济发展有重要意义的。一方面是减少污染和破坏，工业化、城市化的发展，不能以过度的农业资源占用以及植被破坏、水源被污染、土壤被侵蚀为置换代价。另一方面，农业如何充分释放生态环境维护功能，对于国民经济健康发展具有十分重要的现实意义。

总之，强化农业的生态环境维护功能，必须遵循生态经济规律，根据经济社会和区域生态环境的特点，不断巩固、改善农业发展的生态基础；必须充分考虑生态环境的承载力，加强宏观调控与管理，合理配置、利用农业环境资源，退耕还林、还草、还湖，实施农业综合开发，维护生态系统平衡；必须强化农业对环境修复改善、污染防治作用，增加农业在环境方面的积极影响和正产出。

五 适应经济社会发展新趋势，着眼长远积极拓展农业的能源功能，发展能源农业

发展能源农业是发挥农业优势、创新农业功能的新尝试。中国具有发展能源农业的潜力和条件。我国不仅生物质能蕴藏量丰富，而且目前我国已掌握用于发展能源农业的相关科学技术。下一步中国能源农业发展的重点，既要为国家经济社会发展提供一定的能源，又要加快农业农村发展，促进新农村建设。要把能源农业作为加快现代农业建设、发展循环农业的重大举措。一是发展生物质颗粒燃料；二是发展农作物秸秆气化；三是发展农作物秸秆发电；四是发展农村沼气；五是发展燃料乙醇；六是发展生物柴油。

发展能源农业，要从我国国情出发，统筹兼顾；要以保障粮食安全为前提，不与人争粮、不与粮争地；要根据不同地区农业发展水平和条件，科学规划能源农业发展区域，充分利用荒山、荒丘和废弃地种植能源作物，充分利用丰富的农业废弃物资源发展生物质能源。

六 拓展农业的观光休闲功能

观光休闲农业是近年来出现的一种新的农业生产经营方式，它以田园景观和自然资源为依托，结合农林渔牧生产、农业经营活动、农村文化及农家生活，经过规划设计与建设，成为一个具有农业经营特色的区域。大力发展观光休闲农业，对于促进农业和农村经济发展有重要的意义。一是有利于促进农业产业结构升级；二是有利于提高农业的经济效益；三是有利于促进农村富余劳动力的转移，加快农村的城镇化建设；四是有助于加

强城乡居民之间、不同民族之间的交流和沟通。

拓展农业功能，发展休闲观光农业，要坚持突出特色，搞好规划。发展休闲观光农业要重视发展精品农业、特色农业，发展规划要与城市旅游、城镇发展规划、农业现代化紧密结合。要体现农业特色，突出农村生活风貌和丰富的乡土文化内涵，挖掘民间的创造才智，引导农民积极参与。要积极引进先进优良的适合休闲观光农业发展的特色蔬菜品种、水果、花卉和其他观赏植物，引进先进的农业种植模式和栽培技术，提高科技含量，实现可持续发展。

七 拓展农业的文化传承功能

中国作为古老的农业大国，几千年的自然调适，形成相对成熟的、具有鲜明地方特色的农耕文化，由此产生的独特景观、价值观念、行为体系等有形和无形的文化遗产更是异彩纷呈。一方面，中国农耕文化在各地创造了具有多样性的农业形态；另一方面，乡村社会环境是传统文化孕育、生长的载体，农耕文化体现了我国传统文化中的民俗文化。

广大乡村的生活环境未有本质变化，传统文化相对得以遗存。但随着工业化、城市化的高速发展，中国农业地域不断压缩；在市场化和全球化的压力下，现代农业的发展也越来越缺乏地域特色，人类文化多样性丧失的威胁显示了农业文化传承功能的重要性。拓展农业的文化传承功能，要注意扬弃农耕文化的糟粕，保留并完善农耕文化的精华，在吸收借鉴工业文化先进成果的同时，保持自身的鲜明特色，形成农耕文化与工业文化相得益彰、互相补充的格局；在注重对农业的文化功能进行经济开发的同时，要防止不适当或过度开发对农业文化功能的破坏。

第四节 新常态下发展现代农业的对策建议

我国虽然是一个地域辽阔且资源丰富的产业大国，但同样也是人口数量世界排名第一的国家，人均数据均排名落后。如果要打破这种局势，就必须对我国当前的农业发展形式进行转变，不但需要制定出崭新的发展思路与手段，同时也应该具有一定的发展战略目标。在开辟现代农业的道路上，既不能故步自封、闭门造车，同时也不能盲目地去参考他人，应该审视发展规律,沿着国际农业发展的路线积极地创新和探索,继而开辟出一条"中国特色"的现代农业发展大道。

一 进一步巩固农业的地位

早在中共八大报告中就提及国民经济以农业为基础,粮食是基础的基础。几乎每年的"中央一号文件"均涉及"三农",可见农业在我国的战略方针当中占据重要地位。但是由于受生产规律所限,农业在 GDP 中的比重逐步减少,但绝不能忽视农业的重要性。在新常态的环境中,我国的经济发展速度会发生减缓的现象,继而让原有产业结构的转换变得更加困难重重。然而,越是在这种充满艰难险阻的时期,农业的价值和作用才会更加彻底地被发掘出来。农业就好比是砝码,只有不断地增加重量,才会让天平朝这个方向倾斜,要持续加强农业投融资,财政要进一步加大支持力度,保证农业的基础地位,才能实现现代农业,继而增强我国核心竞争能力。

二 进一步夯实农业基础

为了更好地适应新常态,当前应该首先去完成的一项任务就是稳定粮食增收,保证粮食安全。粮食安全是重中之重,民以食为天,农业又是粮食赖以生存的栖息之地,只有粮食产量充足,解决了口粮问题,即使是面对再艰难的环境才不会发怵。提高粮食产量,注重粮食质量,还需提高粮食利用率,这样才能提高农民收入。在新常态的环境下,经济的发展是国富民强的保证,而增加农业收入也是带动国家经济发展的一项重要举措,基于此,我国的下一个目标应该是让农民先致富,在保证原有增收模式顺利进行的基础之上进一步地拓宽增收面积、提高增收份额,通过这种以农带城的方式来加快我国全民奔小康的步伐。

三 进一步转变农业发展

农业的发展前提应该是保证农业产品的质量水平,而这也是适应新常态环境的一种具体表现形式。当前,越来越多的国外农产品进入中国市场,为了突显我国农产品的优势,需要去完成的不仅仅是投入资金和资源,更应该去做的是通过提高劳动生产能力的方式来扩大国家的内部需求量。对于现代农业的发展来说，我国更加适合走一条具有集约性特征的发展道路，继而从根本上改变我国传统农业那种粗放式的管理模式，尤其是在全面提高农产品质量和食品安全方面，集团化管理是趋势，且可以从源头更好把控风险，继而达到提高国民生产总值、加快经济发展速度的最终目的。

四 进一步调整优化农业结构

对现有的农业结构进行调整优化是适应新常态的必经之路，经济新常态的一个最为突出的特征就是提高了对农业价值的关注程度。如今，在新常态下的农业需求虽然表现出了动力充足的特点，但是归根结底，农业产业链条当中的重复现象仍然非常严重，农产品的连带性仍然非常强。基于此，我国应该坚持对现有农产品结构进行调整优化的发展路线，在提高农业企业核心竞争能力的基础上达到提高农业产品质量水平的最终目的。在今后的工作当中，各级地方政府以及农业管理部门需要做到审时度势，及时地把握行业市场当中的动向，尽可能多地将一些国外的优秀农业产品种类引进我们国家，继而为现代农业的发展创造出更多的升值空间。

五 进一步加大深化改革的力度

在30多年以前，凭借着创新的力量我国的农业完成了一次成功的转型——包产到户，在30年后的今天，在新常态的环境下，我国的农业发展势必又将迎来一次华丽转型，将从传统发展走向现代化发展。为此，在当下需要对现有的农业形式进行全面的深入改革，其中包括农村面貌改革、农村经营制度改革、农业科技内容改革以及农业整体体系的改革等。只有敢于面对自身的不足并及时对其进行纠正，我国的现代农业才会在现有的基础上发展得更快、更好。

第十一章
中原经济区现代农业发展的目标及其路径

第一节 中原经济区作为现代农业基地的概况

中原经济区地处黄河中下游，处于中国的中原地区，是中华民族和华夏文明的核心发源地。中原经济区包括河南全省、山东西南部、河北南部、安徽西北部和山西东南部共5省30个地级市、10个直管市（县）及3个县区，总面积约28.9万平方公里（见图11-1），总人口约1.5亿，经济总量排在长三角、珠三角及京津冀之后，位列全国第四。

2010年11月，河南省委八届十一次会议审议通过《中原经济区建设纲要（试行）》，并且作为河南省"十二五"规划的重要内容。2011年3月5日，第十一届全国人民代表大会正式将河南省《中原经济区建设纲要（试行）》纳入国家"十二五"规划的纲要草案中。2012年11月2日，国家发改委将中原经济区范围基本确定后，《中原经济区地图》编制正式完成，标志着中原经济区正式成立。2012年11月17日国务院正式批复《中原经济区规划（2012~2020年）》，建设中原经济区拥有了纲领性文件。中原经济区也有了明确的战略定位：打造国家重要的粮食生产和现代农业基地，全国工业化、城镇化和农业现代化协调发展示范区，全国重要的经济增长板块，全国区域协调发展的战略支点和重要的现代综合交通枢纽，华夏历史文明传承创新区。中原经济区将按照"核心带动、轴带发展、节点提升、对接周边"的原则，形成放射状、网络化空间开发格局。作为国家战略，中原经济区建设不但担负着探索"三化"协调发展新路的重任，而且还要打造成内陆开放高地、人力资源高地，成为与长江中游地区南北呼应、带动中部地区崛起的核心地带之一，成为引领中西部地区经济发展的重要引擎。

图 11-1 中原经济区行政区域

《规划》提出，集中力量建设粮食生产核心区，推进高标准农田建设，保障国家粮食安全；加快发展现代农业产业化集群，推进全国重要的畜产品生产和加工基地建设，提高农业专业化、规模化、标准化、集约化水平，建成全国新型农业现代化先行区。确定这一战略定位，既是保障国家粮食安全的需要，也是中原经济区作为农业大区的传统优势所在。农业现代化是"三化"(工业化、城镇化、农业现代化)协调发展的基础支撑,也是中原经济区建设的重要任务。中原经济区农业生产条件优越,是我国重要的农产品主产区。但作为传统农区,由于人口多、底子薄,既要顺应工业化、城镇化不可逆转的趋势,又要确保国家粮食安全,推进现代农业所面临的困难和问题比其他地区更多、更复杂,任务更为艰巨。

《中原经济区规划》中有关农业方面的规划已经明确提出,要向农业深度和广度进军,提高农业比较效益,促进农民增收。实施农产品优势产区建设规划,不断优化农业生产布局。加快特色高效农业发展,重点支持优质油料、蔬菜瓜果、花卉苗木生产,建设全国重要的油料和果蔬花卉生产基地。支持驻马店、周口、濮阳等地建设国家级现代农业示范区,推进商丘、许昌、南阳等地建设国家级农业科技园区。扶持重点龙头企业,创建农业产业化示范基地,培育知名品牌,推进农产品精深加工,不断提高农业产业化经营水平。坚持和完善农村基本经营制度,建立健全土地承包经营权流转市场制度,按照依法、自愿、有偿的原则,允许农民以转包、出租、互换、转让、股份合作等形式流转土地承包经营权,发展多种形式的适度规模经营。

作为中原经济区核心区的河南省是中国的经济大省、人口大省、农业生产大省、新兴工业大省,长期以来一直作为全国重要的粮食主产区,为全国的农业发展和粮食安全做出了重要贡献。但是,长期以来,传统的农业生产方式和经营方式在全省农业发展中占据重要地位,导致农业生产效率低下,农村经济发展缓慢。改革开放以来,全省农村生产力得到较大发展,农业综合生产能力和加工能力显著提高,主要农产品产量大幅度增长,粮食加工能力也持续增强,达到3200万吨,实现了由长期短缺到总量大体平衡、丰年有余的历史性转变。当前河南省农业结构不断优化,农业机械化全面推广,农业产业化经营稳步发展,科技对农业的贡献率和农业劳动生产率逐步提高,农业基础设施和农村生态环境建设进一步改善,出现了一些现代农业的范例和雏形。但是河南整体农业发展水平还不高,还存在着很多深层次的矛盾和困难,例如粮食单产提高缓慢,农产品效益低,农民收入增长乏力,农村生态环境恶化等。因此,如何立足现有基础,把握好建设社会主义新农村和中部崛起的历史机遇,在全省范围内加快现代农业的发展,是我们急需解决的一个迫切问题。本书通过探讨现代农业的具体特征，分析美国等国家较为成功的现代农业发展模式及其借鉴意义，结合河南现代农业的现实基础、存在问题和已有经验，提出了河南及中原经济区发展现代农业的新思路，对中原经济区现代农业的发展重点、战略布局、战略步骤和需要采取的措施进行了研究，为寻找符合河南省情的现代农业发展途径做了一点有益的探索。

第二节　中原经济区核心区河南省现代农业发展的主要目标

根据河南省农业和农村经济现实基础、农业现代化的客观要求和《河南省全面建设小康社会规划纲要》，中原经济区农业现代化的发展目标为：到2020年，农业综合生产能力明显提高，现代农业建设取得显著进展；农村公共事业全面繁荣，农村基础设施明显改善，教育、文化、卫生等社会事业全面进步；农村基层组织建设进一步加强，农村社会管理体系进一步完善；农民生活更加殷实，农村社会更加和谐，新农村建设取得显著成效；形成基础设施完善、农业科技先进、农业结构优化、服务体系健全、农民生活富裕、生态环境优美的发展格局，把农业建成具有显著经济效益、社会效益和生态效益的现代产业，基本实现农业现代化。

(1) 实现优势农产品生产布局区域化。围绕农业基地建设，形成若干个优势、特色农产品产业带，使适应市场需要的各种优质农产品更加丰富、充裕，创出中原经济区优质农业、绿色农业、特色农业品牌。

(2) 实现农业科技现代化。农业生物、信息等先进技术得到广泛应用，良种覆盖率达100%，科技成果转化率60%以上，农业科技贡献率为55%~60%，全面改善和提升农业科技的整体素质，重点领域和部分关键技术达到国内领先或国际先进水平。

(3) 实现农业经营产业化。农民组织化程度明显提高，农业产业化经营达到较高水平，培育一批销售收入超50亿元的龙头企业，参与产业化经营的农户80%以上。工厂化农业快速发展，形成一批有较大规模和较强竞争力的现代农业企业。

(4) 健全农业质量安全标准体系。建成省、市、县和企业"三级四层"农产品质量安全检测体系，农产品全部实行市场准入制。全面实现无公害农产品、绿色食品、有机食品按标准化组织生产，绿色食品、有机食品比重50%以上。

（5）实现农业机械化。农业综合机械化程度80%以上，每公顷耕地农机总动力15千瓦以上，农业机械智能化水平大幅度提高。

（6）实现工业化、城镇化水平大幅度提高。第一产业在国民经济中的比重降为10%以下，农业劳动力占劳动力总数的比重降为35%以下，城镇化率50%以上。

（7）实现农业可持续发展。肥料、农药和农膜等污染源治理率90%左右，农村固体废弃物处理利用率90%左右，秸秆等有效利用率95%左右；宜林荒山、荒滩、荒地全部绿化；保持基本农田面积稳定。确保耕地总量动态平衡。

（8）农民生活全面达到小康。农民人均纯收入达10000元，赶上并力争超过全国平均水平，农村恩格尔系数30%；自来水普及率90%左右，农户电话普及率85%以上，农村养老保险覆盖率95%以上，新型农村合作医疗覆盖率90%以上。

第三节 适合河南省现代农业发展的路径选择

贯彻现代农业发展的理论体系，遵循经济发展规律，同时结合河南省实际，中原经济区现代农业发展应该遵循"六化"的操作路径，重点突破，逐步推进。

"六化"是指形态集群化、平台园区化、生产特色化、功能生态化、经营产业化、产业高级化。"六化"推进的发展路径在逻辑上是依次推进的。首先是在农业发展的形态上实现集群化，其次是在发展平台的构建上实现园区化，再次是在此基础上强化农业园区生产的特色化与功能生态化，最后进一步通过园区推进整个农业经营的产业化与高级化。

（一）形态集群化

农业在形态上应该具有圈层性、组团式、园区化、多板块以及放射状相互交织的网络空间结构，使整个区域形成绿色生态结构。以城市为中心，形成近郊圈、中郊圈和远郊圈的圈层农业布局。近郊圈呈插花式的"点状"，形成城市生态园或集约化发展的"绿色硅谷"；中郊圈呈板块式的"片状",形成与核心园区相匹配的专业化产业基地;远郊圈呈园区化的"带状",形成现代农业的支撑。根据区域特点、地貌特性与资源优势,以主要农业园区为龙头,带动"片状"基地与"点状"插花地,建成若干分工合理、生态和谐、特色明显、产业配套完善、竞争力强的优势产业基地、产业板块和产业集群。在此基础上形成具有产品特色、产业特色、功能特色和区域特色的农业功能组团。

(二) 平台园区化

(1) 在地理分布上,农业产业园区重点选址在一些耕地数量较多、农业比重较大、主导产业较突出的区域,并尽量设置在基本农田保护区的范围内。

(2) 在建设要求上,农业产业园区要实现"田块方格化、渠道硬底化、农田林网化、耕作机械化、生产标准化、经营产业化、管理信息化、功能生态化"。

(3) 在功能定位上,农业园区要具备农产品供给、生态保护、科技示范、教育培训、促进就业五大功能。

(4) 在模式选择上,要因势利导,因地制宜。在土地资源充裕的地方,重点发展规模型、安全型的基地化农业产业园区;在一些生态保存完好、田园风光优美、文化底蕴深厚的地方,重点发展一批以农业观光、人文旅游为主题的农业产业园区;在一些人口稠密、土地资源稀缺但有较强融资能力和消费能力的地区,着重发展一批以设施农业、工厂化农业为主要内容,以高投入、高产出为主要特征的农业产业园区。

(5) 在运行机制上,采用政府指导、企业运作、农民参与的运行机制。政府为园区建设和发展创造环境,进行指导和组织协调,对园区内企业进行监督,保障农民利益;企业作为园区建设主体,接受政府指导,合理配置资源,进行产业化经营;农民以土地、劳动力、资金等入股或通过与企业签订产品购销合同等形式参与园区建设,接受技术指导与培训。

(6) 在发展趋势上,按照"区域化布局、专业化生产、集约化经营"的发展模式进行。以高科技、高起点、高效益为宗旨,以生物技术、工程技术、植物学、动物学和生态学为支撑,致力于种源种苗的繁育、无公害产品生产、出口创汇和观光农业的功能建设,园区还将建立农业高科技示范基地,充分发挥农、科、教、产、学、研的集聚优势,逐步发展成为集科研、生产、加工、销售和观光、休闲、旅游为一体的知识型农业园区。

(三) 生产特色化

竞争优势分为两种，一种是在同质商品的生产上由低成本所带来的低价格竞争优势，另一种是由商品异质性所带来的竞争优势。因此，考虑到不断提升的劳动成本与土地成本，农业园区的特色化应在考虑区域特性、资源特性、生态特性及其比较优势的前提下，走差异化的发展路子，形成各具特色的发展路径。

(1) 产品特色化。各园区根据比较优势选择各具发展潜力的主导产品。在产品的选择上，通过传统品牌和新兴品牌的培育，形成不同类型不同层次的绿色农产品、精细加工品、科技含量高的种子种苗、旅游产品等不同龙头产品带动的品牌化产品系列。

(2) 产业特色化。一方面，不同的园区应该各有侧重地通过主导产业的带动，选择种子种苗业、果蔬或花卉业、加工业、旅游业、技术服务业、农业物流业等各具特色的支柱产业，形成不同的产业集群；另一方面，发展总部经济，并由此带动不同类型产业链条的成长，比如生产带动型的产业链条、加工带动型的产业链条、流通带动型的产业链条、科技带动型的产业链条、旅游带动型的产业链条等。

(3) 区位特色化。通过合理的园区布局，形成各具特色的与周边地理环境、人居环境、产业格局相协调且具有外部经济性的特色园区，特别是通过园区生态保护功能与休闲观光功能的发挥，在推进农业发展与档次提升的同时，与第二产业、第三产业相互促进来改善社区的区位品质。

(4) 扩散特色化。不同园区对周边或非园区的扩散带动，也可以采用不同的扩散方式。其一，空间扩散。比如农业园区利用高新技术与区域经济的关联效用，将聚集到园区的先进生产力要素进行有机组合，并通过现代农业科技企业的集约生产过程，形成由核心区向示范区再到辐射区的逐层推进的扩散。其二，产业扩散。利用园区构建与培育形成的核心功能，通过对农业科技企业进行孵化，培育龙头企业和发展关联企业，逐步形成具有市场竞争力的主导产业和企业集团；通过企业集团实施高科技农业和设施农业项目开发，运用高新技术改造传统农业，实现标准化、规模化和产业化经营，提高周围区域农产品的市场竞争力。其三，市场扩散。通过流通型农业龙头企业，利用农业产品贸易流通市场的龙头作用，带动当地区域农户加入农业产业化经营中去，提高农民组织程度和进入市场的能力。

（四）功能生态化

（1）农业产业结构的生态化。在发展主导产业的同时，提倡产品生产与产业多样化，通过产业结构的动态调控实现结构的"柔化"，增强园区经济发展对外界经济环境风险的耐受性及生态系统的稳定性。

（2）产业链条的有效对接，实现清洁生产，发展循环经济。即要把整个农业园区的产品生产链条相互连接，形成原料到产品，废弃物变原料的产业交织网络，进行无废弃物或少废弃物的清洁生产，提高资源利用效率，发挥区域的整体功能。

（3）注重生产的规模化、专业化和规范化。即在倡导基地建设的同时，通过建立与规范环境友好的生态农业生产技术体系，实现小生产与大市场连接的宏观调控管理体系，产品质量控制与监测体系，确保生态产业的生产效益最优化。

（4）提升产品的品牌化。在注重健康安全化的无公害、绿色或有机农产品基础上，倡导实施名优特品牌战略。

（5）通过环境改造与景观设计，为区域发展提供生态服务。

（五）经营产业化

（1）经营主体多样化。龙头企业不断壮大，带动能力不断增强，逐步使农业企业、农业协会、合作组织以及规模大户成为农业生产经营的主导力量。

（2）分工专业化。生产专业化可以形成专业化经济，专业化经济通过活动范围的集中与深化，生产效率得以提高。在专业化经济的驱使下，农业产业化经营的分工——专业化所呈现的逻辑如下：其一是通过农业园区主导产品与主导产业的形成，形成集成式的专业特色；其二是通过园区带动与功能扩张及产业延伸，带动一批专业化产业基地；其三是通过基地建设形成专业农户、专业村、专业片，形成商品农业生产专业化；其四是商品性农业再生产过程的分工细化，各经营主体进一步分化。一部分农户、农民专业协会、合作社、公司企业专门从事生产资料供应、技术和信息服务、农产品加工和运销，使农业服务专业化和社会化；其五是龙头企业内商品生产专业化和操作环节的专业化、分工细化。

（3）产业项目化。按照产加销一体化的要求，以优势产业为核心，以延伸产业链为目标，以规模基地和农业企业为依托，以贮藏保鲜、加工增值为重点，加大农业招商引资力度，大力发展项目农业，加快发展农产品清洗、分级、包装、保鲜、初加工和精深加工。加快形成农业服务业的产业集群优势，培育发展种子种苗、农产品配送产业、观光休闲农业等农业服务产业，以及动物疫苗与生物农药产业、农机装备业、饲料加工业等涉农工业。创新农产品流通模式，扶持农产品流通中介组织，积极发展订单采购、协会合作组织直销、会展促销、拍卖、连锁经营、物流配送、电子商务等现代流通方式。

（4）管理企业化。一方面，从微观层面上讲，为了提高农业产业化的总体效益，农业产业化的生产、加工、经营各环节，应该借鉴工业企业管理的经验，加强组织管理、计划管理、生产管理、技术管理、质量管理、设备和工具管理、劳动管理、工资管理、物资管理、销售管理、财务管理，加强经济核算和成本核算，以获取最大的经济效益。另一方面，从相对宏观层面上讲在园区建设中，必须提倡政府搞服务、企业办园区、园区企业化的模式。

（5）服务社会化。在农业产业化经营的发展过程中，农业服务将不断向规范化、综合化方向发展，农业的产前、产中和产后各环节的服务将统一起来，形成综合生产经营服务体系。国外较发达的紧密型农工商综合体，农业生产者一般只从事某一项或几项农业生产作业，其他工作则由综合体提供的服务来完成。例如肉鸡综合体，农场一方的主要工作是提供劳动力、场房及部分设备和用品，而综合体则向农场提供雏鸡、饲料，并负责防疫、技术指导、肉鸡的加工和销售。因此，各园区应该在发挥比较优势的基础上，向园区周边的基地与农户提供从种苗、生产资料、信息、资金、技术到加工、仓储、运输、销售等环节的服务，形成企业、园区、基地、农户之间相互依存、互相促进、联动发展的态势。这种全程社会化服务，既提高了不同经营主体的专业化水平与效率，也减少了经营风险。

（六）**产业高级化**

（1）生产设施化。为了打破农产品的季节性、易腐性及低值性，必须发展设施农业，在改造传统农业的基础上提高农业效益。在这个过程中，包括设施农业技术、农产品加工技术、能源环保与生态农业建设技术等在内的农业工程技术将扮演重要角色。必须大力提高农业的设施化水平。因为：第一，设施农业的龙头带动作用形成了农产品规模化生产和产业化经营的基础和前提；第二，设施农业生产过程的工业化管理方式为实现农产品规范化、标准化生产做出了示范；第三，设施农业的装备优势和设施农业产品的市场优势是促进产业化链条形成的关键环节。因此，要进一步加强科技创新和新技术、新材料、新产品的开发利用，努力形成具有区域特色的设施农业生产体系。

（2）质量标准化。农产品品质的高低决定农业效益。因此，必须建立健全农业标准体系，规范生产流程和产品标准，围绕优势产业，大力推广农业标准化技术，推进生产、加工、流通全程标准化进程。其内容包括农产品品种标准化、农业生产技术规程标准化和产品质量标准化，以及产品包装、标识和计量等标准化。创建农业标准化生产示范区，用标准规范农产品的生产行为和评价农产品质量的优劣，用标准化的手段培育名牌农产品，用标准化的措施促进农业技术和新产品的大面积推广和普及。

（3）产品品牌化。品牌是市场竞争的效益保证，应该坚持市场机制与政府调控相结合的原则，利用园区平台，鼓励和引导农业龙头企业进行农产品深度开发，加强加工、包装、营销等产后环节的技术和组织创新。加强企业和行业协会间的营销合作，培育特色产品和知名品牌。加强市场推介，抢占国内中高端农产品消费市场，开拓国际市场，促进名优产品向名牌产品的转变。

第十二章
中原经济区新型现代农业发展实践
——以许昌地区为例

第一节 许昌市现代农业发展的基本情况

在中原经济区内，各地市均把发展新型现代农业放在首要位置，许昌市在发展新型现代农业层面上也做出了一系列成绩，其中在政策层面上，许昌市已相继制订了农业发展"十二五"规划、百万亩优质粮食、百万亩优质蔬菜、40万亩优质中药材和现代烟草农业建设实施方案，出台了《关于大力培育农业公司加快现代农业发展的意见》，这为农业公司发展带来了契机。许昌市突出抓好农业公司化运作和农民专业合作社培育工作，按照"建基地、育龙头、抓联结、强服务"的工作思路，大力培育农业产业化龙头企业。目前，许昌全市龙头企业总数达到245家，其中国家级3家，省级38家，省级数量位居全省第二；新培育农民专业合作社224家，累计达到766家，其中省级示范社18家，市级示范社52家，初步形成了优质小麦、大豆、生猪、"三粉"等农产品加工产业集群。

在现代农业发展中，许昌市的种业经营发展很快，兆丰种业不断扩大新品种繁育基地面积，目前已跻身全省10强。农业标准化生产基地建设快速推进，许昌市建立国家级农业标准化生产基地7个、省级农业标准化生产基地29个，其中禹州市豪盛果业、盛田农业成为省级农业标准化生产示范基地。许昌市着力发展特色农业、生态农业、循环农业、有机农业，花木、蔬菜、中药材种植面积目前分别稳定在90万亩、100万亩、40万亩，建立生态农业基地127万亩，发展粮粮、粮经、粮果等立体生态种植260万亩，通过认证的有机农产品24个、绿色农产品14个。

在现代农业发展中，许昌市扎实推进农村土地流转工作。按照"依法、自愿、有偿"的原则，大力推动农村土地承包经营权流转，积极引进农业公司。全市土地流转面积达130.5万亩，占家庭承包耕地面积418万亩的31.2%，其中引进土地流转规模在500亩以上的农业公司114家，流转面积13.5万亩，农业生产规模化、公司化、标准化程度不断提升。纵观河南省及许昌市等地区农业发展取得了较大成就，但还必须看到当前中原经济区现代农业发展中仍有诸多困难，粮食产量持续稳定增长也面临一系列的挑战，例如未来经济社会发展过程中耕地刚性减少、水资源约束趋紧、粮食比较效益较低、农业科技支撑能力不强等诸多问题。在推进中原经济区发展中各地如何因地制宜地发展现代农业，是必须深刻思考的重大问题。

第二节　许昌市发展现代农业主要路径选择

建设中原经济区强市，发展新型现代农业，使"三化"协调发展，是许昌市加快转变发展方式的具体体现。农业作为许昌市重要的战略支撑产业，必须以现代农业建设为抓手，加快发展方式转变，打造中原经济区现代农业强市，实现粮食持续增产、农业持续增效、农民持续增收，夯实中原经济区强市建设基础。

一　建设现代农业试验示范基地，既是农业自身科学发展的客观需要，也是经济社会发展的现实要求

许昌市地处中原，紧邻黄河，土壤肥沃，四季分明，是我国重要的粮食主产区、高产区之一。近年来，许昌市抓住国家重视"三农"的大好机遇，充分发挥区位、科技优势，坚持以项目为抓手，统筹城乡发展，加大农业投入，不断改善农业生产条件提升农业综合生产能力，加快产业结构调整优化提升农业效益，走出了一条不以牺牲农业和粮食、生态和环境为代价的，工业化、城镇化、农业现代化协调科学发展的路子。夏粮总产实

现八连增,平均单产首次跨越500公斤大关。品牌农业、高效农业实现新突破,农民人均纯收入连续保持两位数增长,优质麦生产、新型农村社区建设等工作已经走在了全国前列。可以说,许昌市农业发展已经具备了晋位升级、跨越发展的产业基础。许昌市作为全国农村改革试验区、省统筹城乡发展试验区,有责任进一步提升许昌市农业发展质量,进一步增强农业核心竞争能力,进一步加快农民增收步伐,积极打造现代农业试验示范基地,使许昌农业工作走在全省前列,为中原经济区农业发展提供好的示范性经验。

另外,许昌市农业基础设施薄弱、靠天吃饭的局面还没有实现根本扭转,一些地方技术棚架、粗放经营的状况还没有得到完全改观,城乡差距依然明显,农业效益仍然偏低。这些问题已经成为制约许昌市农业持续发展的瓶颈。传统农业发展方式已经不能满足当代社会对农业的多种需求,必须运用现代发展理念、现代物质条件、现代科学技术、现代管理形式,改造传统农业,建设现代农业,加快许昌市农业产业结构由平面布局向立体架构的转型,加快经营方式由农户分散经营向提高组织化程度的转型,加快产业功能由原料供应向多种功能的转型,加快增长动力由主要"靠天吃饭"向提高物质技术装备水平的转型,加快管理方式由传统方法向依法行政的转型。

二 产业强、基础强、创新能力强,是农业强市的集中体现,是建设现代农业试验示范基地的奋斗目标

产业强,这是现代农业强市的核心标志。就是要用现代产业体系提升农业,用现代经营形式推进农业,使农业产业成为集食物保障、原料供给、资源开发、生态保护、经济发展、市场服务等行业于一体,具备生产、加工、流通、服务完整产业链条,具有经济、社会、生态多种功能的支柱产业。

基础强,这是建设现代农业强市的重要支撑。就是要用现代物质条件装备农业,用现代科学技术改造农业,使农业具备优良的生产条件、完善的现代装备、强力的技术支撑等可持续发展的基础。

创新能力强,这是推动现代农业强市持续发展的根本动力。就是要遵循农业发展规律,用现代发展理念引领农业,积极探索城乡统筹发展、优

化资源配置、"三化"推进的机制创新。

在"十二五"期间,许昌市建设现代农业试验示范基地,就是要从"壮大产业、夯实基础、提升创新能力"三个方面抓好工作,搞好示范。

三 建设现代农业试验示范基地,要把握关键环节,明确主攻方向

一是抓住国家粮食生产核心区建设的机遇,推进粮食生产百亿斤工程,把许昌市打造成河南粮食生产核心区的优质高产高效示范区。

二是加快推进以品牌创建为龙头的农业产业化进程。加快发展无公害农产品、绿色食品、有机农产品和地理标志农产品,扶持壮大龙头企业,培育农民专业合作组织,发展农产品精深加工,加强对品牌农产品的培育和包装推广,推动龙头企业重组和跨地域整合,打造在全国、全省有重要影响的农产品品牌。

三是进一步调整优化结构,积极发展特色高效生态农业。因地制宜地建设各类能源生态模式,促进高效种植业和养殖业发展,形成能流和物流的良性循环,达到家居温暖清洁化、庭院经济高效化和农业生产无害化的目标。

四是关注民生,提高农产品质量安全水平,保证市场有效供应。

五是加快农科教一体化进程,构建集科研、教学、推广、监管为一体的新型农业工作机制。

六是巩固完善农业基础设施。加强农田水利基本建设,全面启动以引淮补源调蓄工程为重点的抗旱应急水源工程建设。加快中低产田改造步伐,实行水、土、田、林、路综合治理,打造高标准基本农田。大力推广农机新技术、新机具,推进深耕深松作业,全面提升农机化水平。

七是坚持依法行政,提高农业管理科学化水平。加强涉农法律法规宣传力度,健全完善相关制度,增强运用经济、法律手段管理农业和农村事务的能力。加强种子、农药、化肥、质量安全、农民负担、项目、渔政、安全生产等行业监管,为农业健康、稳定、快速发展,营造依法、规范、科学、有序的社会环境。

八是实施项目带动,扩大招商引资。抓住国家实施城乡统筹、工业反哺农业、粮食核心区和中原经济区建设、一事一议筹资酬劳等政策机遇,

编制整合农业项目，扩大招商引资，引导社会资本、工商资本、境外资本投入农业，加强农业基础设施建设，发展现代设施农业，为农业发展不断注入新的活力。

第三节　持续推进建设现代农业发展的主要保障措施

目前，中原经济区建设现代农业正处于起步发展阶段，必须注重重点研究、理性思考、科学谋划、扎实推进，坚决防止出偏差、走弯路。根据许昌市市情和建设现代农业的目标及路径，针对建设的难点和存在的问题，创新思路，必须在以下方面做出努力。

一　加强领导，合理定位，科学规划

开展现代农业建设是一项庞大的系统工程，依据市场规律建设现代农业，必须强化农业宏观管理，按照科学发展观进行现代农业建设的统筹规划，切实加强对建设现代农业的领导，根据许昌市本身的农业经济发展情况，制定和落实好各项政策措施。

（一）加强组织领导，健全工作机制

（1）建立强有力的组织协调机构。各级政府应切实加强对现代农业建设工作的领导，把现代农业建设摆上工作重要议事日程，纳入各地农业经济发展和社会经济发展工作的总体规划。强化领导责任，许昌市各级党委和政府主要负责领导要亲自抓，形成层层抓落实的工作局面。

（2）落实目标责任，强化监督管理。把现代农业建设纳入对许昌市各级党政领导班子和领导干部工作业绩考核体系，并将此作为检验各级领导班子和领导干部执政能力领导水平的重要内容，作为对领导班子考核和干部奖惩使用的重要依据。强力推进现代农业建设各项关键措施的落实，确保社会主义新农村建设顺利推进。

（3）重视对建设现代农业的监测管理。要在规划和试点的基础上，有计划、有步骤地推进许昌市现代农业建设。为了确保规划目标的实现，有效地推动现代农业建设的进程，政府应制定严密、可行的现代农业建设监测制度和体系，实施对建设进程的有效监控和调节，保证现代农业建设朝着正确的方向，沿着健康的轨道不断发展。

（二）以国家粮食生产核心区建设为重点，保障国家粮食安全

建设粮食生产核心区是实施国家粮食战略工程、确保我国粮食安全的重要举措，是顺应世界形势、国家大势、农村趋势的战略抉择，是化解世界粮食危机的应对之策，也是促进农村经济发展的现实选择。因此，要把粮食生产放在现代农业建设的首要位置，认真组织实施《国家粮食战略工程河南核心区建设规划》。强化科技进步和农业基础设施建设"两个手段"，运用好价格和补贴"两个杠杆"，打造创新生产经营机制、完善利益导航机制、建立投入保障机制"三把金钥匙"，积极分担国家粮食安全责任，充分调动农民种粮、地方抓粮和科技促粮的积极性。以强力推进中低产田改造为重点，以巩固提升高产田为支撑，以打造吨粮田为方向，通过稳定面积、主攻单产，改善条件、完善政策，提高粮食生产的规模化、集约化、产业化、标准化水平，逐步建立起粮食生产稳定增长的长效机制，把许昌建设成为中原经济区内重要的粮食稳定增长的核心区。

（三）科学规划，符合实际

规划应体现科学性、可行性、可操作性和权威性。一要坚持因地制宜的原则，切实发挥许昌市内各县区的比较优势。各地之间有着不同的资源、区位条件和经济优势，发展也是不平衡的。要认真考虑如何发挥各自的优势，扬长避短，积极稳妥，扎实推进。二要坚持全面发展的原则，做到点面结合，带动中原经济区农业总体水平的提高。建设现代农业不仅要抓好试点，而且要注重面上的突破，要以点带面，点面结合，推动中原经济区现代农业建设总体水平的提高。在建设现代农业的过程中，要始终坚持以市场为导向，尊重群众意愿，充分发动广大群众和社会的力量进行现代农业建设，切忌不顾实际情况，利用行政手段强行推开，把好事办成坏事。三要坚持实事求是的原则。设置现代农业建设的指标体系，要有科学性、指导性和可行性，防止求大、求洋、求全，指标设置要简单明确，便于操作，要让群众看得懂，干部用得上；在实际工作中，要防止"瞎指挥"、"下指标"等现象发生，使许昌市建设现代农业的工作健康平稳地开展。

二 推进农业结构战略性调整优化，建立现代农业示范区

（一）加大建设现代农业试点示范工作的力度

建设现代农业是一项长期性工作，也是一个新的课题，因此，认真搞好

试点，探索经验，树立样板，才能找到一条符合许昌市的现代农业建设的路子。为此，各级政府要通过调查研究，选好和搞好试点和示范，从试点和示范入手开展工作。试点和示范以县、乡为单位，从农业基础条件较好，集体经济实力较雄厚，领导班子较强又有积极性的县或乡选择，在试点县、乡内选择若干个镇作为先行点，也可以同各地建立的农业示范园结合起来。通过建立现代农业示范区，探索发展现代农业的过程，总结经验，发挥现代农业示范区的示范和带动作用。在现代农业示范区建设中，应该在现代农业产业建设、农业经营模式、农业科技服务体系、小型农田水利设施、良种供应设施、产地环境、农业投入品的选用和准入、生产过程控制、产品市场准入、现代农业科技企业孵化等方面进行综合示范。同时，加强示范区的科技人才、信息培训交流基地的建设，使示范区成为培养现代农业管理者、现代化农业生产者的教育培训基地，加速农民知识化的进程。通过汇集、加工、传播农业科技信息和市场信息，推动农业和农村信息化进程。

(二) 加快农业区域布局调整优化

按照国家制定的优势农产品区域布局规划和河南省优势农产品区域项目建设规划、特色农产品区域布局规划，优化许昌市农业区域布局，引导优势农产品、特色农产品向优势产区集中，尽快形成优质小麦、高产玉米、优质水稻、高油花生、杂交棉花、高蛋白大豆、双低油菜、优质果蔬、花卉苗木、茶叶、中药材、食用菌和桑蚕等优势农产品、特色农产品产业带。重点支持优势产业和特色主导产业发展。大力发展高效经济作物和特色农业。充分发挥各地的比较优势，建设优质温棚蔬菜瓜果生产区、花生和芝麻生产区、食用菌生产区、中药材生产区、花卉苗木生产区等。各地区努力选好和搞好试点和示范园区，使各种特色农产品全面实现区域化布局和专业化、规模化、标准化生产，以点带面，形成规模效应，创出一大批有市场竞争力的特色农产品品牌。经过数年发展，建成一批在国际市场上有竞争力的农产品加工骨干企业，使农产品加工业增加值的比重有较大幅度提高。

三 推进农村经营管理体制创新，不断提高农业综合生产能力

(一) 建立稳定的农业投入机制

农业自我积累能力差，政府必须加大对农业的投入力度。一是通过农

业立法保障投入。确保农业投入有稳定的来源渠道,合理界定农业投入的范畴,明确相关主体对增加农业投入的责任,建立农业投入的使用和监督机制。二是设立农业发展基金和风险调节基金。通过开展征收粮食消费税、从土地出让金中提取一定比例等途径,筹划设立农业建设基金,探索基金滚动使用、良性循环的运作机制。建立农业风险调节基金,完善农业风险分担和补偿机制,切实提高各种灾害救助和补偿标准,增强农业抗御灾害的能力。三是支持粮食主产区发展县域经济。实行鼓励政策,在项目安排、资金投入等方面,优先扶持粮食主产区改善农业基础设施,提高生产能力;帮助主产区大力发展粮食加工业,促进转化增值,把粮食生产优势转变为经济优势。同时,适当调整优化财政税费政策,建立一定比例的税收返还机制,并明确返还的税收须有一定的比例用于发展粮食生产。四是加大政策性金融支农力度,解决农民和农业企业"贷款难"的问题。设立专项资金支持各地发展多种形式的农业信贷担保服务和贷款贴息。激励金融部门增加对龙头企业、农民专业合作社和农户的贷款力度。

(二) 加强农业机械化建设

农业机械是现代农业的重要物质基础,是农业现代化的重要内容和标志。没有农业机械化,就没有农业现代化。要按照"大农业"、"大农机"的思路,盘活存量,优化增量,以数字化、自动化、智能化提升农机装备水平,加快科技含量高、节能环保、操作安全和农村各业所需机械的发展步伐,走量效并重、主配机具协调发展的路子,变单一的机械作业为复式综合机械化作业,着重发展大中型、多功能农业机械,推动农机装备结构升级;大力发展种植业、畜牧业、水产业、农副产品处理与加工设施化和机械化,从侧重于产中环节转向产前、产中、产后的全过程机械化;重点抓好五大农机工程,即机械化秸秆还田工程、机械化节本增效工程、机械化生态农业工程、园艺机械化示范推广工程、设施农业机械化示范工程。不断创新农业机械化发展机制和服务模式,要把发展农机专业合作社作为推进农业生产机械化的一项重要工作来抓。要发展农机大户,培育农机服务市场,健全农机服务网络,巩固和完善县、乡、村、户四级农机推广和服务网络,组建县级农业机械化作业公司、乡镇机械化作业队,完善村级机械化作业组,扶持农机作业专业户,推进农机服务产业化。

(三) 加强农业信息化设施基础建设

现代农业必须建立在现代科学技术之上。要高度重视农业信息化基础设施建设和信息产业的发展，把信息化建设作为中原经济区农业结构优化升级、形成新的经济增长点和提高国民经济整体素质的重要举措。要全面实施信息网络基础设施建设，加强信息资源整合，实现涉农部门之间农业基础信息实时交换和共享。大力推广"三电合一"等服务模式，构筑现代化信息平台，开展面向"三农"的综合性、专业性、特色性信息服务。着力打造涉农信息网站，完善市、县、乡三级网站体系，搞好信息资源开发和信息应用系统建设，逐步建成技术先进、运转高效、功能齐全、服务便捷的现代化农业网站体系。要建设连通国际、国内市场的农产品销售，信息网络体系，积极发展电子商务，逐步推行网上交易，通过网站发布农产品供给信息和实用农业技术需求信息以及投资招商等信息，重点建设城乡经济信息网、农村经济动态监测系统、农产品产销信息服务系统、农业与农村经济决策支持系统。

(四) 大力发展农民专业合作经济组织

贯彻落实《农民专业合作社法》，加大政策扶持力度，探索发展壮大农村新型集体经济的有效途径。对农民专业合作经济组织从事农业生产、加工、流通、服务和其他涉农经济活动给予相应的税收优惠政策，建立有利于农民专业合作经济组织发展的信贷、财税和登记制度。国家支持发展农业和农村经济的建设项目，可以委托和安排有条件的农民专业合作经济组织实施。支持龙头企业、农业科技人员和农村能人以及各类社会化服务组织，创办或领办多形式、多层次的中介服务组织，提高农业组织化程度。

四 扶持农业产业化龙头企业，提高现代农业经营管理水平

推进农业产业化经营，搞好农业社会化服务，是提高农民组织化程度，提高农业比较效益，发展适度规模经营，促进农业向现代化转变的重要举措。要通过培育优势主导产业，做大做强龙头企业，延长农业产业链条，建设农产品生产基地，实施品牌战略，发展开放型农业等一系列举措，大力推进农业产业化经营，形成生产、加工、销售有机结合和相互促进的机制，推进农业向专业化、市场化、现代化转变。

(一) 发挥产业优势，大力培育龙头企业

充分发挥许昌市农业资源优势、市场优势和产业优势，引导土地、资金、技术、人才、管理等各种要素向优势区域和优势产业集聚，培育主导产业，推进农业产业化经营，大力培育龙头企业。千家万户的小生产和千变万化大市场的成功对接，离不开龙头企业的中介作用，通过龙头企业带领进入市场，是分散农户规避市场风险的一种有效手段。龙头企业，特别是加工型龙头企业，具有开拓市场、引导生产、深化加工、联动相关产业、延伸产业链条、提高农业综合效益的重要功能，是农业产业化的推进器。要围绕一个产业或一项产品，以实力雄厚的加工、储藏、运输等企业为龙头，以市场需求为导向，确定产品布局，外联国内外农产品营销市场，内联农产品生产基地，同农户结成紧密型的利益共同体，实行生产、加工、销售一体化经营。对市辖内的主导产业，要由市里统筹安排，合理布局，按照高（高技术）、大（大规模）、新（新产品）、外（外向型）的要求，建设一批像盛田、众品等大型、特大型农产品加工龙头企业，尽量避免小而全、低水平重复建设。

(二) 重点培育龙头企业的核心竞争力

培育和增强农业产业化龙头企业的核心竞争力，最重要的途径有以下几点。一是积极吸收境内外法人资本和自然人资本，实现投资主体多元化，优化企业股本结构健全企业决策机构、监督机构和经营管理者之间的制衡机制，构建与市场经济相适应的现代企业制度。二是鼓励优势企业进一步整合资源，以资本为纽带，采取重组、联合、并购等多种形式做大做强，培育一批具有较大影响力，跨行业、跨产业、跨地区、跨所有制的大型龙头企业。三是完善利益联结机制，通过股份制、契约、法律等形式，构建更加紧密的利益联结机制，促进产业化经营健康、有序、快速发展。四是注重品牌培育。龙头企业把品牌培育作为提高企业竞争力、增强农民带动力、扩大企业影响力的一项战略措施来做。

(三) 规范企业市场运营机制

建立稳定的企业与农民利益联结机制，既是推进现代农业建设的重点，也是完善农业产业化经营组织体系的核心。龙头企业参加现代农业建设，要紧紧围绕企业增效、农民增收这两个基本要求来进行，关键是建立两个机制。一个是建立和完善龙头企业与农户的利益联结机制，使农民通

过农业产业化经营,找到稳定的市场销路。龙头企业通过与农民合作,找到稳定的原料供应,形成稳定的购销关系。龙头企业与农民可以实行合同联结,确定最低收购保护价;可以实行服务联结,通过定向投入、定向服务、定向收购,为农民提供种养技术、市场信息、生产资料和产品销路等各种服务;也可以实行股份合作联结,农户以土地、劳动力等生产要素入股。龙头企业应运用多种方式让农民得惠,才能实现共同发展。另外一个就是探索建立农业的风险保障机制。政府应鼓励和提倡龙头企业建立风险保障基金,帮助农民规避风险,严格履行订单合同,积极探索龙头企业为农户进行保险。因此,龙头企业设立风险基金、保护价收购,按农户出售产品数量返还利润等方式与农户建立更紧密的利益联结关系,使龙头企业和农民实行双赢,实现共同发展。

五 以农户为基础,构建完善的现代农业经营生产体系

农户家庭成员在性别、年龄、体质、技能上的差别有利于分工和劳动力的充分应用,因此以家庭为单位的农户是我国农业生产、经营的基本单元和主要微观经济组织形式,也是现代农业建设的立足点。中原经济区现代农业生产经营体系的构建也必须以农户为基础。

(一) 引导农民发展生产,构建现代农业的生产体系

积极引导农民发展粮食生产,推广优质高效粮食品种和栽培新技术,提高水稻、小麦和玉米等粮食作物的产量,同时,大力发展高效经济作物和园艺产业、健康养殖业,提高品质,确保农产品有效供给。粮食生产要抓好优质专用小麦、优质水稻、专用玉米、高油高蛋白大豆等的生产。要根据许昌市实际的自然和市场条件,引导农民优化农作物生产的区域布局,大力发展经济作物和园艺产业。大力推进畜牧业增长方式转变,稳定生猪、奶业和禽蛋生产,加快发展肉牛、肉羊和肉禽生产。

(二) 引导农户进行产业结构调整优化,形成有比较优势的产业布局和品牌

在粮食主产区,要在农户自愿的基础上,给予优惠政策,增强种粮农民的积极性,同时大力发展大宗作物农产品加工业。要加快发展畜牧业,养殖农户要搞好饲草料地建设,改良牲畜品种;农区发展畜牧业要发挥作物秸秆和劳动力资源丰富的优势,积极发展节粮型畜牧业,引导有条件的

地区发展规模养殖小区。要引导农户大力发展优势产业，培育特色品牌，形成规模优势，提高农业经济效益。

（三）引导农户大力发展循环经济和节约型农业

在许昌市内存在着人均资源不足、循环利用率低、农业生产技术体系滞后、农业立体污染严重、农产品质量偏低、农民健康风险增加等诸多问题。因此要大力开发节约资源和保护环境的农业技术，鼓励农户积极发展节地、节水、节肥、节药、节种的节约型农业，鼓励生产和使用节电、节油农业机械和农产品加工设备，努力提高农业投入品的利用效率。可结合本地实际情况，通过粮食和饲草种植、畜禽养殖、沼气工程、堆肥或沼肥生产环节的合理链接，构建粮饲—猪—沼—肥型生产体系。在中原经济区的广大农村，通过户用沼气、大棚蔬菜、日光温室养猪及厕所相结合，构建"四位一体"生产体系。

（四）引导农民进行标准化生产，提高农产品质量安全水平

现代农业，要求从田头到餐桌各个环节的标准化，但要实现农业标准化，首先要求从农户的生产源头抓起，从广大农户和生产基地抓起，使农户在农产品品种选用、病虫草害防治、化肥的使用等环节都注意采用无公害的技术，同时完善加工、包装、储运、销售等环节的标准化技术。

（五）引导农户与龙头企业协作，走产业化经营之路

发展农户小规模、集成大群体式的专业化、区域化农业生产基地，并在农产品生产基地附近，培育一个或几个具有较强经济实力和带动能力的龙头企业，使之成为连接基地农户和市场之间的桥梁和纽带，从而形成"公司+农户"或"公司+基地+农户"的模式。构建农工商或农商型产业链，大幅度降低生产经营风险，稳定和提高农民的收入水平。

（六）引导农民发展生态农业与休闲观光农业，增加农民收入

生态与休闲观光农业是拓展农业功能、促进资源高效利用的朝阳产业，是现代农业新的增长点。要按照科学规划、合理布局、综合利用、保护生态的原则，加快开发以农作物秸秆等为主要原料的生物能源和生物产品。要利用农业资源环境、田园景观、农业经营、农业文化和农家生活，满足人民不断增长的回归自然、休闲娱乐和体验农耕文化的需求，促进农业的可持续发展。

六 加强农业标准化体系建设，增强农产品市场竞争能力

农业标准化是推进农业产业化经营的有效途径，是提升农产品质量安全水平、增强农产品市场竞争能力的重要保证，是提高经济效益、增加农民收入和实现农业现代化的基本前提。为此，要大力推进以提高农产品质量为核心的食用农产品安全生产体系和监测检验体系建设，逐步建立科学、完备的农产品质量标准体系，尽快做到与国际标准接轨，增强农业的国际竞争力。

（一）建立健全农业标准体系，实施农业综合标准化

加快建立和完善适应现代农业发展要求的完善统一的农业标准体系，引导龙头企业、农民专业合作组织、科技示范户和种养大户积极采用国际标准和国家标准组织生产。重点制定优势特色农产品和原产地农产品的地方标准，并使其尽可能成为国家标准、国际标准，用标准化手段促进农产品质量、效益的提高。要按照农业结构调整优化、农产品质量升级、保护消费者利益、公平竞争的需要，加快建立包括产品质量标准、产地环境标准、农业生产资料（化肥、农药、兽药、饲料等）标准、生产技术标准和加工、运输、储藏、包装质量在内的农业标准体系。围绕中原经济区大宗农产品和具有明显竞争优势的特色农产品，鼓励、引导产业生态优、农民素质好、农产品商品率高的地区先行一步，推行标准化、规模化生产，建立一批农业标准化示范区，尽快提高其质量和市场竞争力。

（二）完善农业监测检验体系

在制定标准的同时，要完善农业生态环境监测机构，建立农产品检验监测网络，建立和发挥质量监测体系的监管作用，搞好标准实施情况的监督，重点突出农产品中农药、兽药残留和其他有毒有害物质的监督，确保食品的安全性。重点围绕"米袋子"、"菜篮子"工程，加强检验检测，以保证安全生产。要围绕发展高效农业和可持续发展战略，加强对主要农产品的品质测试、农业生产环境快速检测技术的研究，以适应现场快速检验、检测工作的需要。建立健全农产品市场准入、质量追溯、认证、标志和公示制度。完善农资流通企业信用档案制度和质量保障赔偿机制，严厉打击制售假冒伪劣种子、肥料、农药、兽药、饲料的违法行为，维护农资市场秩序和农民的合法权益。加快优质、安全农产品的商标注册，创更多的农业名牌。

七 加强农业科技创新能力建设，构建新型农业科技创新体系

科技进步是推动农业发展的根本力量。建设现代农业，必须把农业科技创新和科技进步摆在更加突出的位置。要根据中原经济区产业发展的需求和现代农业发展需要，按照先进性、关键性、全局性、实用性原则，确定农业科技发展领域，优化农业科技结构，加快农业科技创新与应用，建立许昌市的现代农业科技创新体系。

(一) 农业科技创新要面向农业和农民

农业科学技术研究的立项要为农业和农民服务，努力使农业科学技术研究面向农村、提升农业、致富农民。各种农业科研项目要紧密联系实际，与农业企业和农民的技术需求相结合，与农业生产相结合，与农业生产中的重点和难题相结合，与农业企业的市场需求相结合，要"把科研放到需要上、把论文写在田野里、把科技送到农民手里、把成果留在农民家中"，使农业科技创新的成果真正为农业企业和农民所用，与实际的生产相结合，产生巨大的经济效益和社会效益。

(二) 加快构建新型农业科技创新体系

深化农业科研体制改革，加快建设国家农业科技创新基地和区域性农业科研中心。要提高自主创新能力，加大对农业关键、实用技术创新力度的支持。增加农业科研投入，逐步建立以政府为主导，社会力量广泛参与的多元化农业科研投入体制。要明确基础研究、应用基础研究和应用研究的主体，基础性研究、应用基础研究主体以公益型研究机构为主，这些研究机构要抓好基础研究与基础性工作，为农业科技发展奠定良好基础，特别要抓好基因工程、光合作用机理、杂交优势机理和生物固氮等方面的工作。努力解决严重制约农业持续发展的关键性、战略性技术难题，大力开发适合许昌市情的农业关键技术，加大农业节水技术、耕地保护与节约利用技术、设施农业与农业机械化技术、动植物病虫害控制技术、农产品保鲜及精深加工技术、污染减排技术、循环农业和农业生态环境保护等技术的研发力度。

合理调整优化农业科技力量布局，逐步建立以生态类型区为基础的新型农业科研体系，充分发挥农业科研系统和农业高校在实施科教兴农战略中的主力军作用，用创新的理念为农业现代化服务。要大力实施"农业科

技创新工程",加快主要农作物品种创新,强化生产技术集成创新,力争在农业关键领域和核心技术上实现重大突破。同时,改善农业技术创新的投资环境,加强科研基础条件建设,引进培养高层次农业科技人才,形成联合攻关和产学研相结合的有效机制。

(三) 加大农业科技推广力度

加快农业技术推广体系改革和建设,建立多元化的农业技术推广体系。积极探索公益性职能与经营性服务实行分类管理的办法,完善农业技术推广的社会化服务机制。鼓励各类农科教机构和社会力量参与多元化的农技推广服务,充分发挥各级农业专业技术推广机构的作用。大力发展农民和企业的技术推广服务组织,建立科教人员、农民、企业家等广泛参与的多元化农技推广队伍。深入实施农业科技入户工程,选聘基层科技人员作为技术指导员,进村入户为农民开展面对面、手把手的技术服务,完善科技人员直接到户、良种良法直接到田、技术要领直接到人的推广机制,加快先进实用技术的推广应用。大力发展农业机械化,提高重要农时、重点作物、关键生产环节和粮食主产区的机械化作业水平。普及常规技术和操作方法,为农业增产增效和农民增收提供有力的技术支撑。

八 推进城乡统筹进程,加快农村城镇化步伐

许昌市发展新型现代农业,必须以农村人口的减少和城镇化水平的提高为前提,加快农村人口向非农产业和城镇转移。从现阶段的实际出发,应当走一条政府主导,城乡统筹、以工补农、以城带乡、城乡互动的路子。要用"看得见的手"和"看不见的手"两手抓:一是运用行政调控手段;二是发挥市场机制作用。用这两手促进资源在城乡之间合理配置。统筹城乡经济社会发展、统筹城乡资源配置、统筹城乡基础设施及产业布局、统筹城乡就业和社会保障、统筹城乡投入。

(一) 努力提高工业化城镇化水平

坚持实施中心城市带动战略,加快中原城市群建设,支持有条件的县市发展成为中等城市,建设一批特色中心镇,增强聚集和辐射带动作用,逐步形成以大城市为龙头,中小城市和小城镇为依托,布局合理、协调发展的城镇体系,提高城市带动农村的能力。强化产业支撑,加快城镇水、电、路、通信等基础设施建设步伐,引导各类企业向小城镇集中,连片发

展。充分发挥第三产业门类多、劳动密集、对劳动力素质要求弹性大的优势,培育农产品流通业、城乡运输业、零售业、饮食业、社区服务业和旅游业等新兴产业。大力发展园区经济,推动企业向园区集中、园区向城镇集中、农村人口向城镇转移,实现城乡互动、协调发展,形成以工促农、以城带乡的长效机制。

(二) 建立城乡平等就业制度

赋予农民平等的就业权、教育权和发展权,促进农民全面发展。清理和取消针对农民进城就业的歧视性规定和不合理收费,简化农民跨地区就业和农民进城务工的各种手续。加快大中城市户籍制度改革,放宽农民进城就业和定居的条件,消除农村劳动力转移就业的制度障碍,统一城乡劳动力市场,建立城乡劳动者平等就业制度。严格执行最低工资制度,建立工资保障金等制度,切实解决务工农民工资偏低和拖欠问题。完善劳动合同制度,加强务工农民的职业安全卫生保护。逐步建立务工农民社会保障制度,依法将务工农民全部纳入工伤保险范围,探索适合务工农民特点的大病医疗保障和养老保险办法。

(三) 全面深化农村改革

推进乡镇机构改革,切实转变政府职能,整合乡镇事业站所,精简机构和人员,强化公共服务,严格依法办事,提高行政效率。稳定和完善以家庭承包经营为基础、统分结合的双层经营体制,健全在依法、自愿、有偿基础上的土地承包经营权流转机制,鼓励发展多种形式的适度规模经营。完善流通体制,建立产销区稳定的购销关系。加快农村配套改革,建立统一的要素和产品市场,逐步形成有利于消除城乡二元结构的体制机制,打破地域界限,消除城乡壁垒,促进产品和要素在城乡间、地区间自由流动、平等竞争。鼓励和发展各类专业合作经济组织,提高农业组织化程度。

九 着力提高农民的总体素质,建立农民教育培训保障体系

(一) 建立农民教育培训的保障体系

为了培养和造就大量的高素质新型农民,为许昌市现代农业建设提供强有力的智力支持,应当建立农民教育培训的保障体系。一是建立农民教育培训的组织保障体系。应重视农民教育培训工作,建立考核制度,完善

考核办法,做好规划、总结考核和评比工作,要把培训任务的责任落实到单位,落实到领导,明确到干部。二是建立农民教育培训的法律保障体系。制定有关法律法规,严格执行农业就业培训制度,建立对农民教育培训的政策扶持机制,为农民教育培训打下扎实的法律基础,促进农民教育培训事业的发展。三是建立农民教育培训的资金保障体系。政府要加大对农民教育培训的投入,每年按照一定的增量比例,安排农民教育培训的专项经费。要设立农民教育培训专项基金,动员社会的力量,支持农民教育培训工作的开展。四是建立农民教育培训的师资保障体系。逐步建立农民教育培训的师资队伍,不断充实农民教育培训的师资力量。利用高等院校和科研机构的人才,不断充实农民教育培训的师资库。五是建立农民教育培训的教材保障体系。要结合本地区的产业特点和农民需求,聘请农业专家编写一些通俗易懂、针对性强的培训教材,供农民培训时使用。六是建立农民教育培训的场地保障体系。建立以各级农民素质教育机构或农业广播电视学校为主体,以农业高等院校、科研机构和各类农业技术推广机构为补充的农业科技教育体系。利用电视远程教学,综合利用广播、电视、互联网、农业科技入户直通车、农民科技书屋等载体,建立起农业实用技术的培训体系。

(二)创新思路,实现农民教育培训的新跨越

根据实际情况情况,多渠道、多方式投入资源,多形式、多层次满足需求,创新培训形式、培训机制、管理机制和培训模式。根据农民需要,通过双向选择平台,打破传统单一授课方式,为农民提供个性化的服务。比如"百姓课堂"和"田间学校",坚持组织引导和自愿参加相结合,教育内容和农民需求相结合,专题讲座和现场指导相结合,转变作风与解决问题相结合,宣传政策与推动工作相结合的原则,变传统的灌输式为互动式,变农民"要我学"为"我要学",用农民较容易接受的方式、最朴实的语言传授各种知识,使农民"一学就会、一做就灵",深入田间地头,手把手、面对面、心连心地开展教育培训和技术指导,形成科技推广、培训、示范应用一体化的有机整体。

第十三章
研究结论及研究展望

农业产业结构调整优化是一项庞大的、艰巨的、长期的、复杂的系统工程，它牵动着国民经济的各个部门，需要较长时间的努力。它不仅需要发育完整的市场、先进实用的技术，而且需要政府完善的规划和无微不至的服务，涉及的层次、范围很广。如果没有政策的支持，这个系统工程的各个层面、各个部分就很难协同，农业产业结构调整优化也就很难取得较好的效果。实践证明，与生产力发展水平相适应的农业产业结构不仅能促进经济的发展，满足人口消费需求，而且有利于资源的合理开发和社会经济环境的协调发展。

第一节 研究结论

（1）农业产业结构调整优化的绩效是逐渐提升的。从农业产业结构调整优化绩效综合评价结果可知，农业产业结构调整优化的绩效是逐渐提升的，间接表明我国农业产业结构调整优化政策是适合我国国情的。

（2）财政对农业的支持程度、农业现代化程度与农业产业结构调整优化绩效显著正相关，金融对农业的支持程度、"中央一号文件"的颁布实施与农业产业结构调整优化绩效正相关，但不具有统计意义。对农业产业结构调整优化绩效的影响因素研究可知，财政对农业的支持程度与农业产业结构调整优化绩效显著正相关，具有统计意义；农业现代化程度与农业产业结构调整优化绩效显著正相关，具有统计意义；金融对农业的支持程度与农业产业结构调整优化绩效正相关，系数为 0.0960，不具有统计意义；"中央一号文件"的颁布实施与农业产业结构调整优化绩效正相关，系数为 0.0169，不具有统计意义。因此，应加大金融机构对农业产业结构调整优化的支持力度，推动农业产业结构调整优化绩效的不断提升。

（3）应借鉴发达国家农业产业结构调整优化成功经验，尤其是管理经验。无论是从农业生产的技术上，还是农业机械化程度上，我们与美国、荷兰农业先进国家相差无几，但是我国农业总体水平还比较落后，特别应该关注的是农业产业结构调整优化和治理问题，先进国家的农业发展经验为我国农业产业结构调整优化提供借鉴和方向。但是不可搞一刀切，照抄照搬。应该结合我国实际情况，建立健全具有中国特色的农业产业政策；拓宽、拉长农产品产业链；改善农业生产方式；建立健全政府农业管理体制；充分发挥社会中介组织作用。

（4）粮食安全意识需要加强。众所周知，粮食是人类生存最基本的生活消费品，是国民经济发展的基础，粮食生产是国家生存与发展的一个永恒的主题，粮食安全是关系到区域和国家稳定的重大问题。历史经验告诉我们，如果粮食数量出现问题，则将对整个国家的经济社会的发展，产生直接的危害。粮食既是商品又是战略物资，粮食安全问题主要是数量安全问题。在粮食需求方面，由于我国人口的增长，工业的迅速发展趋势不可逆转，粮食消费需求，原料需求刚性增长的趋势不可逆转，我国人多地少，自然灾害多，资源短缺等因素都制约了农产品的产出增长。因此，要珍稀土地资源，合理使用；节约使用粮食，加强粮食安全意识。

（5）大力发展农业技术，走高端生态农业道路。为了满足市场需求，必须改善农业产业结构，需要在数量、质量、品种等方面下功夫，提高农产品数量，改善农产品质量，调整优化农产品品种，另外，由于农业生产受自然因素的影响，要想调整优化农业产业结构，需要进一步发展农业技术。然而，现代农业主要是石化农业，大量使用农药、化肥、除草剂等，这样会导致农产品质量下降，造成土地板结、农业污染、自然资源大量遭到破坏等，不利于人类的健康生存和发展。因此，必须大量发展高端农业技术，使用高科技设备，走高端生态农业的道路。

另外，农业产业结构调整优化作为一项复杂的系统工程，涉及方方面面，有许多问题有待于去研究。农业产业结构调整优化由于受数据缺失或统计不全的影响，在农业产业结构调整优化绩效指标的选用上，可能会存在一定的噪声；本书对于测度指标的分析仍存在一定局限性；农业产业结构调整优化绩效指标选取只侧重了经济指标，而没有涉及非经济指标；本书仅选择了改革开放之后1981~2011年31年进行因素分析，基本满足了因素回归分析研究，限制了大样本的分析。

随着相关统计年鉴编纂的日臻完善，相关统计指标的日益细化，从极性上运用包括极大值极性指标、适中值极性指标、极小值极性指标；从指标上运用定性指标和定量指标；从指标内涵上运用农业产品结构指标、农业区域指标和农业产业链指标；从效益上运用经济效益指标、社会效益指标、环境效益指标进行农业产业结构调整优化绩效的综合评价，得出的研究结论必将会更加客观。有机会再进一步完善此书。

第二节 研究展望

(一) 农业专业合作社的建设问题

无论是美国、荷兰，还是日本、韩国都建立了大量的农业合作社和农业协会，在这些国家不存在"菜贱伤农"的问题，因为这些国家的农民都得加入农业合作社和农协，加入农业合作社和农协的农民，种完之后直接把蔬菜拉到各个加工车间去，加工以后，农业合作社和农协又在城市设了很多超市或农贸市场，负责蔬菜销售。于是，从田头到餐桌都在农业合作社和农协系统下，每一年农业合作社和农协可以指导农民根据全国蔬菜的销量进行按需生产，这样就避免了因盲目生产导致的"菜贱伤农"现象。同时，农民通过组织起来把农产品直接卖向市场，让农民直接享受到分配各环节的收益。令人可喜的是，2007年《中华人民共和国农民专业合作社法》实施以来，我国各地农业合作社正崭露头角，呈现其旺盛的生产力。上海成立的农业专业合作社已成为农民致富摇篮。"中国蔬菜出口第一县"——山东莱阳县，把菜农组织起来，形成规模，在蔬菜进出口贸易方面享有分量不小的话语权。在看到成绩的同时，农业专业合作社在发展中也存在一些问题，主要有：农民对专业合作社的理解与认识有很大的差异，一些专业合作社成立后组织能力不强、运作不力、效益不高,生产经营行为不规范情况时有发生;法律实施的"助手"缺位,扶持与规范"建社"两手抓的氛围和环境尚未真正形成;某些合作社既不"合作"也不"专业"的状况不同程度存在。

(二) 农村信用社更好地服务农业产业结构调整优化问题

随着一些国有商业银行逐步撤出农村领域,农村信用社逐渐成为我国金融机构在农村领域的主要力量。在新的历史时期和市场条件下,如何深化农村信用社体制改革充分发挥农村信用社的优势,不断优化其内在的体制和机制,制定更加符合基层实际的信贷管理方案和信贷政策,支持农业产业化发展等新型发展模式,提高支农贷款的综合服务水平,逐步提高涉农贷款的总量和占比,适应农民信贷需求发生的新变化及时调整优化服务目标和方向,使农村信用社资金来源于农村服务于农村、来源于农民服务于农民,是农村信用社更好地服务农业产业结构调整优化的重大现实课题。

(三) 农业产业链的安全问题

伴随着经济全球化和区域经济一体化的深入发展,农业领域的国际竞争近年来已上升到以产业链为载体所形成的国家经济和区域经济层面。农业产业链是一项涉及种子、化肥、农药、深加工、物流、销售、服务等的系统工程。产业链上的各个环节的密切合作,都承担着创造价值的功能。为保证我国粮食安全,我们必须立足农业产业链全局,打造出高产优质的农业产业链及节点,努力增加粮食生产和提高国内粮食自给率,同时防止国际粮商的恶意控制,我国粮食安全才能有所保障。

参考文献

[1] 傅沂:《"三农"问题与农业产业结构调整优化的关系探析》,《兰州学刊》2004年第6期,第251~253页。

[2] 刘秀兰、王珏:《西部地区产业结构对农村居民增收的影响》,《财经科学》2005年第4期,第148~154页。

[3] 胡玉冰、李晓明:《新形势下农业产业结构战略性调整优化探讨——以六安市金安区、裕安区为例》,《安徽农业科学》2006年第20期,第5433~5434,5437页。

[4] 徐刚:《谋划现代农业发展新篇章——全国优势农产品区域布局规划(2008~2015年)出台追踪》,《农村工作通讯》2008年第17期,第6~10页。

[5] 郭静利:《农业产业链稳定机制研究》,博士学位论文,中国农业科学院,2010。

[6] 毛海霞:《安康市农业产业结构调整的战略研究》,硕士学位论文,西北农林科技大学,2006。

[7] Mighell R. L., Lawrence A. J., *Vertical Coordination in Agriculture*, Washington: U. S. Dept. of Agri, 1963.

[8] Wout J. Hofman, Information and Communication Technology (ICT) for Food and Agribusiness. Chain Management in Agribusiness and the Food

Industry. Proceedings of The Fourth International Conference, 2000: 599 – 608.

[9] Hobbs J. E., Kerr W. A., Klein K. K., "Creating International Competitive-ness Through Supply Chain Management: Danish pork," *Supply Chain Management*, 1988 (3).

[10] Neves M. F., Zylberstajn D., Neves. E. M., The Orange Juice Food Chain. Proceedings of the 3rd International Conference on Chain Management in *Agribusiness and the Food Industry*. Wageningen: Wageningen Agricultural University Press, 1998.

[11] Reinier De Man. Global Cotton and Textile Chain: Substance Flows, Actors and Cooperation for Sustain-ability [OL] //A study in the Framework of WWF's Freshwater and Cotton Program, 2001. http://www.rdeman.nl/download/cotrep2001 – 2006. pdf.

[12] W. Schiebel, The Value Chain Analysis of ECR Europe, Interpreting a System Innovation in Supply Chains. Chain Management in Agribusiness and the Food Industry. Proceedings of the Fourth International Conference, 2000.

[13] Huang, Wen – Chi and Jeun – Sheng Lin, "Using Information Technology to Enhance Communications among Agribusiness Organizations." The 11th IAMA World Food and Agribusiness Forum and SymPosium, June 25 – 28, Sydney, Australia, 2001.

[14] Dusty Clevenger, "Adoption of E-business in Nebraska Retail Agriculture", Presented at the World Food and Agribusiness Management Association, IAMA, Sydney, Australia, 2001.

[15] Ross, J. E., "Information Systems Development Within Supply Chain Management". *International Journal of Information Management*, 2004, 24, 375 – 385.

[16] F. van Dam, Agri Chains, ICT and Innovation, Chain Management in Agribusiness and the Food Industry. Proceedings of the Fourth International Conference, 2000: 555 – 560.

[17] Decio Zylberstajn, Elizabeth M. M. Q., Farina, Agri-systems

Management Recent Developments and Applicability of the Concept. Proceedings of the 3rd International Conference on Chain Management in Agribusiness and the Food Industry. Wageningen：Wageningen Agricultural University Press，1998.

[18] 王亚飞：《农业产业链纵向关系的治理研究——以专业化分工为研究视角》，博士学位论文，西南大学，2011。

[19] 傅国华：《运转农产品产业链，提高农业系统效益》，《中国农垦经济》1996年第11期，第24~25页。

[20] 王凯、韩纪琴：《农业产业链管理初探》，《中国农村经济》2002年第5期，第9~12页。

[21] 左两军、张丽娟：《农产品超市经营对农业产业链的影响分析》，《农村经济》2003年第3期，第31~32页。

[22] 王国才：《供应链管理与农业产业链关系初探》，《科学学与科学技术管理》2003年第4期，第46~48页。

[23] 王祥瑞：《产业链过窄过短是农业增效农民增收的最大障碍》，《农业经济》2002年第9期，第28~29页。

[24] 龚勤林：《产业链接通的经济动因与区际效应研究》，《理论与改革》2004年第3期，第105~108页。

[25] 李杰义：《农业产业链区域延伸动力机制及途径研究》，《理论探讨》2007年第4期，第86~88页。

[26] 谷永芬、吴倩：《我国农业产业链升级路径选择》，《江西社会科学》2011年第8期，第88~93页。

[27] 胡少华：《"雨润特色"：低成本扩张、产业链整合与全程质量控制》，《现代经济探讨》2002年第10期，第51~53页。

[28] 朱毅华、王凯：《农业产业链整合实证研究——以南京市为例》，《南京社会科学》2004年第7期，第85~89页。

[29] 赵绪福：《农业产业链优化的内涵、途径和原则》，《中南民族大学学报》（人文社会科学版）2006年第11期，第119~121页。

[30] 张利庠：《产业组织、产业链整合与产业可持续发展——基于我国饲料产业"千百十调研工程"与个案企业的分析》，《管理世界》2007年第4期，第78~87页。

[31] 宋建晓：《闽台农业产业链整合的战略思考》，《福建农林大学学报》（哲学社会科学版）2007年第1期，第26~30页。

[32] 刘慧波、黄祖辉：《产业链协同整合实证研究——一个循环经济的视角》，《技术经济》2007年第9期，第2~26页。

[33] 韩纪琴：《南京市蔬菜产业链研究》，硕士学位论文，南京农业大学，2000。

[34] 陈超：《猪肉行业供应链管理研究》，博士学位论文，南京农业大学，2003。

[35] 王凯、颜加勇：《中国农业产业链的组织形式研究》，《现代经济探讨》2004年第11期，第28~32页。

[36] 张彦、姜昭：《农业产业链组织形式影响因素理论探析》，《商业时代》2011年第1期，第105~106页。

[37] G. Q. Chen, M. M. Jiang, B. Chen, Z. F. Yang, C. Lin, "Emergy Analysis of Chinese Agriculture". *Agriculture, Ecosystems and Environment*, 2006 (115): 161-173.

[38] 田岛俊雄：《中国和东亚农业结构问题》，上海财经大学出版社，1997，第106页。

[39] 梅勒：《农业发展经济学》，北京农业大学出版社，1990。

[40] 速水佑次郎：《农业经济论（译本）》，中国农业出版社，2003。

[41] 骆惠宁：《关于安徽农业产业结构调整若干问题的思考》，《江淮论坛》1998年第1期，第2~5页。

[42] 李炳坤：《推进农业产业结构的战略性调整》，《农业经济问题》2000年第3期，第2~9页。

[43] 卢良恕：《面向21世纪的中国农业科技与现代农业建设》，《农业经济问题》2001年第9期，第2~8页。

[44] 许立新：《甘肃省农业产业结构调整研究》，硕士学位论文，上海交通大学，2004。

[45] 熊善丽：《试论农业产业转移与农业产业结构调整》，《经济师》2003年第4期，第158~160页。

[46] 焦鬼鬼：《黑龙江省肇东市农业产业结构调整对策研究》，硕士学位论文，中国农业科学院，2010。

[47] 魏学武：《当前农业结构调整的几个问题》，《中国农村经济》1999年第5期，第25~27页。

[48] 薛亮：《关于当前农业结构调整的几个问题》，《中国农村经济》2000年第7期，第8~14页。

[49] 曹树生、黄心诚：《农业产业结构调整的影响因素》，《甘肃农业》2006年第3期，第39页。

[50] 田燕：《论我国农业产业结构的战略性调整》，《通化师范学院学报》2007年第1期，第13~16页。

[51] 王红玲、徐桂祥：《农业经济增长因素分析的一种统计方法》，《中国农村经济》1998年第4期，第63~65页。

[52] 张建武：《广东省农村产业结构变动对农民收入的贡献及解释》，《中国农村经济》2000年第11期，第20~24页。

[53] 李国祥：《农业结构调整对农民增收的效应分析》，《中国农村经济》2005年第5期，第12~20页。

[54] 刘慧娟、汪上：《农业产业结构调整优化效应分析——以安徽省凤阳县为例》，《特区经济》2008年第4期，第203~205页。

[55] 李生梅、陈宗颜：《青海省农业产业结构调整与农业经济增长关系的实证分析》，《青海农林科技》2010年第3期，第43~70页。

[56] 刘楠：《农业产业结构调整与农业经济发展的灰色关联度分析——以黑龙江省为例》，《安徽农业科学》2010年第38（14）期，第7597~7598、第7622页。

[57] 詹锦华：《福建省农业产业结构调整与农民增收的关系分析》，《安徽农业科学》2012年第40（31）期，第15479~15484页。

[58] 苗杰：《2000~2011年烟台地区农业产业结构调整对农民收入的影响》，《安徽农业科学》2013年第41（4）期，第1777~1778，1811页。

[59] 刘松颖：《农业产业结构调整对农民增收和节能降耗影响实证分析》，《商业时代》2013年第19期，第113~116页。

[60] 杨雍哲：《农业发展新阶段与结构调整——在农业结构调整与农民收入研讨会上的发言》，《农业经济问题》2000年第1期，第81~84页。

[61] 杨雍哲：《农村产业结构调整与农民收入》，中国农业出版社，2005，第67~78页。

[62] 乔晶：《农业结构调整与市场支持体系》，《农村经济》2004年第6期，第40~43页。

[63] 郑风田：《我国农业结构调整的新思路——规模化、特色化与专业化产业区发展模式》，《农村经济》2004年第6期，第1~4页。

[64] 温铁军：《新农村建设理论探索》，文津出版社，2006。

[65] Ellram L. M., "Supply Chain Management: the Industrial Organization Perspective". *Phys Disturb Logiest Manage*, 1991, 21 (1): 13 - 22.

[66] Daugherty P. J., Pittman P. H., "Utilization of Time-based Strategies". *International Journal of Operations & Production Management*, 1995, 15 (2): 54 - 60.

[67] Ellram L. M., "A structured Method for Applying Purchasing Cost Management Tools". *International Journal of Purchasing &Materials Management*, 1996, 32 (1): 11 - 19.

[68] Das T. K., Teng B., "A resource-based Theory of Strategic Alliance Formation". *Journal of Management*, 2000, 26: 31 - 6.

[69] Gunnar Stefansson, "Business-to-business Data Sharing: A Source for Integration of Supply Chains". *International Journal of Production Economics*, 2002, 75: 135 - 146.

[70] Choi T. Y., Hartley J. L., "An Exploration of Supplier Selection Practices Across the Supply Chain". *Journal of OperationsManagement*, 1996, 14: 333 - 343.

[71] Doyle M., "Strategic Purchasing Can Make-or-break a Firm". *Electronic Business*, 1989, 20: 46 - 48.

[72] Xu Kefeng, DongYan, Philip T. Evers., "Towards Better Coordination of the Supply Chain". *Transportation Research Part E: Logistics and Transportation Review*, 2001, 37: 35 - 54.

[73] Mohr J., Spekman R. E., "Characteristics of Partnership Success: Partnership Attributes, Communication Behavior, and Conflict Resolution Techniques". *Strategic Management Journal* 2002, 15 (2): 135 - 152.

[74] Fynes B., Voss C., "The Moderating Effect of Buyer-supplier Relationships on Quality Practices and Performance". *International Journal of Operations and Production Management*, 2002, 22: 589-613.

[75] Ganesan S., Ambrose M., Hess R. L., "The Relationship Between Justice and Attitudes: An Examination of Justice Effects on Event and System-related Attitudes". *Organizational Behavior and Human Decision Processes*, 2007, 103 (1): 21-26.

[76] 王凤彬:《节点企业间界面关系与供应链绩效研究》,《南开管理评论》2004年第2期,第72~78页。

[77] 戴化勇、王凯:《农业产业链综合绩效的评价研究——以南京市蔬菜产业链为例》,《江西农业学报》2006年第5期,第199~202页。

[78] 李俊龙、王凯:《花卉产业链运作绩效的实证分析——以江苏省为例》,《江苏农业科学》2006年第6期,第132~1135页。

[79] 刘征:《影响供应链总体绩效的供应商—制造商合作要素研究》,硕士学位论文,浙江大学,2006。

[80] 卜卫兵、王凯:《乳品加工企业与原料奶供应商合作效率分析》,《南京农业大学学报》(社会科学版)2007年第6期,第47~50页。

[81] 何一:《休闲产业链整合的影响因素研究》,硕士学位论文,浙江工业大学,2009。

[82] 陈伟、张旭梅:《供应链中企业组织学习能力对合作绩效的影响——以知识获取为中介变量的实证研究》,《商业经济与管理》2009年第8期,第37~40页。

[83] 樊继红、郭东清、贾利、李友华:《农业综合开发投资绩效评价初探》,《农业经济问题》2006年第5期,第55~57页。

[84] 彭国富、张玲芝:《模糊综合评价优选法在河北省农业综合开发多种经营及龙头项目、重点和典型项目优选中的应用》,《河北经贸大学学报》1999年第4期,第40~51页。

[85] 韩国良:《农业综合开发投入产出效果的地区差异》,《农业技术经济》2005年第2期,第29~32页。

[86] 徐勇、任一萍:《应用因子分析对农业上市公司进行效绩评价》,《统计教育》2007年第3期,第12~14页。

[87] 岳香:《安徽省上市公司绩效评价与分析》,《科技和产业》2008 年第 7 期,第 80~83 页。

[88] 王喜平:《中国农业上市公司的绩效评价》,《中国农学通报》2008 年第 1 期,第 531~534 页。

[89] 赵佳荣:《农民专业合作社"三重绩效"评价模式研究》,《农业技术经济》2010 年第 2 期,第 119~127 页。

[90] 胡星辉:《我国农业上市公司综合绩效研究》,博士学位论文,华中农业大学,2011。

[91] 杜青林:《中国农业和农村经济结构战略性调整优化》,中国农业出版社,2003。

[92] 陈烦:《农业现代化视域下湘西自治州农业产业结构调整优化研究》,硕士学位论文,吉首大学,2012。

[93] 祝卓、孙久文:《用线性规划方法建立农业生产最优结构和合理布局模式刍议》,《河南科学》1985 年第 1 期,第 64~71 页。

[94] 萧英达:《比较审计学》,中国财政经济出版社,1991,第 46 页。

[95] 徐兴恩:《论会计研究的方法》,《会计研究》1991 年第 6 期,第 16~20 页。

[96] Huang, Jikun, 2001, Agricultural Policy and Food Security, Orking Paper, Enter for Chinese Agricultural Policy, Chinese Academy of Sciences, Beijing.

[97] The World bank. World Development Indicators Development. Data Center of World Bank, 2000.

[98] 邓文革:《浅谈加快农业产业结构调整优化步伐的几点建议》,《江西农业经济》2001 年第 4 期,第 59 页。

[99] 冯海发:《农业结构调整优化应注意的几个基本问题》,《农业经济问题》2001 年第 7 期,第 12~15 页。

[100] 熊德平:《市场经济条件下农业产业结构调整的本质涵义和政府的职能》,《农业经济》2000 年第 10 期,第 29~30 页。

[101] 刘金山:《市场协调农业产业链:一种探索》,《上海经济研究》2002 年第 3 期,第 32~35 页。

[102] 戴化勇:《"产业化"、"产业链"与我国农业发展思路的变化》,

《北方经贸》2010年第12期,第29~31页。

[103] Randall J. E. and Ironside, R. G., "Communities on the Edge: An Economic Geography Of Resource-dependent Communities in Canada". *The Canadian Geographer*, 1996, 40 (1).

[104] Randall J. E. and Ironside, R. G., "Communities on the Edge: An Economic Geography of Resource-dependent Communities in Canada". *The Canadian Geographer*, 1996, 40 (1).

[105] William M. Boal & John Pencabel. *The Effects of Labor Unions on Employment, Wages, and Days of Operation*; Coal Minning in West Virginia, Economics, 1994: 267 – 298.

[106] 赵绪福、王雅鹏:《从产业化经营的需要看中国农业产业链的构建》,《湛江师范学院学报》2004年第8期,第82~84页。

[107] Neil Hanlon, Greg Halseth., "The Greying of Resource Communities in Northern British Columbia: Implications for Health Care Delivery in Already-under Serviced Communities". *The Canadian Geographer / Le Geography Canadian 49*, no 1 (2005).

[108] Gregory A. Elmes and Trevor M. Harris., "Industrial Restructuring and the United States Coal – Energy System, 1972 – 1990: Regulatory Change, Technological Fixes, and Corporate Control". *Association of American Geographers*, 1996, 86 (3): 507 – 529.

[109] 赵绪福、王雅鹏:《农业产业链、产业化、产业体系的区别与联系》,《农村经济》2004年第6期,第44~45页。

[110] 赵绪福、王雅鹏:《农业产业链的增值效应与拓展优化》,《中南民族大学学报》(人文社会科学版)2004年第7期,第107~109页。

[111] 何官燕:《农业产业链组织的研究评述》,《现代商贸工业》2008年第7期,第37~39页。

[112] 沈道权、洪岩:《民族地区跨世纪产业结构调整与特色农业发展》,《黑龙江民族丛刊(季刊)》1998年第2期,第48~52页。

[113] 李悦等:《产业经济学》,东北财经大学出版社,2002。

[114] Kwolek J. K., "Aspects of Geo-legal Mitigation of Environmental Impact From Mining and Associated Waste in the UK". *Geochemical*

Exploration, 1999, 31 (2): 1-30.

[115] Callados C. & Duane T. P., "National Capital and Quality of life: A Model for Evaluating the Sustainability of Alternative Regional Development Paths". *Ecological Economics*, 1999 (30).

[116] 顾正兴:《低碳经济下云南农业产业结构调整优化对策研究》,硕士学位论文,西北农林科技大学,2010。

[117] 袁璋:《我国中部地区农业产业结构演进及调整优化方向研究》,博士学位论文,中国农业科学院,2006。

[118] Gross M. Populaton., "Decline And The New Nature: Towards Experimental 'Refactoring' in landscape Development of Post-industrial Regions". *Futures*, 2008, 40 (5): 451-259.

[119] Yu J., Yao S. Z., Chen R. Q. et al., "A Quantitive Integrated Evaluation of Sustainable Development of Mineral Resources of a Mining city: A Case Study of Huangshi, Eastern China". *Resource Policy*, 2005 (30): 7-19.

[120] 陆大道、刘毅、樊杰:《我国区域政策实施效果与区域发展的基本态势》,《地理学报》1999年第6期,第496~508页。

[121] 翟义波:《新疆农业产业结构调整优化研究》,硕士学位论文,新疆财经大学,2007。

[122] 蒋和平、王有年、孙炜琳:《农业科技园的建设理论与模式探索》,气象出版社,2002,第17~20页。

[123] 靳思昌、张立民:《国家审计边界的定位:公共产品供给主体演进视角的分析》,《审计与经济研究》2012年第4期,第10~18页。

[124] 刘建荣:《农业产业结构调整的价值选择》,《湖南商学院学报(双月刊)》2005年第4期,第12~16页。

[125] 邹露青:《鄱阳湖区农业产业结构调整优化研究》,硕士学位论文,江西师范大学,2009。

[126] 〔美〕约翰·克莱顿·托马斯:《公共决策中的公民参与:公共管理者的新技能与新策略》,孙柏瑛等译,中国人民大学出版社,2005。

[127] Arnstein Sherry, "A Ladder of Citizen Participation", *Journal of American Institute of Planners*, 1969, Vol. 35.

[128] 贾纪磊:《新农村视野下菏泽市农业产业结构调整问题探析》,《新疆农垦经济》2013年第6期,第58~63页。

[129] 诺斯:《制度、制度变迁与经济绩效》,刘守英译,三联书店,1994,第3~7,第101~125页。

[130] 刘汉民、燕波:《广东经济发展谨防路径依赖》,《广东经济》2006年第3期,第47~51页。

[131] 吕文广:《甘肃农业现代化进程测度及特色农业发展路径选择研究》,博士学位论文,兰州大学,2010。

[132] 严清华、刘穷志:《略论中国经济发展的路径依赖》,《经济学家》2001年第2期,第25~27页。

[133] 徐充、解涛:《我国产业结构调整的制度分析》,《社会科学家》2004年第5期,第55~58页。

[134] 傅沂:《我国农业产业结构调整中的路径依赖研究——一种新政治经济学的视角》,《经济问题》2008年第1期,第80~83页。

[135] 何蕾:《中国农村产业结构调整的困境与对策》,《经营管理者》2010年第18期,第99~101页。

[136] 李成贵:《农业转型的国际经验》,《内蒙古财经学院学报》2004年第2期,第3~5页。

[137] 祖廷勋:《可持续发展中农业产业结构优化问题研究——以甘肃张掖市农业产业结构调整为例》,《生产力研究》2007年第5期,第25~27页。

[138] 李晓婷:《基于需求目标下的农业产业结构调整研究——以昆明市农业产业结构调整为例》,硕士学位论文,昆明理工大学,2010。

[139] 刘成雄、沈琼、匡远配:《美国农产品市场发育经验》,《中国乡镇企业报》2005年1月12日,第00C版。

[140] 吕志勇:《美国农村产业结构的演变及其原因》,《山东大学学报》(哲学社会科学版)1988年第4期,第51~56页。

[141] Larson, D. F., R. Butzer, Y. Mundlak and A. Crego., "A Cross-Country Database for Sector Investment and Capital". *World bank Economic Review*, 2000: 59–67.

[142] 黄小晶:《农业产业政策理论与实证探析》,博士学位论文,暨南大

学，2002。

[143] 罗爱湘：《美国"新经济"中的产业结构分析》，硕士学位论文，汕头大学，2001。

[144] 美国商务部：《浮现中的数字经济》，中国人民大学出版社，1998，第100页。

[145] 许世卫、信乃诠：《当代世界农业》，中国农业出版社，2010。

[146] 杨志：《美国农业产业化体系及其对我国的启示》，《当代世界》2005年第9期，第54~55页。

[147] 周振东：《美国农业发展状况及其启示》，《乡镇经济研究》1999年第1期，第9页。

[148] 杨兴龙：《美国发展农业的主要经验》，《科学导报》2005年11月30日，第A03版。

[149] 张宝珠、孙宝和：《美国农业的成功经验及其启示》，《农民日报》2004年7月7日，第003版。

[150] 广闻：《美加农业产业化概况及特点》，《东方城乡报》2006年10月26日，第B02版。

[151] 洪艳：《现代农业集群式发展研究——以湖南为例》，博士学位论文，湖南农业大学，2009。

[152] 王宗凯、蒋旭峰：《高效供应链让美国农业产销"一条龙"》，《粮油市场报》2013年6月8日，第B03版。

[153] 张敬滋：《美国农业增收三种招法的启示》，《威海日报》2006年10月17日，第006版。

[154] 利文：《美国农业增收三招》，《中国特产报》2004年7月19日，第002版。

[155] 张晓川：《农业技术推广服务政府与市场的供给边界研究》，博士学位论文，西南大学，2012。

[156] 陈令东：《我国绿色集约大农业创新模式研究》，硕士学位论文，郑州大学，2010。

[157] 刘光哲：《多元化农业推广理论与实践的研究》，博士学位论文，西北农林科技大学，2012。

[158] 信乃诠：《国外农业（技术）推广体制的调查报告》，《农业科技管

理》2010年第5期。

[159] 刘丽伟:《荷兰:打造创意农业产业链》,《中国乡镇企业》2012年第5期,第85~86页。

[160] 刘丽伟:《农业产业链竞争时代来临》,《农产品市场周刊》2012年第26期,第30页。

[161] 毛尔炯、祁春节:《国外农业产业链管理及启示》,《安徽农业科学》2005年第33(7)期,第1296~1297页。

[162] 游璐婉:《农业产业链利益协调机制研究——以湖南地区为例》,硕士学位论文,中南大学,2008。

[163] 谢有德:《荷兰农业产业化经营模式》,《东方城乡报》2007年8月23日,第B02版。

[164] 本刊资料室:《荷兰的现代农业(五)》,《山西经济日报》2004年8月15日,第003版。

[165] 方保安:《我国农村专业合作经济组织对农业产业结构的优化研究》,硕士学位论文,云南财经大学,2008。

[166] 张晓群、陈宝峰:《加入WTO与我国农业结构调整对策》,《农业经济导刊》2002年第9期,第18~22页。

[167] 朱若峰、朱泽:《中国农业和农村经济结构的战略性调整》,湖北科学技术出版社,2000。

[168] 汪细伍:《论我国农业产业结构的调整优化与优化发展》,硕士学位论文,湖南大学,2003。

[169] 杨雄年:《中国西部地区农业产业升级转化过程中政策绩效研究》,博士学位论文,西北农林科技大学,2005。

[170] 柳毅:《农业产业结构调整效益分析》,《辽宁行政学院学报》2000年第3期,第46~47页。

[171] 谭文君:《国外农业产业结构调整的经验及对我国的启示》,《黑龙江科技信息》2009年第36期,第159页。

[172] 赵永忠:《深化结构调整构建现代农业产业新体系》,《环渤海经济瞭望》2009年第3期,第18~20页。

[173] 龙祖坤:《民族地区农业产业链拓展对策研究》,《商业研究》2009年第10期,第128~130页。

[174] 丁慧媛：《中国农业产业链主体协调的现状与整合探析》，《经济研究导刊》2009年第9期，第39~40页。

[175] 杨冬：《农业产业链组织模式与组织效率研究》，硕士学位论文，电子科技大学，2008。

[176] 柳民：《欠发达地区粮食安全和农业产业结构调整均衡问题研究——以甘肃省为例》，《开发研究》2008年第3期，第86~93页。

[177] 张广胜：《入世对中国农业和农村产业结构调整与优化的影响及应对之策》，《农业科技管理》2002年第4期，第12~15页。

[178] 张淑清：《关于通化市农业与产业结构调整的分析与思考》，《经济视角》2001年第4期，第27~30页。

[179] 赵文平：《河南农业产业结构调整中存在的问题及治理措施》，《农业考古》2009年第3期，第265~267页。

[180] 方羽、熊若愚：《调整农业产业结构要处理好四个关系》，《理论与实践》2000年第6期，第19~20页。

[181] 阳武平：《农业产业结构调整对农业经济增长的贡献研究》，硕士学位论文，湖南科技大学，2011。

[182] 李占行：《农业产业结构调整对农业经济的影响》，《北京农业》2012年第18期，第202页。

[183] 刘忠福：《农业产业结构调整对农业经济产生的影响》，《黑龙江科技信息》2012年第21期，第216页。

[184] 王亚平：《农业产业结构调整的若干思考与对策——以江西为例》，《市场论坛》2005年第9期，第10页。

[185] 曾祥添：《浅谈三明市农业产业结构的调整优化与优化》，《宜宾学院学报》2008年第8期，第56~58页。

[186] 王初建：《产业链延伸视角下农业支撑型县域经济发展研究》，《郑州轻工业学院学报》（社会科学版）2010年第10期，第108~112页。

[187] 蔡明秋：《加大农业产业结构调整优化的力度提高农业的比较经济效益》，《成都行政学院学报》1999年第5期，第21页。

[188] 陈艳：《WTO框架下政府农业管理行为研究》，《南方农村》2004年第2期，第33~35页。

[189] 田枫：《标准化在农业产业结构调整优化中的作用》，《大众标准

化》2007 年第 S2 期，第 18～19 页。

[190] 刘丽辉:《广东农业产业结构调整优化方向及保障机制研究——以佛山为例》，《广东农业科学》2012 年第 18 期，第 215～219 页。

[191] 李杰义:《农业产业链城乡间延伸的动力和路径——农业产业链区域延伸在新农村建设实践中的运用》，《科技进步与对策》2008 年第 9 期，第 81～84 页。

[192] 李杰义:《农业产业链视角下的区域农业发展研究申请》，博士学位论文，同济大学，2008。

[193] 何国长:《发展农业产业化是搞好我国农业产业结构调整优化的关键》，《兰州学刊》2004 年第 6 期，第 130～133 页。

[194] 何国长:《发展农业机械化是甘肃建设现代农业的首要任务》，《甘肃科技纵横》2009 年第 2 期，第 59～67 页。

[195] 张利庠、张喜才:《农业产业链关键环节的产业安全与政府管制》，《教学与研究》2011 年第 2 期，第 15～21 页。

[196] 张利庠、张喜才:《现代农业产业链治理：主体与功能》，《农业经济与管理》2010 年第 1 期，第 81～86 期。`

[197] 张琦:《关于安徽省农业产业链问题的研究》，硕士学位论文，安徽大学，2011。

[198] 武晓斌:《吉林省农业产业链问题研究》，硕士学位论文，东北师范大学，2007。

[199] 张海清、王子军:《农业产业链新特征背景的主体利益：奶业与种业》，《改革》2012 年第 11 期，第 98～103 页。

[200] 王静:《浅析农业产业链构建》，《北方经济》2009 年第 4 期，第 94～95 页。

[201] 肖小虹:《中国农业产业链培育框架构建：原则、目标、主体和运行机制》，《贵州社会科学》2012 年第 11 期，第 76～79 页。

[202] 李文伟:《农业产业链功能实现途径研究——兼论湖南省猪肉产业链功能效果评价》，博士学位论文，湖南农业大学，2009。

[203] 姜昱安、刘宝财、孙明:《延伸农业产业价值链对农业规模化发展的推进》，《安徽农业科学》2012 年第 40（7）期，第 4286～4287 页。

[204] 席晓丽:《产业融合视角下的现代农业发展研究》，博士学位论文，

福建大学，2008。

[205] 刘晓宁：《基于食品安全的农业产业链生产控制模式研究》，《现代管理科学》2009年第9期，第56~58页。

[206] 杜占江、王金娜、肖丹：《构建基于德尔菲法与层次分析法的文献信息资源评价指标体系》，《现代情报》2011年第10期，第9~14页。

[207] 张丽颖：《农业企业内部绩效评估及协调分析》，博士学位论文，吉林大学，2010。

[208] 孙景翠：《中国农业技术创新资源配置研究》，博士学位论文，东北林业大学，2011。

[209] 邓聚龙：《灰色系统基本方法》，华中科技大学出版社，2005。

[210] 赵美玲：《现代农业评价指标体系研究》，《湖北行政学院学报》2008年第1期，第65~68页。

[211] 刘朔：《中国工业化中后期工业反哺农业问题研究》，博士学位论文，华中科技大学，2012。

[212] 王海全：《反思我国农业结构调整绩效》，《社会科学报》2001年11月15日，第002版。

[213] 陈婷婷：《安徽省农业生产结构调整与农民收入的效应分析》，《现代农业》2007年第9期，第38~40页。

[214] 赵连武、谢永生、王继军、刘涛、何毅峰、李文卓：《陕西省汉台区农业产业结构现状分析及调整对策》，《中国农业科技导报》2008年第10（5）期，第104~109页。

[215] 杨烨军、宋马林：《农村产业结构调整与农民收入增长关系实证研究——以江苏省为例》，《统计教育》2008年第9期，第14~18页。

[216] 张瑞黎、黄明风：《农业结构调整对农民增收影响的效应分析——以新疆为例》，《经济研究导刊》2010年第11期，第27~28页。

[217] 杨小萍、刘媛媛：《我国农业产业结构调整效果测度指标体系研究》，《改革与战略》2013年第7期，第80~82页。

[218] 范志国：《江苏粮食安全存在的问题和对策建议》，《现代经济探讨》2008年第12期，第78~80页。

[219] 朱湖根:《我国财政支持农业产业化对农民收入增长影响的贡献分析》,《农业技术经济》2007年第4期,第103~108页。

[220] 周大忠:《实施农业机械化是发展现代农业的重要保证》,《科技与企业》2012年第11期,第268页。

[221] 杜光:《提高农业机械化发展水平的探讨》,《湖南农机》2012年第1期,第36~37页。

[222] 刘永奇:《2011年河南经济形势分析与预测》,社会科学文献出版社,2011。

[223] 林宪斋:《后危机时期河南经济结构的战略性调整》,社会科学文献出版社,2011。

[224] 张锐、谷建全:《河南经济发展报告(2011)》,社会科学文献出版社,2011。

[225] 《推动现代农业建设迈上新台阶》,《人民日报》,2008年10月20日。

[226] 孙鲁威:《加快发展农业产业化,推进现代农业建设》,《农民日报》,2011年1月14日。

[227] 曾福生、匡远配:《发展现代农业,促进农业经济发展方式转变》,《科技与经济》2010年第4期,第55~59页。

[228] 衣保中:《中国现代农业发展路径的新思考》,《吉林大学社会科学学报》2010年第1期,第14~16页。

[229] 梅方竹、涂立超:《国家现代农业产业技术体系建设与发展之我见》,《科技管理研究》2010年第24期,第11~13页。

[230] 刘旗、张冬平:《河南现代农业发展分析》,《河南农业大学学报》2010年第6期,第726~730页。

[231] 李铜山:《把现代农业特区作为中原经济区建设的内核》,《河南工业大学学报》(社会科学版)2011年第1期,第11~15页。

[232] 李修彪、赵予新:《河南省现代农业发展的问题及对策》,《粮食科技与经济》2011年第2期,第12~14页。

[233] 王兵兵、刘凤仙:《河南省生态农业建设与对策研究》,《科学与财富》2011年第3期,第138~139页。

[234] 方淑荣、游珍等:《生态化:中国现代农业发展的必然选择》,《农

业现代化研究》2010年第1期，第43~46页。

[235] 张鹏：《农业机械化在发展现代农业中的支撑作用》，《现代农业科技》2010年第10期，第360~361页。

[236] 李茜、毕如田：《资源型经济影响下的现代农业发展》，《科学决策》2011年第2期，第38~44页。

[237] 刘清臻：《平顶山市现代农业发展的思考与对策》，《农业经济》2010年第4期，第14~15页。

[238] 成玉林：《美国农业发展的历程及对我们的启示》，《理论导刊》2005年第8期，第69~71页。

[239] 曲军、胡胜德：《美国现代农业发展的经验和启示》，《现代农业科技》2009年第2期，第242~244页。

[240] 汪飞杰：《美国农业科研体系研究及启示》，《农业科研经济管理》2006年第2期，第12~14页。

[241] 赵国杰、彭岩：《农业集约化对产权制度和价格体系的依赖性》，《西北农林科技大学学报》（社会科学版），2004年第5期，第56~59页。

[242] 彭珂珊：《国外农业集约经营发展进程对中国的启示》，《呼兰师专学报》2001年第3期，第8~12页。

[243] 陶陶、罗其友：《农业的多功能性与农业功能分区》，《中国农业资源与区划》2004年第1期，第45~49页。

[244] 刘军：《湖南农业功能拓展思路研究》，《西北农林科技大学学报》（社会科学版），2012年第3期，第28~33页。

[245] 刘新：《从现代农业的多功能性看"三农"的困境与前景》，《农业经济》2010年第11期，第3~5页。

[246] 罗雄斌、李国津：《现代农业和三农问题研究》，《内蒙古农业大学学报》（社会科学版），2005年第3期，第231~233页。

[247] 张克俊：《现代农业产业体系的主要特征、根本动力与构建思路》，《华中农业大学学报》（社会科学版），2011年第5期，第22~28页。

[248] 赵西华：《农业功能变迁与江苏农业科技发展》，《江苏农业学报》2008年第6期，第733~731页。

[249] 郑有贵：《农业功能拓展：历史变迁与未来趋势》，《古今农业》

2006年第4期,第1~10页。

[250] 范昆:《优化农业结构推进现代农业的发展》,《新农村(黑龙江)》2012年第1期,第47~47页。

[251] 徐延驰:《我国发展现代农业的几种方式探究》,《农业经济》2013年第4期,第32~33页。

[252] 朱春江等:《现代农业科技创新SWOT分析》,《广东农业科学》2013年第3期,第189~193页。

[253] 赵伟棉:《三农问题从基础做起》,《现代农村科技》2013年第5期,第79~79页。

[254] 高常胜:《加快推进国家现代农业示范区建设》,《实践(思想理论版)》2013年第4期,第25~26页。

[255] 李艳:《国内外发展现代农业对于新疆的启示》,《实事求是》2013年第2期,第42~45页。

[256] 于亚学:《发展农业机械化,推进现代农业建设》,《农业开发与装备》2013年第2期,第15~16页。

[257] 尹成杰:《关于建设中国特色现代农业的思考》,《农业经济问题》2008年第3期,第4~9页。

[258] 王太文:《中国传统农业与现代有机农业视域下的不同整体观》,《黑龙江生态工程职业学院学报》2015年第1期,第14~16页。

[259] 王一帆、吴佩林:《我国传统农业改造与工业化、城镇化建设》,《农业经济》2015年第1期,第45~47页。

[260] 吴迪:《我国现代农业发展与农业功能拓展的路径选择》,《赤峰学院学报》(自然科学版),2013年第10期,第37~40页。

[261] 万宝瑞:《当前我国农业发展趋势及其应对》,《南方农业》2014年第17期,第33页。

[262] 刘振滨、郑逸芳、许佳贤:《现代农业的发展困境与对策探讨》,《北京农业职业学院学报》2014年第4期,第13~18页。

[263] 乔晶:《农业结构调整与市场支持体系》,《农村经济》2004年第6期,第40~43页。

[264] 郑风田:《我国农业结构调整的新思路——规模化、特色化与专业化产业区发展模式》,《农村经济》2004年第6期,第1~4页。

[265] 顾焕章：《对中国农村经济研究若干问题的认识》，《农业经济问题》1997年第5期，第40~42页。

[266] 牛若峰：《21世纪中国农业变革与发展的走向》，《农业经济问题》2001年第3期，第2~6页。

[267] 张仲威：《中国农业现代化若干问题的探讨》，《农业现代化研究》1994年第3期，第129~133页。

[268] 梁荣：《农业产业化与农业现代化》，《中国农村观察》2000年第2期，第43~48页。

[269] 高焕喜：《我国农村城市化问题刍议》，《中国农村经济》1995年第2期，第64页。

[270] 徐更生：《持续农业及其对我国的挑战》，《世界经济》1993年第6期，第35~41页。

[271] 张叶：《农业现代化的指标设置》，《经济研究参考》1999年第55期，第33页。

[272] 王明华、王淑贤：《消除城乡二元结构 推进中国农村现代化》，《农业经济问题》2001年第2期，第52~54页。

[273] 蒋伏心：《土地制度：内含与类型》，《江苏经济探讨》1996年第5期，第33~37页。

[274] 赵玲玲：《加快城镇化进程 促进农业可持续发展》，《湖南经济》2001年第4期，第22~24页。

[275] 杜晓君：《对外开放与农业现代化》，《农业现代化研究》1995年第1期，第11~14页。

图书在版编目（CIP）数据

中原经济区农业产业结构调整优化路径研究/刘凌霄著.—北京：社会科学文献出版社，2016.2
（工业化、城镇化和农业现代化协调发展研究丛书）
ISBN 978 - 7 - 5097 - 8647 - 5

Ⅰ.①中… Ⅱ.①刘… Ⅲ.①农业产业 - 产业结构调整 - 研究 - 河南省 Ⅳ.①F327.61

中国版本图书馆 CIP 数据核字（2015）第 314089 号

工业化、城镇化和农业现代化协调发展研究丛书
中原经济区农业产业结构调整优化路径研究

著　　者 / 刘凌霄

出 版 人 / 谢寿光
项目统筹 / 周　丽　陈凤玲
责任编辑 / 陈凤玲　张玉平

出　　版 / 社会科学文献出版社·经济与管理出版分社（010）59367226
　　　　　 地址：北京市北三环中路甲 29 号院华龙大厦　邮编：100029
　　　　　 网址：www.ssap.com.cn

发　　行 / 市场营销中心（010）59367081　59367090
　　　　　 读者服务中心（010）59367028

印　　装 / 三河市尚艺印装有限公司

规　　格 / 开　本：787mm×1092mm　1/16
　　　　　 印　张：16.5　字　数：272 千字

版　　次 / 2016 年 2 月第 1 版　2016 年 2 月第 1 次印刷
书　　号 / ISBN 978 - 7 - 5097 - 8647 - 5
定　　价 / 75.00 元

本书如有破损、缺页、装订错误，请与本社读者服务中心联系更换

▲ 版权所有 翻印必究